완전합격 제과·제빵 기능사 실기

▶ 제과제빵 김창석

NCS 교육과정 반영!

스마트폰으로 큐알코드(QR코드) 이용하기

먼저 기종에 상관없이 스마트폰을 준비해주세요.

1) 스마트폰을 이용하여 네이버를 실행합니다.
   (m.naver.com 주소로 접속)

   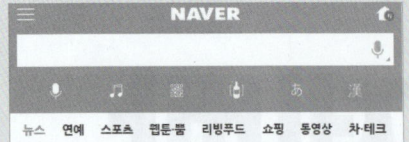

2) 네이버의 모바일 홈페이지가 뜨면 우측상단의 마이크 아이콘을 터치합니다.

3) 아래에 6가지 아이콘이 나오면 3번째에 있는 큐알코드 아이콘을 터치합니다.

   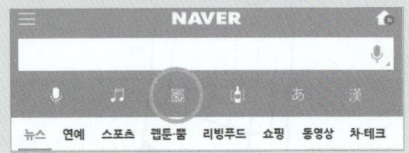

4) "QR코드 / 바코드를 자동으로 인식합니다." 라는 문구와 함께 카메라가 인식됩니다.

QR코드 이외에 동영상 즐기는 법

1. 유튜브(www.youtube.com)에서 크리운출판사에서 올린 강의를 시청합니다.
2. 스마트에듀(www.smartedu24.co.kr) 홈페이지에 접속합니다. 회원가입을 하여 로그인을 합니다.
   무료동영상 강의에서 해당 강의를 검색하여 0원에 구매한 후 즐겁게 시청합니다.

Contents

차례 005
제과·제빵기능사 수험안내 009
제과·제빵기능사 시험출제기준 011
과자류제품 제조 능력단위별 수행준거 014

Part 01 제과기능사

1. 기본 케이크류 만들기
    1. 반죽형 케이크 만들기 ……………………… 014
    2. 거품형 케이크 만들기 ……………………… 017
    3. 케이크 정형하기 …………………………… 022
    4. 케이크 익히기 ……………………………… 023

2. 구움과자류 만들기
    1. 구움과자류 반죽하기 ……………………… 072
    2. 구움과자류 정형하기 ……………………… 073
    3. 구움과자류 굽기 …………………………… 073
    4. 구움과자류 장식하기 ……………………… 074

3. 타르트·파이류 만들기
    1. 타르트·파이 반죽하기 …………………… 100
    2. 충전물·토핑물 만들기 …………………… 100
    3. 타르트·파이 정형하기 …………………… 100
    4. 타르트·파이 굽기 ………………………… 101

4. 과자류 제품 포장
    1. 과자류 제품 냉각하기 …………………… 110
    2. 과자류 제품 마무리하기 ………………… 111
    3. 과자류 제품 장식하기 …………………… 111
    4. 과자류 제품 포장하기 …………………… 111

5. 과자류 제품 저장유통
    1. 과자류 제품 실온냉장저장하기 ………… 113
    2. 과자류 제품 냉동저장하기 ……………… 114
    3. 과자류 제품 유통하기 …………………… 115

6. 과자류 제품 위생안전관리
    1. 개인 위생안전 관리하기 ………………… 116
    2. 환경 위생안전 관리하기 ………………… 118
    3. 기기 위생안전 관리하기 ………………… 120
    4. 식품 위생안전 관리하기 ………………… 120

(상대적 난이도 ★★★ : 상, ★★ : 중, ★ : 하)

01 ★★
젤리 롤 케이크 • 024

02 ★
버터스펀지 케이크(공립법) • 028

03 ★★
초코 롤 케이크 • 032

04 ★★
흑미 롤케이크(공립법) • 036

05 ★★
버터스펀지 케이크(별립법) • 040

06 ★★★
소프트 롤 케이크 • 044

07 ★★
치즈 케이크 • 048

08 ★★★
과일 케이크 • 052

09
파운드 케이크 • 056

10 ★
마데라 (컵) 케이크 • 060

11 ★
초코 머핀(초코컵 케이크) • 064

12 ★
시퐁 케이크(시퐁법) • 068

13 ★
브라우니 • 076

14 ★
다쿠와즈 • 080

15 ★
마드레느 • 084

16 ★★
쇼브레드 쿠키 • 088

17 ★
버터 쿠키 • 092

18 ★★
슈 • 096

19 ★
타르트 • 102

20 ★
호두파이 • 106

Contents

빵류제품 제조 능력단위별 수행준거 124

Part 02 제빵기능사

1. 식빵류 만들기
1. 식빵류 반죽하기 ·················· 124
2. 식빵류 1차 발효하기 ·················· 126
3. 식빵류 충전물·토핑물 만들기 ·················· 127
4. 식빵류 정형하기 ·················· 129
5. 식빵류 2차 발효하기 ·················· 132
6. 식빵류 굽기 ·················· 134

2. 단과자빵류 만들기
1. 단과자빵류 반죽하기 ·················· 164
2. 단과자빵류 1차 발효하기 ·················· 164
3. 단과자빵류 충전물·토핑물 만들기 ·················· 164
4. 단과자빵류 정형하기 ·················· 164
5. 단과자빵류 2차 발효하기 ·················· 171
6. 단과자빵류 익히기 ·················· 171

3. 하드계열빵류 만들기
1. 하드계열빵류 반죽하기 ·················· 208
2. 하드계열빵류 1차 발효하기 ·················· 208
3. 하드계열빵류 정형하기 ·················· 208
4. 하드계열빵류 2차 발효하기 ·················· 211
5. 하드계열빵류 굽기 ·················· 211

4. 빵류 제품 스트레이트 반죽
1. 스트레이트법 반죽하기 ·················· 228
2. 비상스트레이트법 반죽하기 ·················· 228

5. 냉동빵 가공
1. 냉동반죽하기 ·················· 230
2. 냉동보관하기 ·················· 230
3. 해동·생산하기 ·················· 231
4. 냉동빵 가공의 장·단점 ·················· 231

6. 빵류 제품 위생안전관리
1. 개인 위생안전관리하기 ·················· 232
2. 환경 위생안전관리하기 ·················· 234
3. 기기 위생안전관리하기 ·················· 236
4. 식품 위생안전관리하기 ·················· 236

(상대적 난이도 ★★★ : 상, ★★ : 중, ★ : 하)

01 ★ 식빵(비상스트레이트법) • 136

02 ★ 우유 식빵 • 140

03 ★ 풀만 식빵 • 144

04 ★ 밤 식빵 • 148

05 ★ 버터 톱 식빵 • 152

06 ★ 옥수수 식빵 • 156

07 ★★ 쌀 식빵 • 160

08 ★★★ 단팥빵(비상스트레이트법) • 172

09 ★★★ 스위트 롤 • 176

10 ★★ 단과자빵(트위스트형) • 180

11 ★★★ 단과자빵(크림빵) • 184

12 ★★ 단과자빵(소보로빵) • 188

13 ★★ 모카빵 • 192

14 ★★ 버터 롤 • 196

15 ★★ 빵도넛 • 200

16 ★★ 소시지빵 • 204

17 ★★ 베이글 • 212

18 ★★ 그리시니 • 216

19 ★★ 호밀빵 • 220

20 ★ 통밀빵 • 224

제과 · 제빵기능사 수험안내

응시자격

❶ 제과 · 제빵기능사
성별 · 연령 · 학력 등 응시자격에 제한이 없다.
제과 · 제빵에 대한 초급 이상의 숙련기능을 가지고 작업관리 및 이에 관련되는 업무를 수행할 수 있는 능력의 유무를 파악한다.

취득방법

❶ 시행처 : 한국산업인력공단

❷ 시험과목
- 필기 : ㉠ 제과기능사 : 과자류 재료, 과자류 제조 및 위생관리
  ㉡ 제빵기능사 : 빵류 재료, 빵류 제조 및 위생관리
- 실기 : 제과제조작업 · 제빵제조작업

❸ 검정방법
- 필기 : 객관식 4지 택일형, 60문항(60분)   • 실기 : 제과작업, 제빵작업

❹ 합격기준 : 100점 만점에 60점 이상

위생 규정

제품의 위생과 수험자의 안전을 위하여 제과기능사, 제빵기능사 실기시험 위생 규정이 아래와 같이 강화됨을 알려드립니다. 아래의 규정에 위배될 경우, 위생 부분 감점 처리되오니 규정에 맞는 복장을 준비하시어 시험에 응하시기 바랍니다.

❶ 위생복 : 상의
- 전체 흰색, 팔꿈치가 덮이는 길이 이상의 7부 · 9부 · 긴소매 위생복
  - 수험자 필요에 따라 흰색 팔토시 착용 가능
- 상의 여밈 단추 등은 위생복에 부착된 것이여야 함
  - 벨크로(일명 찍찍이), 단추 등의 크기, 색상, 모양 재질은 제한하지 않음
- (금지) 기관 및 성명 등의 표시 · 마크 · 무늬 등 일체 표식, 금속성 부착물 · 뱃지 · 핀 등 식품 이물 부착, 팔꿈치 길이보다 짧은 소매, 부직포 · 비닐 등 화재에 취약한 재질

❷ 위생복 : 하의(앞치마)
- 「(색상 무관) 평상복 긴바지 + 흰색 앞치마」 또는 「흰색 긴바지 위생복」
  - 평상복 긴바지 착용 시 긴바지의 색상 · 재질은 제한이 없으나, 안전사고 예방을 위해 맨살이 드러나지 않는 길이의 긴바지여야 함
  - 흰색 앞치마 착용 시 앞치마 길이는 무릎 아래까지 덮이는 길이일 것, 상하일체형(목끈형) 가능
- (금지) 기관 및 성명 등의 표시 · 마크 · 무늬 등 일체 표식, 금속성 부착물 · 뱃지 · 핀 등 식품 이물 부착, 반바지 · 치마 · 폭넓은 바지 등 안전과 작업에 방해가 되는 복장, 부직포 · 비닐 등 화재에 취약한 재질

❸ 위생모
- 전체 흰색, 빈틈이 없고 일반 식품 가공 시 사용되는 위생모
  - 크기, 길이, 재질(면, 부직포 등 가능) 제한 없음
- (금지) 기관 및 성명 등의 표시 · 마크 · 무늬 등 일체 표식, 금속성 부착물 · 뱃지 · 핀 등 식품 이물 부착(단, 위생모 고정용 머리핀은 사용 가능), 바느질 마감처리가 되어 있지 않은 흰색 머릿수건(손수건)은 머리카락 및 이물에 의한 오염 방지를 위해 착용 금지

❹ 마스크(입가리개)
- 침액 오염 방지용으로, 종류(색상, 크기, 재질 무관) 등은 제한하지 않음
  - '투명 위생 플라스틱 입가리개' 허용

❺ 위생화(작업화)
- 위생화, 작업화, 조리화, 운동화 등(색상 무관)
  - 단, 발가락, 발등, 발뒤꿈치가 모두 덮일 것
- (금지) 기관 및 성명 등의 표시, 미끄러짐 및 화상의 위험이 있는 슬리퍼류, 작업에 방해가 되는 굽이 높은 구두, 속 굽 있는 운동화

❻ 장신구
- (금지) 장신구(단, 위생모 고정용 머리핀은 사용 가능)
  - 손목시계, 반지, 귀걸이, 목걸이, 팔찌 등 이물, 교차오염 등의 위험이 있는 장신구 일체 금지

❼ 두발
- 단정하고 청결할 것, 머리카락이 길 경우 흘러내리지 않도록 머리망을 착용하거나 묶을것

❽ 손 / 손톱
- 손에 상처가 없어야 하나, 상처가 있을 경우 식품용 장갑 등을 사용하여 상처가 노출되지 않도록 할 것 (시험위원 확인 하에 추가 조치 가능), 손톱은 길지 않고 청결해야 함
- (금지) 매니큐어, 인조손톱 등

❾ 위생관리
- 작업 과정은 위생적이어야 하며, 도구는 식품 가공용으로 적합해야 함
- 장갑 착용 시 용도에 맞도록 구분하여 사용할 것
  (예시) 설거지용과 작품 제조용은 구분하여 사용해야 함, 위반 시 위행 0점 처리
- 위생복 상의, 앞치마, 위생모의 개인 이름·소속 등의 표식 제거는 테이프를 부착하여 가릴 수 있음
- 식품과 직접 닿는 조리도구 부분에 이물질(예: 테이프)을 부착하지 않을 것
- 눈금 표시된 조리기구 사용 허용(단, 눈금표시를 하나씩 재어가며 재료를 쓰는 등 감독위원이 작업이 미숙하다고 판단할 경우 작업 전반 숙련도 부분 감점될 수 있음에 유의)

❿ 안전사고 발생 처리
- 칼 사용(손 빔) 등으로 안전사고 발생 시 응급조치를 하여야 하며, 응급조치에도 지혈이 되지 않을 경우 시험 진행 불가
- (실격) 미착용이거나 평상복인 경우
  - 흰티셔츠·와이셔츠, 패션모자(흰털모자, 비니, 야구모자 등)는 실격
  - 위생복 상·하의, 위생모, 마스크 중 1개라도 미착용 시 실격
- (위생 0점) 금지 사항 및 기준 부적합
  - 위생복장 색상 미준수, 일부 무늬가 있거나 유색·표식이 가려지지 않는 경우, 기관 및 성명 등 표식
  - 식품 가공용이 아닌 복장 등(화재에 취약한 재질 및 실험복 형태의 영양사·실험용 가운은 위생 0점)
  - 반바지·치마, 폭넓은 바지 등
  - 위생모가 뚫려있어 머리카락이 보이거나, 수건 등으로 감싸 바느질 마감처리가 되어 있지 않고 풀어지기 쉬워 작업용으로 부적합한 경우 등

※ 위 기준 외 일반적인 개인위생, 식품위생, 작업장 위생, 안전관리를 준수하지 않을 경우 감점 처리될 수 있습니다.
※ 시험장내 모든 개인물품에는 기관 및 성명 등의 표시가 없어야 합니다.

실기시험 준비물 안내

- 계산기
- 위생복, 위생모 또는 스카프
- 흑색 또는 청색 필기구(연필 제외)
- 온도계(유리제품 제외)
- 자(문방구용 30~50cm)
- 나무주걱(중형, 제과용)
- 고무주걱(중형, 제과용)
- 행주
- 34㎝×50㎝ 실리콘 페이퍼(테프론시트, 수험생 선택사항)
- 짤주머니(모양깍지는 별, 원형, 납작톱니 모양이 구비되어 있으나 수험생 별도 지참 가능)
- 신분증(주민등록증, 운전면허증, 학생증 중 1가지)
- 스테인리스 볼 추가 준비 가능
- 개인용 저울 지참 가능
  - 수험자 선택 사항으로 필요 시 지참
  - 측정단위는 1g 또는 2g
  - 크기 및 색깔 등은 제한 없음
  - 제과용, 조리용으로 적합한 저울(위생 불량할 경우 위생점수 전체 0점)
- 오븐용장갑(제과제빵용)
- 붓(제과제빵용)
- 커터칼(문구용)
- 분무기(제과제빵용)
- 국자(소형)
- 면포(60×60cm)
- 주걱(소형, 제빵용)
- 작업화
- 수세미
- 수검표(인터넷 출력)
- 수험자 지참준비물 중 재료 계량 시 사용하는 「스쿱(재료계량 용도의 소도구, 스쿱·계량컵·주걱·국자·쟁반·기타용기 등)」, 「용기(스테인리스볼, 플라스틱용기 등 필요시 지참)」의 크기·색상·재질에 제한이 없으며, 재료명 라벨링이 가능합니다.
  - 라벨링 : "밀가루, 설탕, 소금, 탈지분유, 제빵개량제" 등의 재료명을 "견출지·메모지·포스트잇 부착, 네임펜" 등을 활용하여 표기하는 것
  - 단, 라벨링 시 재료명 표기 외 불필요한 개인정보(기관 및 성명), 만드는 방법(작업 순서, 레시피 등) 부정 행위와 관련되는 사항을 표시하지 않도록 주의하여 주시기 바랍니다. 기관 및 성명, 만드는 방법 등이 메모되어 있을 경우는 사용이 금지되며, 사용 시 부정행위로 간주되어 실격될 수 있음에 유의하시기 바랍니다.(21.07.19 추가 안내)
- 지급재료 : 세척제(50인 공용 1L)

수험자 유의사항

- 미완성 : 시험시간 내에 작품을 제출하지 못한 경우
- 기권 : 수험자 본인이 수험 도중 기권한 경우
- 실격
  - 작품의 가치가 없을 정도로 타거나 익지 않은 경우
  - 주요 요구사항(수량, 모양, 반죽제조법)을 준수하지 않았을 경우
  - 지급된 재료 이외의 재료를 사용한 경우
  - 시험 중 시설·장비의 조작 또는 재료의 취급이 미숙하여 위해를 일으킬 것으로 감독위원 전원이 합의하여 판단한 경우
- 안전사고가 없도록 유의한다.
- 의문 사항이 있으면 감독위원에게 문의하고, 감독위원의 지시에 따른다.
- 시험시간은 재료계량시간이 포함된 시간이다.
- 제품의 위생과 수험자의 안전을 위하여 위생기준에 적합하지 않을 경우, 득점상의 불이익이 발생할 수 있다.

자격증 등록안내

실기시험의 합격자는 합격 공고일로부터 60일 이내에 수검원서를 접수한 한국산업인력공단 각 지방 사무소에 수검표, 증명사진 1매 수수료, 신분증을 제시하고 기능사 자격증을 교부받는다.

제과·제빵기능사 시험출제기준

- **실기 출제기준**
  - 제과제조작업 또는 제빵제조작업
  - 제과 : 20가지 중 1가지 / 제빵 : 20가지 중 1가지
  - ※ 제과제빵기능사 실기시험 출제기준이 개정(2026~2027 적용)되었습니다.
    더 자세한 사항은 큐넷(www.q-net.or.kr)에서 확인하시기 바랍니다.
  - ※ 각 과제의 배합표는 한국산업인력공단의 공개문제 배합표를 기준으로 하니 참고 바랍니다.

- **제과실기 품목**
  (20가지 중 1가지)

제품명	시험시간	제품명	시험시간	제품명	시험시간
젤리 롤 케이크	1시간 30분	과일 케이크	2시간 30분	쇼트브레드 쿠키	2시간
버터스펀지 케이크(공립법)	1시간 50분	파운드 케이크(컵)	2시간 30분	타르트	2시간 20분
초코 롤 케이크	1시간 50분	마데라 컵 케이크	2시간	버터 쿠키	2시간
버터스펀지 케이크(별립법)	1시간 50분	초코 머핀(초코컵 케이크)	1시간 50분	흑미 롤 케이크(공립법)	1시간 50분
소프트 롤 케이크	1시간 50분	시퐁 케이크(시퐁법)	1시간 30분	호두파이	2시간 30분
브라우니	1시간 50분	다쿠와즈	1시간 50분	슈	2시간
치즈 케이크	2시간 30분	마드레느	1시간 50분		

- **수량, 모양, 반죽 제조법(공립법을 별립법으로 하는 등)을 준수하지 않았을 경우**
  실격에 해당하여 채점 대상에서 제외되었으나 '23년도 상시검정 실기시험 제12회(7월 10일 이후)'부터 다음과 같이 변경됩니다.
  (1) 수량(미달), 모양을 준수하지 않았을 경우
     1) 지정된 수량 초과, 과다 생산의 경우는 총점에서 10점을 감점합니다.
     2) 수량은 시험장 팬의 크기 등에 따라 감독위원이 조정하여 지정할 수 있으며, 잔여 반죽은 감독위원의 지시에 따라 별도로 제출하시오. (단, '0개 이상'으로 표기된 과제는 제외합니다.)
  (2) 반죽 제조법(공립법, 별립법, 시퐁법 등)을 준수하지 않은 경우
     1) 제조공정에서 반죽 제조 항목(과제별 배점 5~6점 정도)을 0점 처리합니다.
     2) 그리고 총점에서 10점을 추가 감점합니다.

- **제빵실기 품목**
  (20가지 중 1가지)

제품명	시험시간	제품명	시험시간
식빵(비상스트레이트법)	2시간 40분	단과자빵(크림빵)	3시간 30분
우유 식빵	3시간 40분	단과자빵(소보로빵)	3시간 30분
풀만 식빵	3시간 40분	모카빵	3시간 30분
밤 식빵	3시간 40분	버터 롤	3시간 30분
버터 톱 식빵	3시간 30분	그리시니	2시간 30분
베이글	3시간 30분	호밀빵	3시간 30분
쌀 식빵	3시간 40분	옥수수 식빵	3시간 40분
단팥빵(비상스트레이트법)	3시간	통밀빵	3시간 30분
스위트 롤	3시간 30분	빵도넛	3시간
단과자빵(트위스트형)	3시간 30분	소시지빵	3시간 30분

- **각 과제별 얼음의 용도 안내**
  - 지급재료 중 얼음(식용, 겨울철 제외)은 반죽온도를 낮추는 반죽온도 조절용으로 지급되므로, 얼음물을 사용하여 반죽의 온도를 낮추는 용도로만 활용하시기 바랍니다.
  - 이 외의 변칙적인 방법으로서 얼음물을 믹서기볼 밑바닥에 받추어 대는 등의 방법은 안전한 시행을 위하여 사용을 금합니다. 만약 수험생이 변칙적인 방법을 사용할 경우 감점처리 됩니다.
  - 산업인력공단 공지사항 : 전 제과는 반죽기(믹서) 사용 또는 수작업 반죽(믹싱)이 모두 가능함을 참고하시기 바랍니다.

Part 01

완전합격을 이루기 위한
제과기능사

제과기능사 실기시험품목 20가지는 케이크, 쿠키, 페이스트리 등으로 분류되며, 과자 반죽의 종류에는 거품형, 반죽형, 시퐁형, 도우형 등이 있다. 실기시험에서는 크림법, 블렌딩법, 공립법, 별립법, 복합법, 일단계법 등의 반죽 제조법을 사용한다. 과자는 제조법에 따라 제조과정에 많은 차이가 있다.

과자류제품 제조 능력단위별 수행준거

📋 3수준 직무수준 정의
제한된 권한 내에서 해당분야의 기초이론 및 일반지식을 사용하여 다소 복잡한 과업을 수행하는 수준

📋 제과 직무정의
제과는 고객가치에 부합하는 고품질의 과자류제품을 제공하기 위해 효율적이고 체계적인 기술과 지식을 활용하여 생산, 위생관리, 판매 및 경영관련 업무를 수행하는 일이다.

📋 3수준 능력단위별 수행준거
1. 기본 케이크류 만들기란 재료를 준비하여 제품 특성에 맞는 방법으로 반죽, 정형, 익히기를 하여 케이크를 제조하는 능력이다.
2. 구움과자류 만들기란 재료를 준비하고 제품 특성에 맞는 방법으로 반죽, 정형, 굽기를 하여 소형 과자를 만드는 능력이다.
3. 타르트·파이류 만들기란 필요한 재료를 준비하고 제품 특성에 맞는 방법으로 반죽, 충전물·토핑물 만들기, 정형, 익히기, 완성하기 과정을 거쳐 타르트·파이를 제조하는 능력이다.
4. 과자류제품 위생안전관리란 완제품의 위생적이고 안전한 제조를 위해서 개인, 환경, 기기, 공정의 위생안전관리를 수행하는 능력이다.
5. 과자류제품 저장유통이란 제과에 사용되는 재료, 반제품, 완제품의 품질이 변하지 않도록 실온, 냉장, 냉동저장하고 매장에 적시에 제품을 제공하는 능력이다.
6. 과자류제품 포장이란 냉각, 마무리, 장식, 포장을 하여 외부환경으로부터 제품을 보호하고 가치를 높이는 능력이다.

1. 기본 케이크류 만들기

기본 케이크류 만들기란 재료를 준비하여 제품 특성에 맞는 방법으로 반죽, 정형, 익히기를 하여 케이크를 제조하는 능력이다.

❶ 반죽형 케이크 만들기
1. 작업지시서에 따라 배합표를 점검하고 필요한 도구를 준비할 수 있다.
2. 배합표에 따라 재료를 계량하고 필요한 전처리를 할 수 있다.
3. 작업지시서에 제시된 방법에 따라 반죽형 반죽을 할 수 있다.
4. 작업지시서에 따라 반죽형 케이크의 반죽 온도, 비중을 확인하고 조절할 수 있다.

 **실무내용** **반죽형 반죽하기**

1. 반죽형 반죽을 만드는 반죽법의 종류와 특징

① 블렌딩법

㉠ 유지에 밀가루를 넣어 파슬파슬하게 혼합한 뒤 건조재료와 액체재료를 넣는 방법이다.

㉡ 반죽법의 장점 : 유지가 글루텐의 생성을 막아 제품의 조직을 부드럽고 유연하게 만든다.

㉢ 반죽법의 단점 : 다른 제법들보다 조직을 부드럽게 만들고자 하는 목적 때문에 믹싱시간이 짧아져 반죽의 공기혼입량이 적다. 그래서 완제품의 팽창이 상대적으로 작다.

1. 쇼트닝과 박력분을 저속으로 돌려 파슬파슬한 상태로 만든다.
2. 설탕, 소금, 분유, 코코아, 베이킹파우더, 유화제를 넣어 골고루 섞어 검은 모래알 상태로 만든다.
3. 물을 넣어 페이스트 상태로 만든다.
4. 달걀을 3~4번에 나누어 넣으면서 믹싱하여 부드러운 반죽상태로 만든다.

② 크림법

㉠ 유지에 설탕을 넣고 균일하게 혼합한 후 계란을 나누어 넣으면서 부드러운 크림상태로 만든 다음 밀가루와 베이킹파우더를 체에 쳐서 넣고 가볍게 섞는다.

㉡ 반죽법의 장점 : 설탕이 유지의 크림성을 높여 제품의 부피가 큰 케이크를 만들 수 있다.

㉢ 반죽법의 단점 : 스크랩핑(믹서 볼의 옆면과 바닥을 긁어 주는 동작)을 자주 해야 한다.

1. 쇼트닝을 부드럽게 만든 후 설탕, 소금, 유화제를 넣어 균일하게 혼합 후 크림화시킨다.
2. 달걀을 3~4번에 나누어 넣으면서 부드러운 크림상태로 만든다.
3. 바닐라 향을 넣는다.
4. 박력분, 탈지분유, 베이킹파우더를 혼합 후 체질하여 가볍게 섞다가 물을 넣고 매끄럽게 섞는다.

③ 1단계법
  ㉠ 유지에 모든 재료를 한꺼번에 넣고 반죽하는 방법으로, 가장 오래된 전통적인 제법이다.
  ㉡ 반죽법의 전제 조건 : 유화제와 베이킹파우더를 첨가하고, 믹서의 성능이 좋아야 한다.
  ㉢ 반죽법의 장점 : 발전을 거듭한 1단계법은 노동력과 제조시간이 절약된다.

2. 반죽형 반죽의 온도와 비중관리

반죽의 상태는 완제품의 가치와 상태를 판단하는 외부평가 기준, 내부평가 기준, 식감평가 기준 등에 지대한 영향을 미친다. 제과 반죽의 완료상태를 판단하는 기준에는 반죽의 온도, 비중, pH, 되기(점도) 등이 있다. 케이크 제조 시 케이크 반죽의 혼합완료정도는 비중으로 판단한다.

① 반죽온도 관리
  ㉠ 마찰계수=(결과 반죽온도×6)−(실내 온도+밀가루 온도+설탕 온도+유지 온도+달걀 온도+수돗물 온도)
  ㉡ 계산된 사용수 온도=(희망 반죽온도×6)−(밀가루 온도+실내 온도+설탕 온도+유지 온도+달걀 온도+마찰계수)
  ㉢ 얼음 사용량 = $\dfrac{\text{사용할 물의 양} \times (\text{수돗물 온도} - \text{계산된 사용수 온도})}{(80 + \text{수돗물 온도})}$

② 반죽비중 관리
  ㉠ 비중값 = $\dfrac{\text{같은 부피의 반죽무게}}{\text{같은 부피의 물무게}}$ (전자저울 사용 시 컵 무게를 소거할 수 있다)

  ㉡ 비중값 = $\dfrac{(\text{반죽무게} - \text{컵무게})}{(\text{물무게} - \text{컵무게})}$ (추저울−부등비 접시저울 사용 시)

❷ 거품형 케이크 만들기

1. 작업지시서에 따라 배합표를 점검하고 필요한 도구를 준비할 수 있다.
2. 배합표에 따라 재료를 계량하고 필요한 전처리를 할 수 있다.
3. 작업지시서에 제시된 방법에 따라 거품형 반죽을 할 수 있다.
4. 작업지시서에 따라 거품형 케이크의 반죽 온도, 비중을 확인하고 조절할 수 있다.

 실무내용 **거품형 반죽하기**

1. 거품형 반죽을 만드는 반죽법의 종류와 특징

① 머랭법

흰자에 설탕을 넣고 휘핑하여 흰자 단백질의 변성으로 거품을 올리는 방법으로 머랭 반죽 제조 시 주의사항은 다음과 같다.

㉠ 믹싱 용기와 거품기(휘퍼)에는 기름기가 없어야 한다.
㉡ 흰자에는 노른자의 지방이 들어가지 않도록 주의한다.
㉢ 중속을 위주로 휘핑하여 기포를 치밀하게 만든다.
㉣ 30초 이하의 고속 휘핑으로 흰자의 단백질을 단단하게 만들어 흰자 거품체를 탄력 있게 한다. 고속 휘핑을 한 이후 중속과 저속으로 흰자 거품체의 크기를 균일하게 만든다.

> 1　흰자를 천천히 풀어준 후 휘핑하여 60% 정도의 거품을 일으킨다.
> 2　설탕을 3~4번에 나누어 넣으면서 휘핑을 세게 한다.
> 3　85~90% 정도의 중간상태에서 휘핑을 마무리한다.

② **공립법**

㉠ 흰자와 노른자를 함께 사용하여 거품을 내는 방법으로 2가지 방식이 있다.
㉡ 더운 믹싱법은 달걀과 설탕을 중탕으로 37~43℃까지 데운 후 거품을 내는 방법이다.
㉢ 찬 믹싱법은 중탕하지 않고 계란에 설탕을 넣고 거품을 내는 방법이다.

1. 달걀을 저속으로 골고루 풀어준다.
2. 설탕, 소금, 물엿을 넣고 용해 후 휘핑을 한다.
3. 제품에 따라 다르지만 85~100% 휘핑을 한다.
4. 바닐라 향을 넣고 저속으로 섞는다.
5. 체로 친 가루재료를 넣고 거품이 꺼지지 않게 가볍게 섞는다.

③ **별립법**

흰자와 노른자로 구성된 전란을 흰자와 노른자로 나누어 각각에 설탕을 넣고 거품을 낸 후 다른 재료와 함께 흰자 반죽, 노른자 반죽을 섞어주는 방법이다.

1. 수작업 : 노른자를 풀어준 후 노른자용 설탕, 물엿, 소금 등을 넣고 연한 노란색이 되도록 풀어준다.
   ① 노른자를 엉키지 않게 잘 풀어주고 난 후 설탕을 녹여주도록 한다.
   ② 노른자에 거품을 넣는다는 느낌으로 설탕이 다 녹을 때까지 거품내주기를 한다.
   ③ 반드시 노른자 반죽 작업이 머랭 반죽 작업보다 먼저 완료돼야 한다.
2. 믹서 : 흰자를 풀어준 후 흰자용 설탕을 전부 넣고 저속, 중속, 고속, 중속으로 머랭을 제조한다.
   ① 머랭의 상태는 85~90% 중간상태가 적당하다.
   ② 1단에서 흰자를 풀어준다. → 설탕을 한 번에 넣고 1, 2, 3단으로 돌린다. → 2단으로 거친 기포를 정리한다.
   ③ 3단은 잠깐 돌리고 대부분 2단으로 돌린다. 3단은 거품을 튼튼하게 만든다.
3. 수작업 : 노른자 반죽에 바닐라 향을 넣고 가볍게 섞은 후 머랭 1/3을 넣어 가볍게 섞다가 체에 친 박력분, 베이킹파우더를 섞고 나머지 머랭을 3번으로 나누어 섞으면서 비중을 조절한다.
   ※ 흰자와 노른자에 넣는 설탕의 비율이 다르기 때문에 흰자와 노른자에 넣는 설탕을 구별하여 사용한다.

2. 거품형 반죽의 온도와 비중관리

반죽의 상태는 완제품의 가치와 상태를 판단하는 외부평가 기준, 내부평가 기준, 식감평가 기준 등에 지대한 영향을 미친다. 제과 반죽의 완료상태를 판단하는 기준에는 반죽의 온도, 비중, pH, 되기(점도) 등이 있다. 케이크 제조 시 케이크 반죽의 혼합완료정도는 비중으로 판단한다.

① 반죽온도 관리

㉠ 마찰계수=(결과 반죽온도×6)-(실내 온도+밀가루 온도+설탕 온도+유지 온도+달걀 온도+수돗물 온도)

㉡ 계산된 사용수 온도=(희망 반죽온도×6)-(밀가루 온도+실내 온도+설탕 온도+유지 온도+달걀 온도+마찰계수)

㉢ 얼음 사용량 = $\dfrac{\text{사용할 물의 양} \times (\text{수돗물 온도} - \text{계산된 사용수 온도})}{(80 + \text{수돗물 온도})}$

② 반죽비중 관리

㉠ 비중값 = $\dfrac{\text{같은 부피의 반죽무게}}{\text{같은 부피의 물무게}}$ (전자저울 사용 시 컵 무게를 소거할 수 있다)

㉡ 비중값 = $\dfrac{(\text{반죽무게} - \text{컵무게})}{(\text{물무게} - \text{컵무게})}$ (추저울-부등비 접시저울 사용 시)

3. 시퐁형 반죽을 만드는 반죽법의 종류 및 특징

① 시퐁법

　㉠ 반죽형의 블렌딩법과 거품형의 머랭법을 함께 사용하는 반죽법으로 다음과 같이 만든다.

　㉡ 노른자에 식용유를 섞은 다음, 입상형 설탕(A)과 건조 재료를 함께 체에 쳐서 넣고 균일하게 섞는다.

　㉢ ㉡에 물을 붓고 설탕을 용해시키면서 매끄러운 상태로 만든다[반죽형의 블렌딩법].

　㉣ 따로 흰자에 설탕(B)을 조금씩 나누어 넣으면서 비중이 0.18~0.25인 머랭을 만든다[거품형의 머랭법].

　㉤ ㉢의 노른자 반죽에 ㉣의 머랭 반죽을 3번에 나누어 넣으면서 가볍게 섞어 반죽비중을 0.4~0.5로 맞춘다.

　㉥ 기름기가 없는 시퐁 팬에 분무를 하거나 물 칠을 하고 팬 부피의 60% 정도 패닝한다.

　㉦ 굽기 후 오븐에서 꺼내어 즉시 시퐁 팬을 뒤집어 냉각시킨다.

　㉧ 완제품의 부피, 가벼움, 내상은 달걀흰자의 믹싱 시 온도에서 좌우되므로 주의한다.

　㉨ 머랭을 만들기 위해서는 분말형의 분당보다 입자형의 설탕을 사용하는 것이 좋다. 왜냐하면 입자형의 설탕이 흰자에 틈을 만들고 그 틈사이로 공기혼입이 원활하게 이루어지기 때문이다.

　㉩ 연화제로 작용하는 유지는 고체유인 버터나 경화유인 쇼트닝, 마가린 보다는 액상유인 일반 식용유를 사용하는 것이 완제품의 질감에 부드러움을 부여한다.

② 시퐁형 별립법

거품형 별립법과 동일한 방식으로 시퐁형 반죽을 만드는 방법이다.

> 1 수작업
>   ① 노른자를 풀어준다.
>   ② 식용유를 넣고 균일하게 섞는다.
>   ③ 물을 넣고 균일하게 섞는다.
>   ④ 균일하게 혼합 후 체로 친 박력분, 베이킹파우더, 노른자용 설탕, 소금을 넣고 설탕이 용해될 때까지 섞는다.
> 2 믹서 : 흰자를 풀어준 후 흰자용 설탕과 주석산크림을 넣고 휘핑하여 중간 상태의 머랭을 제조한다.
> 3 수작업 : (1)에 (2)를 3번으로 나누어 넣으면서 가볍게 섞어 비중을 조절한다.
>   ※ 흰자와 노른자에 넣는 설탕의 비율이 다르기 때문에 흰자와 노른자에 넣는 설탕을 구별하여 사용한다.

4. 시퐁형 반죽의 온도와 비중관리

반죽의 상태는 완제품의 가치와 상태를 판단하는 외부평가 기준, 내부평가 기준, 식감평가 기준 등에 지대한 영향을 미친다. 제과 반죽의 완료상태를 판단하는 기준에는 반죽의 온도, 비중, pH, 되기(점도) 등이 있다. 케이크 제조 시 케이크 반죽의 혼합완료정도는 비중으로 판단한다.

① 반죽온도 관리

㉠ 마찰계수=(결과 반죽온도×6)−(실내 온도+밀가루 온도+설탕 온도+유지 온도+달걀 온도+수돗물 온도)

㉡ 계산된 사용수 온도=(희망 반죽온도×6)−(밀가루 온도+실내 온도+설탕 온도+유지 온도+달걀 온도+마찰계수)

㉢ 얼음 사용량 = $\dfrac{\text{사용할 물의 양} \times (\text{수돗물 온도} - \text{계산된 사용수 온도})}{(80 + \text{수돗물 온도})}$

② 반죽비중 관리

㉠ 비중값 = $\dfrac{\text{같은 부피의 반죽무게}}{\text{같은 부피의 물무게}}$ (전자저울 사용 시 컵 무게를 소거할 수 있다)

㉡ 비중값 = $\dfrac{(\text{반죽무게} - \text{컵무게})}{(\text{물무게} - \text{컵무게})}$ (추저울−부등비 접시저울 사용 시)

❸ 케이크 정형하기

1. 제품의 특성에 따라 사각팬, 원형팬, 파운드팬 등을 준비할 수 있다.
2. 필요에 따라 팬에 종이깔기를 할 수 있다.
3. 제품의 특성에 따라 케이크 반죽을 손실 없이 나눌 수 있다.
4. 반죽의 특성에 따라 신속하고 고르게 패닝할 수 있다.

실무내용 — **분할 패닝하기**

① 분할 패닝의 정의와 방법
　㉠ 팬에 적정량의 반죽을 패닝하는 방법에는 틀의 부피를 기준으로 반죽량을 채우는 방법이 있다.
　㉡ 또는 틀의 부피를 비용적으로 나누어 반죽량을 산출하여 채우는 방법 등이 있다.
　㉢ 만약, 패닝 시 팬에 반죽량이 많으면 윗면이 터지거나 흘러넘치게 되고, 팬에 반죽량이 적으면 모양이 좋지 않게 되므로 주의한다.

② 틀의 부피를 비용적으로 나누어 반죽무게를 산출하여 패닝하는 방법
　㉠ 비용적과 팬의 부피를 알고 반죽무게를 계산한 후 패닝을 하여야 항상 균일한 크기의 제품을 얻을 수 있다.
　㉡ 반죽무게 구하는 공식 : 반죽무게 = $\dfrac{\text{틀 부피(용적)}}{\text{비용적}}$

③ 팬(틀) 부피 계산법
　㉠ 곧은 옆면을 가진 원형팬 : 팬의 부피 = 밑넓이 × 높이 = 반지름 × 반지름 × 3.14 × 높이
　㉡ 옆면이 경사진 원형팬 : 팬의 부피 = 평균 반지름 × 평균 반지름 × 3.14 × 높이
　㉢ 옆면이 경사지고 중앙에 경사진 관이 있는 원형팬 : 팬의 부피 = 전체 둥근틀 부피 − 관이 차지한 부피
　㉣ 경사면을 가진 사각팬 : 팬의 부피 = 평균 가로 × 평균 세로 × 높이
　㉤ 정확한 치수를 측정하기 어려운 팬 : 유채씨나 물을 담은 후 메스실린더로 부피를 구한다.

④ 비용적의 정의
　㉠ 반죽 1g당 굽는 데 필요한 팬의 부피 혹은 패닝하고자 하는 반죽 1g이 팽창한 용적이다.
　㉡ 비용적 구하는 공식 : 비용적 = $\dfrac{\text{틀 부피(용적)}}{\text{반죽무게}}$

⑤ 각 제품별 비용적
　㉠ 파운드 케이크 : 2.40 cm^3/g
　㉡ 레이어 케이크 : 2.96 cm^3/g
　㉢ 엔젤 푸드 케이크 : 4.70 cm^3/g
　㉣ 스펀지 케이크 : 5.08 cm^3/g

⑥ 팬의 부피를 기준으로 반죽량을 채우는 방법
  ㉠ 파운드 케이크 : 70%
  ㉡ 스펀지 케이크 : 50~60%
  ㉢ 시퐁 케이크 : 60~65%
  ㉣ 치즈 케이크 : 80%
  ㉤ 마들렌 : 75~80%
  ㉥ 브라우니 : 60~65%

❹ 케이크 익히기

1. 제품의 특성에 따라 익히는 방법을 선택할 수 있다.
2. 제품의 특성에 따라 적합한 오븐을 선택할 수 있다.
3. 제품의 특성에 따라 익히는 온도·시간을 조절할 수 있다.
4. 제품의 특성 및 크기에 따라 익힌 상태의 적정 여부를 확인할 수 있다.

실무내용 — 반죽 굽기

과자 반죽의 윗면은 복사(방사), 밑면은 전도, 옆면은 대류 등의 방식으로 열을 가하여 익혀주고, 색을 내는 것을 굽기라고 한다. 굽기 시 반죽에 열이 가해져 온도가 상승하면 전분의 호화, 단백질의 응고, 공기의 팽창, 수증기압 증가, 갈변반응 등이 일어난다.

1. 과자류제품별 특성에 따른 굽기관리
① 낮은 온도에서 장시간 굽기방식
   고율배합, 다량의 반죽, 팬에 담은 반죽의 두께가 두꺼울 경우에 과자류제품을 굽는 방법이다.
② 높은 온도에서 단시간 굽기방식
   저율배합, 소량의 반죽, 팬에 담은 반죽의 두께가 얇을 경우에 과자류제품을 굽는 방법이다.

2. 굽기관리가 부적합할 경우 과자류제품에 발생하는 현상
① 오버 베이킹
   너무 낮은 온도에서 오래 구워 윗면이 평평하고 조직이 부드러우나 수분의 손실이 크다. 그래서 굽기 후 완제품의 노화가 빨리 진행된다.
② 언더 베이킹
   너무 높은 온도에서 짧게 구워 윗면의 중심부분이 부풀어 오르면서 갈라지고 설익는다. 그래서 굽기 후 완제품의 조직은 거칠며 주저앉기 쉽다.

01

스펀지 반죽을 구워서 잼을 바르고 마는 거품형 케이크인

젤리 롤 케이크
(Jelly Roll Cake)

시험 시간

1:30

다음 요구사항대로 젤리 롤 케이크를 제조하여 제출하시오.

1. 배합표의 각 재료를 계량하여 재료별로 진열하시오(8분).
   - 재료계량(재료당 1분) → [감독위원 계량 확인] → 작품제조 및 정리정돈(전체시험시간-재료계량시간)
   - 재료계량시간 내에 계량을 완료하지 못하여 시간이 초과된 경우 및 계량을 잘못한 경우는 추가의 시간 부여 없이 작품제조 및 정리정돈 시간을 활용하여 요구사항의 무게대로 계량
   - 달걀의 계량은 감독위원이 지정하는 개수로 계량
2. 반죽은 공립법으로 제조하시오.
3. 반죽온도는 23℃를 표준으로 하시오.
4. 반죽의 비중을 측정하시오.
5. 제시한 팬에 알맞도록 분할하시오.
6. 반죽은 전량을 사용하여 성형하시오.
7. 캐러멜 색소를 이용하여 무늬를 완성하시오(무늬를 완성하지 않으면 제품 껍질 평가 0점 처리).

※ 충전용 재료는 계량시간에서 제외한다.

01 젤리 롤 케이크(공립법)

합격포인트

1. 여름에는 찬 믹싱법이 좋고 겨울에는 더운 믹싱법(중탕법)이 반죽온도를 조절하기에 좋다.
2. 반죽을 만들기 전에 평철판과 코르네(면포)를 준비한다.
3. 공립법이므로 기포를 많이 만들어 굽는 것이 좋다. 그러나 너무 많이 휘핑하면 말 때 표면이 갈라지므로 주의해야 한다.
4. 본 반죽 50g에 캐러멜색소 6g을 넣고 갈색으로 색을 조절하며 비닐 짤주머니에 담아 0.2cm 두께의 선으로 짜내려간다. 무늬의 간격은 3cm 정도로 짠다.
5. 무늬용 반죽에 캐러멜 색소 혼합 시 기포가 살아있도록 가볍게 섞어야 본 반죽에 무늬를 그렸을 때 무늬 반죽이 가라앉지 않는다.
6. 냉각이 덜 된 상태에서 잼을 바른 후, 되도록 빨리 말아야 표면이 갈라지지 않는다.

배합표

비율(%)	재료명	무게(g)	비율(%)	재료명	무게(g)
100	박력분	400	2	소금	8
170	달걀	680	0.5	베이킹파우더	2
8	물엿	32	1	바닐라 향	4
20	우유	80	431.5	계	1,726
130	설탕	520			
			50	잼	200

채점기준표 (능력단위별 수행준거에 따른 체크리스트)

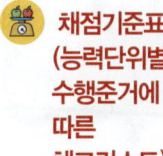

수행 순서	수행 항목	수행 순서	수행 항목
1	재료계량시간	11	굽기 관리
2	계량의 재료손실	12	구운 상태
3	계량의 정확도	13	말기
4	반죽혼합순서	14	정리정돈, 청소
5	반죽상태	15	개인위생
6	반죽온도	16	제품의 부피
7	반죽비중	17	제품의 외부균형
8	팬 준비	18	제품의 껍질
9	반죽 팬에 넣기	19	제품의 내상
10	무늬 그리기	20	맛과 향

재료 및 기기 준비

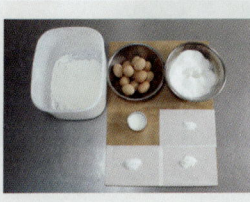

[실기시험 요구수량 : 평철판 1개]

수직형 믹서와 볼, 반죽날개(휘퍼), 평철판, 고무주걱, 스크래퍼, 백로지, 나무젓가락, 오븐, 스테인리스 볼, 저울, 행주, 온도계, 체, 가위, L자형 스패튤라, 푸딩컵(비중컵), 핸드 거품기

수행준거에 맞추어 만들어 볼까요!!

1. 달걀 풀어주기

2. 휘핑 완료점

3. 체에 친 가루재료 섞기

4. 우유 넣기

5. 반죽 붓기

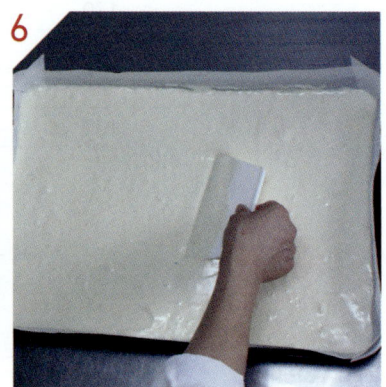
6. 윗면 고르기

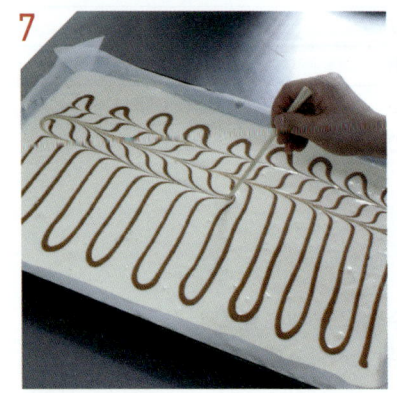
7. 무늬 그리기

8. 굽기 완료점

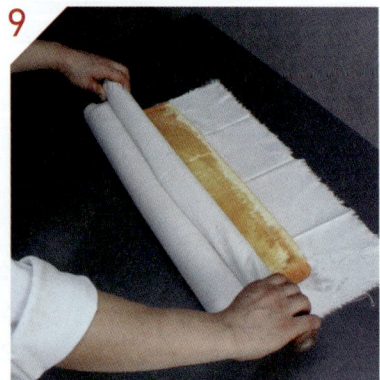
9. 말기

반죽	공립법, 23℃, 0.45±0.05

1. 달걀을 믹서 볼에 넣고 휘퍼(반죽날개)로 골고루 풀어준다.
2. 설탕, 소금, 물엿을 넣고 저속으로 휘핑하다가 설탕과 물엿이 어느 정도 용해되면 중속으로 휘핑한다.
3. 고속으로 90% 휘핑한 후 중속으로 거품을 치밀하게 만든다.
4. 반죽을 나무젓가락으로 찍어 들어 올렸을 때 점성이 생겨 간격을 유지하며 뚝뚝 떨어지는 상태가 적당하다.
5. 바닐라 향을 넣고 저속으로 균일하게 섞는다.
6. 체에 친 박력분, 베이킹파우더를 넣고 고무주걱을 사용하여 가볍게 섞는다.
7. 우유를 23℃로 중탕하여 넣어 섞으면서 되기를 조절한다.

- 겨울과 같이 실온이 많이 낮은 경우는 달걀에 설탕과 소금을 넣어 43℃로 중탕시켜 휘핑하는 것이 좋다.
- 반죽은 아이보리색이 나야 한다.
- 반죽에 휘퍼의 자국에 의한 결무늬가 5초 정도 살아 있는 상태여야 한다.
- 거품기로 반죽을 찍어 흘렸을 때 반죽이 점성을 가지고 일정한 간격을 유지하며 흘러내리는 정도가 적당하다.
- 우유의 온도는 반죽의 온도를 고려하여 계절에 따라 조절한다.

패닝

1. 평철판에 백로지를 깔고 무늬내기에 사용할 반죽 소량만 남기고 전 반죽을 평철판의 중앙에 붓는다.
2. 플라스틱 스크래퍼로 반죽을 모서리 방향으로 신속히 펼친 다음 윗면을 평평하게 고르고, 평철판을 바닥에 치는 탭핑으로 윗부분의 큰 공기방울을 제거한다.

무늬 그리기

1. 완성된 반죽 60g에 캐러멜 색소 8g을 혼합하여 갈색으로 색을 조절한다.
2. 유산지나 비닐 짤주머니에 무늬용 반죽을 담고 패닝한 반죽의 표면에 가늘게 일정한 간격(2.5cm)을 유지하면서, 평철판의 좁은 방향으로 지그재그(⇌)로 짜 내려간다.
3. 무늬를 짠 90° 방향으로 젓가락이나 이쑤시개 등의 가느다란 도구를 이용하여 일정한 간격(2.5cm)으로 지그재그로 무늬를 완성한다.

- 젓가락으로 반죽의 2/3 정도 깊이로 찔러서(철판 밑바닥에 닿지 않게) 무늬 낸다.
- 무늬를 넣고 난 후 철판을 바닥에 치면 안 된다. 왜냐하면 색소가 밑으로 처지기 때문이다.
- 반죽을 패닝한 후 무늬 넣기까지는 속도를 빠르게 해준다. 늦으면 기포가 올라와 제품에 검은 반점으로 나타난다.

굽기	윗불 175℃, 밑불 155℃, 18~20분

1. 비중이 높게 나왔을 경우에는 온도를 높여 구우면 오븐스프링이 좋아진다.
2. 굽기 중 너무 건조시키면 표면이 터지기 쉬우므로 오버 베이킹을 하지 않는다.
3. 오븐의 위치에 따라 온도 차이가 생기므로 일정시간 경과 후 팬의 위치를 바꾸어 전체 제품의 색깔이 균일하게 유지되도록 한다.

- 패닝량이 많을 때는 온도를 낮추어 굽는 시간을 조금 더 길게 한다.

말기

1. 바닥에 면포를 깔고 구워낸 시트를 무늬가 있는 부분이 밑으로 가게 엎어둔다.
2. 고무주걱이나 L자형 스패튤러를 이용하여 정량의 잼을 전부 골고루 바른다.
3. 잼을 바르는 동안 조금 식으면 표면이 터지지 않는다. 잼을 고르게 펴 바른 후 주름이 생기지 않도록 홍두깨로 면포를 말아 당기며 시트를 김밥 말듯이 하면서 가볍게 만다.

- 굽기가 완료되면 종이에 물을 분무하고, 종이에 수분이 흡수되는 동안 잠시 방치하였다가 종이를 떼어낸다.
- 말기를 할 때 처음 말리는 부분이 구부러지기 쉽게, 시트를 말기 시작하는 1.5~2cm되는 부분(무늬가 없는 부분)에 스패튤러로 눌러 자국을 내고 살짝 두들겨 부드럽게 해준다.
- 긴 밀대를 사용하여 일정한 세기의 힘으로 말아준다.
- 말기의 마지막 부분에서 잠시 머물러 말린 부분이 풀리지 않게 한다.
- 면포로 말아준 후 바로 떼어내지 않으면 면포에 반죽이 들러붙어 무늬가 떨어져 나오므로 주의한다.

02 버터스펀지 케이크 `공립법`

스펀지 반죽을 공립법으로 만들면서 버터를 넣은 거품형 케이크인

(Butter Sponge Cake)

시험 시간	다음 요구사항대로 버터스펀지 케이크(공립법)를 제조하여 제출하시오.
1:50	1 배합표의 각 재료를 계량하여 재료별로 진열하시오(6분).

- 재료계량(재료당 1분) → [감독위원 계량 확인] → 작품제조 및 정리정돈(전체시험시간−재료계량시간)
- 재료계량시간 내에 계량을 완료하지 못하여 시간이 초과된 경우 및 계량을 잘못한 경우는 추가의 시간 부여 없이 작품제조 및 정리정돈 시간을 활용하여 요구사항의 무게대로 계량
- 달걀의 계량은 감독위원이 지정하는 개수로 계량

2 반죽은 공립법으로 제조하시오.
3 반죽온도는 25℃를 표준으로 하시오.
4 반죽의 비중을 측정하시오.
5 제시한 팬에 알맞도록 분할하시오.
6 반죽은 전량을 사용하여 성형하시오.

02 버터스펀지 케이크(공립법)

합격포인트

1. 여름에는 찬 믹싱법이, 겨울에는 더운 믹싱법(중탕법)이 제시된 반죽온도를 조절하기에 좋다.
2. 100% 거품상태는 나무젓가락으로 반죽을 찍어 떨어뜨려 봤을 때 반죽의 점성에 의하여 반죽이 매달려 있으며, 휘핑을 저속으로 바꾸어 정지시켰을 때 휘퍼 자국이 천천히 없어진다.
3. 가루재료를 휘핑한 반죽에 붓자마자 가루재료가 뭉치지 않고 잘 섞이도록 가루재료와 휘핑한 달걀 반죽을 함께 들어서 신속히 흩뜨려가며 가볍게 섞어 준다.
4. 용해버터에 반죽을 일부 덜어서 섞어 애벌반죽을 만든 후 본 반죽에 넣으면 거품을 적게 꺼지게 하면서 혼합하여 좀 더 가볍게 만들 수 있다.
5. 달걀 반죽에 용해버터를 넣고 섞으면 어쩔 수 없이 달걀 기포에 표면장력이 증가하여 거품은 꺼질 수밖에 없다. 그렇기 때문에 섞기를 최소화하면서 용해버터를 달걀 반죽에 균일하게 섞어야 한다. 그러면 거품이 적게 꺼지면서 좀 더 가벼운 제품이 만들어진다.
6. 패닝할 때에도 완성된 반죽의 달걀 기포에 표면장력이 증가하여 소포가 현저하게 일어나 비중이 점점 무거워지므로 마지막 반죽은 가능한 한 틀에 부어주는 것이 좋다. 그러나 어쩔 수 없이 반죽의 양을 맞추기 위해 마지막 반죽을 나누어 추가할 때는 얼룩이 지지 않도록 반드시 나무젓가락으로 살짝 휘저어 준다.

배합표

비율(%)	재료명	무게(g)	비율(%)	재료명	무게(g)
100	박력분	500	120	설탕	600
180	달걀	900	1	소금	5(4)
0.5	바닐라 향	2.5(2)	20	버터	100
			421.5	계	2,107.5(2,106)

채점기준표
(능력단위별 수행준거에 따른 체크리스트)

수행 순서	수행 항목	수행 순서	수행 항목
1	재료계량시간	10	굽기 관리
2	계량의 재료손실	11	굽기 상태
3	계량의 정확도	12	정리정돈, 청소
4	반죽제조 믹싱법	13	개인위생
5	반죽상태	14	제품의 부피
6	반죽온도	15	제품의 외부균형
7	반죽비중	16	제품의 껍질
8	팬 준비	17	제품의 내상
9	반죽 팬에 넣기	18	맛과 향

재료 및 기기 준비

[실기시험 요구수량 : 3호(Ø21cm) 4개]

수직형 믹서와 볼, 반죽날개(휘퍼), 원형팬 혹은 평철판(1개), 고무주걱, 오븐, 스테인리스 볼, 저울, 행주, 나무젓가락, 푸딩컵(비중컵), 온도계, 가스버너, 가위, 체, 핸드 거품기

수행준거에 맞추어 만들어 볼까요!!

1. 체질하기

2. 휘핑 시작

3. 휘핑 완료점

4. 녹인 버터에 반죽 넣기

5. 녹인 버터에 반죽 섞기

6. 녹인 버터 혼합

7. 비중 측정

8. 패닝하기

9. 굽기 완료점 확인법

반죽
공립법(찬 믹싱법), 25℃, 0.50±0.05
1. 달걀을 믹서 볼에 넣고 휘퍼(반죽날개)로 골고루 풀어준다.
2. 설탕, 소금을 넣고 저속으로 휘핑하다가 설탕과 소금이 어느 정도 용해되면 중속으로 휘핑한다.
3. 고속으로 휘핑하여 80%의 거품상태로 만든 후 중속으로 휘핑하여 100% 상태로 만든다.
4. 100% 거품상태에서 나무젓가락으로 반죽을 찍어 떨어뜨리면 점성에 의해 반죽이 매달려 있다.
5. 바닐라 향을 넣고 저속으로 균일하게 섞는다.
6. 체에 친 박력분을 넣고 고무주걱으로 가볍게 섞는다.
7. 최종 반죽온도를 고려하여 50~70℃로 녹인 버터(용해버터)를 넣고 가볍게 혼합한다.

- 반죽은 연한 아이보리색을 띤다.
- 반죽에 휘퍼의 자국으로 인한 결무늬가 5~7초 정도 살아 있는 상태가 적당하다.
- 거품기로 반죽을 찍어 흘렸을 때 반죽이 점성을 가지고 일정한 간격을 유지하며 흘러내리는 정도이다.
- 유지를 넣고 많이 저으면 기포가 빠져나가 완제품이 딱딱하고 반죽비중이 높게 나온다.
- 유지의 중탕온도가 높을수록 기포의 안정성이 좋으나 반죽의 요구온도를 고려하여 50~70℃ 사이에서 넣는다.

패닝
철판 또는 원형 팬 부피의 60% 패닝
1. 감독위원의 지시에 따라 반죽을 원형 팬이나 평철판에 패닝한다.
2. 제시된 틀에 깔 백로지를 팬 높이와 같거나 0.3cm 올라오도록 재단한다.
3. 고무주걱으로 틀을 돌려가며 윗면을 평평하게 하면서 큰 기포를 제거하여 패닝한다.

- 오븐에 넣기 직전에 패닝한 반죽을 작업대에 살짝 떨어뜨려서 반죽 속의 큰 기포를 제거한다.
- 완제품의 균형감이 찌그러짐이 없고 좌우상하가 대칭을 이루도록 패닝한다.

굽기
2호 팬 기준 윗불 180℃, 밑불 160℃, 20분
1. 기본 온도이므로 작업장의 오븐환경에 따라 온도를 확인하며 사용한다.
2. 윗면의 색을 보고 팬을 돌려 준 후 마무리 굽기를 한다.
3. 원형팬 기준 : 3호 팬 기준 윗불 175℃, 밑불 160℃, 25분
4. 평철판 기준 : 윗불 175℃, 밑불 160℃, 30분

- 오븐의 위치에 따라 온도 차이가 생기므로 전체 굽기 시간의 2/3 시간 경과 후 팬의 위치를 바꾸어 전체 제품의 색깔이 균일하게 유지되도록 한다.
- 케이크를 팬에서 꺼낸 다음 옆면에 붙은 기름종이를 떼어낼 때 잘 떨어지지 않으면 종이가 붙은 부분에 분무기로 가볍게 물을 뿜어 잠시 방치한 뒤, 종이에 수분이 흡수된 다음 조심스럽게 떼어내면 잘 떨어진다.

> **Tip 반죽 : 공립법(더운 믹싱법)**
> 1. 달걀을 스텐리스 볼에 넣고 핸드 거품기로 골고루 풀어준다.
> 2. 설탕, 소금을 넣고 핸드 거품기로 골고루 섞어준 후 43~53℃로 중탕을 한다. 그리고 난 후 완성된 반죽을 믹서 볼에 붓는다.
> 3. 믹서 볼을 믹서에 장착한 후 고속으로 휘핑하여 90% 정도 거품이 생기면, 중속으로 100%의 거품상태를 만든다.
> 4. 바닐라 향을 넣고 저속으로 섞는다.
> 5. 체질한 박력분을 넣고 고무주걱으로 가볍게 섞는다.
> 6. 최종 반죽온도를 고려하여 50~70℃로 중탕한 버터를 넣고 가볍게 섞는다.

코코아파우더를 넣어 만든 스펀지 반죽을 구워서 식힌 후 가나슈를 발라 만

초코 롤 케이크
(Choco Roll Cake)

 시험 시간

1:50

다음 요구사항대로 초코 롤 케이크를 제조하여 제출하시오.

1. 배합표의 각 재료를 계량하여 재료별로 진열하시오(7분).

   - 재료계량(재료당 1분) → [감독위원 계량 확인] → 작품제조 및 정리정돈(전체시험시간-재료계량시간)
   - 재료계량시간 내에 계량을 완료하지 못하여 시간이 초과된 경우 및 계량을 잘못한 경우는 추가의 시간 부여 없이 작품제조 및 정리정돈 시간을 활용하여 요구사항의 무게대로 계량
   - 달걀의 계량은 감독위원이 지정하는 개수로 계량

2. 반죽은 공립법으로 제조하시오.
3. 반죽온도는 24℃를 표준으로 하시오.
4. 반죽의 비중을 측정하시오.
5. 제시한 철판에 알맞도록 패닝하시오.
6. 반죽은 전량을 사용하시오.
7. 충전용 재료는 가나슈를 만들어 제품에 전량 사용하시오.
8. 시트를 구운 윗면에 가나슈를 바르고, 원형이 잘 유지되도록 말아 제품을 완성하시오
   (반대 방향으로 롤을 말면 성형 및 제품평가 해당항목 감점).

※ 충전용 재료는 계량시간에서 제외한다.

03 초코 롤 케이크

합격포인트

1. 코코아파우더가 달걀의 기포를 현저하게 소포시키므로 나무젓가락으로 반죽을 찍어 들어 올릴 때 반죽이 떨어지지 않고 매달려 있는 100%까지 휘핑한다.
2. 베이킹소다는 양이 적으면서 완제품에 미치는 영향이 매우 크므로 달걀 반죽에 혼합하기 전에 가루재료들과 균일하게 섞어 체질하여 사용하거나 혹은 물에 용해시켜 사용해도 좋다.
3. 기포의 안정성이 좋은 중탕법으로 제조함으로써 발생하는 반죽온도 상승은 물과 우유의 온도로 조절한다.
4. 가나슈 제조 시 생크림을 끓일 때 양이 적으므로 타지 않도록 불 조절에 유의하고 주걱으로 살짝 저어가며 끓인다.
5. 용해된 가나슈가 너무 묽거나 되지 않도록 찬물 중탕으로 가나슈의 굳기를 조절하여 바른다.
6. 케이크를 실온으로 식힌 후에 가나슈를 발라야 가나슈가 녹지 않는다.

배합표

	반죽			충전물	
비율(%)	재료명	무게(g)	비율(%)	재료명	무게(g)
100	박력분	168	119	다크커버츄어	200
285	달걀	480	119	생크림	200
128	설탕	216	12	럼주	20
21	코코아파우더	36			
1	베이킹소다	2			
7	물	12			
17	우유	30			
559	계	944			

채점기준표
(능력단위별 수행준거에 따른 체크리스트)

수행 순서	수행 항목	수행 순서	수행 항목
1	재료계량시간	11	구운 상태
2	계량의 재료손실	12	충전물 만들기
3	계량의 정확도	13	말기
4	반죽혼합순서	14	정리정돈, 청소
5	반죽상태	15	개인위생
6	반죽온도	16	제품의 부피
7	반죽비중	17	제품의 외부균형
8	팬 준비	18	제품의 껍질
9	반죽 팬에 넣기	19	제품의 내상
10	굽기 관리	20	맛과 향

재료 및 기기 준비

[실기시험 요구수량 : 평철판 1개]

수직형 믹서와 볼, 반죽날개(휘퍼), 평철판, 고무주걱, 플라스틱 스크래퍼, 백로지, 체, 가위, 오븐, 스테인리스 볼, 저울, 행주, 나무젓가락, 푸딩컵(비중컵), 온도계, 가스버너, 면포, 긴 밀대, 핸드 거품기, L자형 스패튤라

수행준거에 맞추어 만들어 볼까요!!

1. 달걀, 설탕, 소금 중탕하기

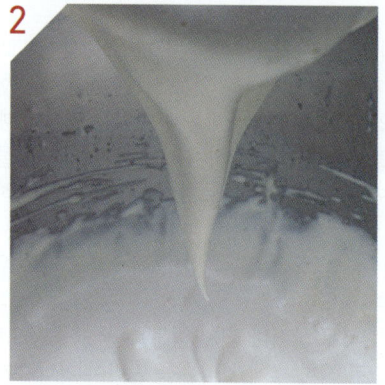
2. 반죽 휘핑 완료점

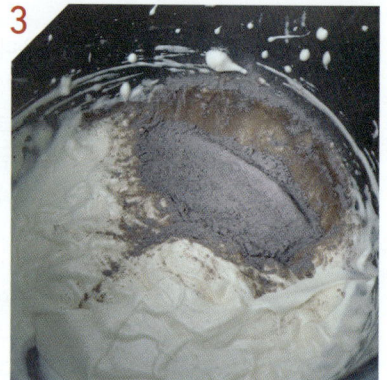
3. 체에 친 가루재료 섞기

4. 물과 우유 섞기

5. 윗면 고르기

6. 생크림 끓이기

7. 초콜릿 섞기

8. 충전물 바르기

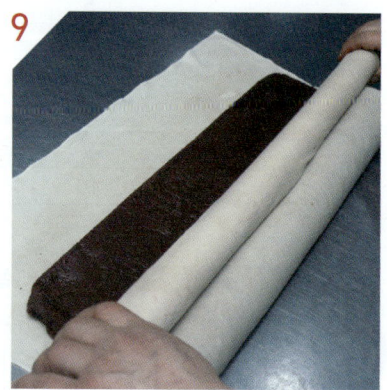
9. 롤 케이크 말기

반죽	**공립법, 24℃, 0.40~0.45**
	1 달걀을 스테인리스 볼에 넣고 핸드 거품기로 골고루 풀어준 후 설탕을 넣고 균일하게 섞는다.
	2 끓는 물에 스테인리스 볼을 넣고 달걀 반죽을 핸드 거품기로 천천히 휘저으면서 43℃로 중탕을 한다.
	3 중탕한 달걀 반죽을 믹서 볼에 붓고 난 후 믹서기에 장착하여 고속으로 80~90% 정도 휘핑한다.
	4 중속으로 기포가 균일해지며 안정성을 갖도록 휘핑하면서 100% 거품상태를 만든다.
	5 균일하게 충분히 혼합한 후 체질한 박력분, 코코아파우더, 베이킹소다를 넣고 고무주걱으로 가볍게 섞는다.
	6 물과 우유를 섞어 24℃의 반죽온도를 맞출 수 있도록 조절한 후 붓고, 섞으면서 비중을 조절한다.
	7 반죽온도와 비중을 체크한다. ★ 안전사고 방지를 위해 믹서 볼을 직접 중탕하는 것을 금지함

- 달걀을 잘 풀어주지 않고 설탕을 넣으면 달걀 노른자의 지방과 설탕이 엉겨 작은 덩어리가 질 수 있다.
- 달걀 반죽의 100% 휘핑 상태를 확인하는 방법은 다음과 같다.
  - 반죽을 나무젓가락으로 찍어 들어 올렸을 때 반죽이 떨어지지 않는다.
  - 반죽의 색이 아이보리색이다.
  - 반죽에 휘퍼가 지나간 자국에 의한 결무늬가 선명하게 나타나는 상태이다.
  - 거품기로 반죽을 찍어 흘렸을 때 반죽이 강한 점성을 가져 아주 천천히 흘러내린다.

패닝	1 평철판에 백로지를 깔고 반죽 전량을 퍼 넣는다.
	2 플라스틱 스크래퍼로 반죽을 평철판의 모서리 방향으로 신속히 펼친 다음 윗면을 평평하게 고르면서 윗부분의 큰 공기방울을 제거한다.

- 평철판에 백로지 깔기는 반죽을 믹싱하는 과정 중에 미리 준비해두는 것이 좋다.
- 반죽 전량을 평철판의 중앙에 붓는다.

굽기	**윗불 200℃, 밑불 150℃, 10분**
	1 비중이 높게 나왔을 경우에는 밑불의 온도를 10℃ 정도 높여 구우면 오븐스프링이 좋아진다.
	2 굽는 시간이 길어져 완제품을 너무 건조시키면 말 때 표면이 터지기 쉬우므로 오버 베이킹을 하지 않는다.
	3 완제품이 너무 건조되지 않도록 굽기 중에 오븐 문을 열고 팬을 돌리는 일이 없게 오븐의 위치에 따라 온도차이를 고려하여 오븐의 중앙 안쪽에 팬을 가로로 넣는다.
	4 구운 완제품을 냉각시킬 때 지나치게 마르지 않도록 발효실에서 냉각시키거나 혹은 시험장에 가져간 비닐 안에 넣고 봉하지 않은 상태에서 냉각시킨다.

충전물 만들기	1 초콜릿을 잘게 자른 후 스테인리스 볼에 넣는다.
	2 또 다른 스테인리스 볼에 생크림을 붓고 가스버너에 올려 끓인다. 생크림이 끓기 시작하면 가스 버너를 끈다.
	3 끓인 생크림에 준비한 초콜릿을 넣고, 초콜릿이 용해되기 시작하면 주걱으로 균일하게 섞는다.
	4 럼주를 넣고 균일하게 섞는다.
	5 찬물로 중탕하며 가나슈의 농도를 충전물로 사용하기 적합하게 조절한다.

말기	1 작업대에 분무기로 분무한 후 마른 면포를 깔고 식힌 시트를 바닥면이 면포에 가도록 엎어둔다.
	2 고무주걱이나 플라스틱 스크래퍼 혹은 L자형 스패튤라를 이용하여 정량의 가나슈를 전부 골고루 바른다.
	3 표면이 터지지 않고 주름이 생기지 않도록 홍두깨로 면포를 말아 당기며 시트를 김밥 말듯이 한다.

- 종이에 물을 분무하고, 종이에 수분이 흡수되면 바로 종이를 떼어낸다.
- 가나슈의 양이 어느 한쪽에 너무 많으면 말기 후 대칭이 맞지 않고, 어느 한쪽에 너무 적으면 접착력이 약하다.
- 말기를 할 때 처음 말리는 부분이 구부러지기 쉽게, 시트를 말기 시작하는 1.5~2cm되는 부분에 스크래퍼로 눌러 자국을 내준다.
- 긴 밀대를 사용하여 일정한 힘의 세기로 말아준다.
- 말기의 마지막 부분에서 잠시 머물러 말린 부분이 풀리지 않게 한다.
- 말린 둥근 모양의 어느 한쪽이 가늘거나 굵지 않아야 한다.

흑미와 백미쌀가루를 넣어 만든 스펀지 반죽을 구워서 식힌 후 생크림을 발라 만든

흑미 롤 케이크 공립법
(Black Nonglutinous Rice Roll Cake)

시험 시간

1:50

다음 요구사항대로 흑미 롤 케이크를 제조하여 제출하시오.

1. 배합표의 각 재료를 계량하여 재료별로 진열하시오(7분).
   - 재료계량(재료당 1분) → [감독위원 계량 확인] → 작품제조 및 정리정돈(전체시험시간-재료계량시간)
   - 재료계량시간 내에 계량을 완료하지 못하여 시간이 초과된 경우 및 계량을 잘못한 경우는 추가의 시간 부여 없이 작품제조 및 정리정돈 시간을 활용하여 요구사항의 무게대로 계량
   - 달걀의 계량은 감독위원이 지정하는 개수로 계량
2. 반죽은 공립법으로 제조하시오.
3. 반죽온도는 25℃를 표준으로 하시오.
4. 반죽의 비중을 측정하시오.
5. 제시한 팬에 알맞도록 분할하시오.
6. 반죽은 전량을 사용하여 성형하시오.
7. 생크림을 휘핑하여 구운 시트의 윗면에 바르고, 원형이 잘 유지되도록 말아 제품을 완성하시오.

※ 충전용 재료는 계량시간에서 제외한다.

04 흑미쌀 롤 케이크

합격포인트

- 베이킹파우더는 양이 적으면서 완제품에 미치는 영향이 매우 크므로 달걀 반죽에 혼합하기 전에 가루재료들과 균일하게 섞어 체질하여 사용한다.
- 많은 양의 우유는 달걀 반죽에 혼입된 공기를 소포시키므로 기포의 안정성이 좋은 중탕법을 사용하고, 달걀 거품을 100% 휘핑한다.
- 중탕법으로 인한 반죽온도 상승은 우유의 온도로 조절한다.
- 롤 케이크에 바르는 충전물로 사용하는 생크림은 충분히 휘핑한 후 사용해야 롤 케이크를 말 때 생크림이 이동하지 않는다.
- 구운 완제품을 냉각시킬 때 지나치게 마르지 않도록 적절한 조치를 취한다.

배합표

반죽

비율(%)	재료명	무게(g)
80	박력쌀가루	240
20	흑미가루	60
100	설탕	300
155	달걀	465
0.8	소금	2.4(2)
0.8	베이킹파우더	2.4(2)
60	우유	180
416.6	계	1,249.8(1,249)

충전물

비율(%)	재료명	무게(g)
60	생크림	150
60	계	150

채점기준표

순서	세부항목	순서	세부항목
1	재료계량시간	11	구운 상태
2	계량의 재료손실	12	충전물 만들기
3	계량의 정확도	13	말기
4	반죽혼합순서	14	정리정돈, 청소
5	반죽상태	15	개인위생
6	반죽온도	16	제품의 부피
7	반죽비중	17	제품의 외부균형
8	팬 준비	18	제품의 껍질
9	반죽 팬에 넣기	19	제품의 내상
10	굽기 관리	20	맛과 향

재료 및 기기 준비

[생산수량 : 평철판 1개]

수직형 믹서와 볼, 반죽날개(휘퍼), 평철판, 고무주걱, 플라스틱 스크래퍼, 백로지, 체, 가위, 오븐, 스테인리스 볼, 저울, 행주, 나무젓가락, 푸딩컵, 온도계, 가스버너, 면포, 긴 밀대, 핸드 거품기

수행준거에 맞추어 만들어 볼까요!!

1. 달걀 풀고 설탕 섞기

2. 설탕 섞고 중탕하기

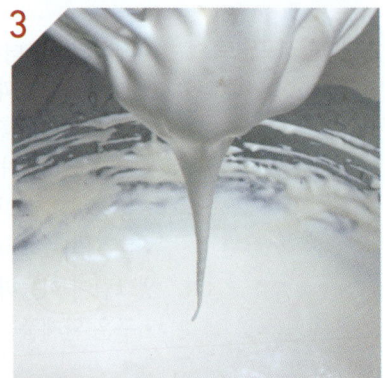
3. 반죽 휘핑 완료점

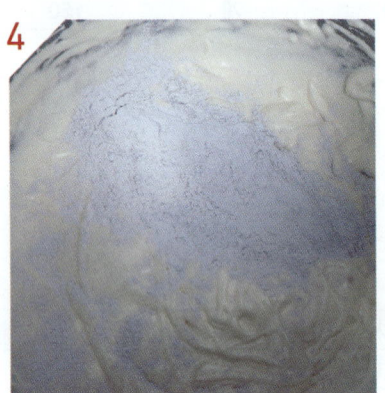
4. 체에 친 가루재료 섞기

5. 우유에 애벌 반죽 만들기

6. 윗면 고르기

7. 생크림 휘핑 완료점

8. 구운 시트의 윗면에 바르기

9. 롤 케이크 말기

반죽		**공립법, 25℃, 0.40~0.45**
	1	달걀을 믹서 볼에 넣고 핸드 거품기로 골고루 풀어준 후 설탕과 소금을 넣고 균일하게 섞는다.
	2	끓는 물에 믹서 볼을 넣고 달걀 반죽을 핸드 거품기로 천천히 휘저으면서 43℃로 중탕을 한다.
	3	중탕한 달걀 반죽이 들어있는 믹서 볼을 믹서기에 장착하여 고속으로 80~90% 정도 휘핑한다.
	4	중속으로 기포가 균일해지며 안정성을 갖도록 휘핑하면서 100% 거품상태를 만든다.
	5	균일하게 충분히 혼합한 후 체질한 박력쌀가루, 흑미쌀가루, 베이킹파우더를 넣고 고무주걱으로 가볍게 섞는다.
	6	우유를 25℃ 전후의 반죽온도를 맞출 수 있도록 조절한 후 애벌 반죽을 만들어 붓고, 섞으면서 비중을 조절한다.
	7	반죽온도와 비중을 체크한다.

- 달걀을 잘 풀어주지 않고 설탕을 넣으면 달걀과 설탕이 엉겨 작은 덩어리가 질 수 있다
- 달걀 반죽의 100% 휘핑 상태를 확인하는 방법은 다음과 같다.
  - 반죽을 나무젓가락으로 찍어 들어 올렸을 때 반죽이 떨어지지 않는다.
  - 반죽의 색이 아이보리색이다.
  - 반죽에 휘퍼가 지나간 자국에 의한 결무늬가 선명하게 나타나는 상태이다.
  - 거품기로 반죽을 찍어 흘렸을 때 반죽이 강한 점성을 가져 아주 천천히 흘러내린다.

패닝	1	평철판에 백로지를 깔고 반죽 전량을 퍼 넣는다.
	2	플라스틱 스크래퍼로 반죽을 모서리 방향으로 신속히 펼친 다음, 윗면을 평평하게 고르면서 윗부분의 큰 공기방울을 제거한다.

- 평철판에 백로지 깔기는 반죽을 믹싱하는 과정 중에 미리 준비해두는 것이 좋다.
- 반죽 전량을 평철판의 중앙에 붓는다.

굽기		**윗불 185℃, 밑불 160℃, 15분**
	1	비중이 높게 나왔을 경우에는 밑불의 온도를 10℃ 정도 높여 구우면 오븐스프링이 좋아진다.
	2	굽는 시간이 길어져 완제품을 너무 건조시키면 말 때 표면이 터지기 쉬우므로 오버 베이킹을 하지 않는다.
	3	완제품이 너무 건조되지 않도록 굽기 중에 오븐 문을 열고 팬을 돌리는 일이 없게 오븐의 위치에 따라 온도 차이를 고려하여 오븐의 중앙 안쪽에 팬을 가로로 넣는다.
	4	구운 완제품을 냉각시킬 때 지나치게 마르지 않도록 발효실에서 냉각시키거나 혹은 시험장에 가져간 비닐 안에 넣고 봉하지 않은 상태에서 냉각시킨다.

충전물 만들기	1	생크림을 스테인리스 볼에 넣는다.
	2	핸드 거품기로 생크림을 90% 정도 충분히 휘핑한다.
말기	1	작업대에 분무기로 분무한 후 마른 면포를 깔고 식힌 시트를 바닥면이 면포에 가도록 엎어둔다.
	2	고무주걱이나 스패튤라를 이용하여 정량한 생크림을 전부 골고루 바른다.
	3	표면이 터지지 않고 주름이 생기지 않도록 홍두깨로 면포를 말아 당기며 시트를 김밥 말듯이 한다.

- 종이에 물을 분무하고, 종이에 수분이 흡수되면 바로 종이를 떼어낸다.
- 생크림의 양이 어느 한쪽에 너무 많으면 말기 후 대칭이 맞지 않고, 어느 한쪽에 너무 적으면 접착력이 약하다.
- 말기를 할 때 처음 말리는 부분이 구부러지기 쉽게, 시트를 말기 시작하는 1.5~2cm되는 부분에 스패튤라로 눌러 자국을 내준다.
- 긴 밀대를 사용하여 일정한 힘의 세기로 말아준다.
- 말기의 마지막 부분에서 잠시 머물러 말린 부분이 풀리지 않게 한다.
- 말린 둥근 모양의 어느 한쪽이 가늘거나 굵지 않아야 한다.

05

스펀지 반죽을 별립법으로 만들면서 버터를 넣은 거품형 케이크인

버터스펀지 케이크 _{별립법}
(Butter Sponge Cake)

시험 시간

1:50

다음 요구사항대로 버터스펀지 케이크(별립법)를 제조하여 제출하시오.

1. 배합표의 각 재료를 계량하여 재료별로 진열하시오(8분).
   - 재료계량(재료당 1분) → [감독위원 계량 확인] → 작품제조 및 정리정돈(전체시험시간-재료계량시간)
   - 재료계량시간 내에 계량을 완료하지 못하여 시간이 초과된 경우 및 계량을 잘못한 경우는 추가의 시간 부여 없이 작품제조 및 정리정돈 시간을 활용하여 요구사항의 무게대로 계량
   - 달걀의 계량은 감독위원이 지정하는 개수로 계량
2. 반죽은 별립법으로 제조하시오.
3. 반죽온도는 23℃를 표준으로 하시오.
4. 반죽의 비중을 측정하시오.
5. 제시한 팬에 알맞도록 분할하시오.
6. 반죽은 전량을 사용하여 성형하시오.

04 버터스펀지 케이크(별립법)

합격포인트

1. 반죽을 만들기 전에 오븐 온도 맞추기, 팬에 종이 깔기, 버터 중탕하기, 필요한 소도구 챙기기 등을 미리 한다.
2. 달걀을 분리할 때 흰자에는 노른자가 절대 들어가지 않도록 주의한다.
3. 노른자에는 달걀 2개 정도의 흰자를 넣어야 설탕(A)이 용해되고 공기혼입이 잘 된다.
4. 머랭을 제조할 볼과 핸드 거품기에는 기름기가 없도록 다시 한 번 깨끗이 씻는다.
5. 노른자 반죽에 머랭 반죽을 나누어 섞을 때 먼저 넣은 머랭이 노른자 반죽에 다 섞이기 전에 나머지 머랭 반죽을 연이어 나누어 넣어가며 가볍게 섞는다.
6. 버터는 넣는 시기를 놓치지 않도록 미리 중탕하여 용해시키며, 최종 반죽온도를 고려하여 50~70℃의 온도를 유지한다.
7. 버터가 바닥에 가라앉아 반죽에 줄무늬를 만들지 않도록 빠른 시간 내에 혼합한다.

배합표

비율(%)	재료명	무게(g)	비율(%)	재료명	무게(g)
100	박력분	600	60	설탕(A)	360
60	설탕(B)	360	150	달걀	900
1	베이킹파우더	6	1.5	소금	9(8)
25	용해 버터	150	0.5	바닐라 향	3(2)
			398	계	2,388(2,386)

채점기준표 (능력단위별 수행준거에 따른 체크리스트)

수행 순서	수행 항목	수행 순서	수행 항목
1	재료계량시간	10	굽기 관리
2	계량의 재료손실	11	구운 상태
3	계량의 정확도	12	정리정돈, 청소
4	반죽제조 믹싱법	13	개인위생
5	반죽상태	14	제품의 부피
6	반죽온도	15	제품의 외부균형
7	반죽비중	16	제품의 껍질
8	팬 준비	17	제품의 내상
9	반죽 팬에 넣기	18	맛과 향

재료 및 기기 준비

[실기시험 요구수량 : 3호(Ø21cm) 4개]

수직형 믹서와 볼, 반죽날개(휘퍼), 핸드 거품기, 원형 팬 혹은 평철판(1개), 고무주걱, 스테인리스 볼, 오븐, 백로지, 가위, 커트 칼, 저울, 행주, 온도계, 체, 푸딩컵(비중컵)

수행준거에 맞추어 만들어 볼까요!!

1. 노른자 반죽 휘핑하기

2. 노른자 반죽에 머랭 반죽 혼합

3. 가루재료 투입

4. 가루재료 혼합하기

5. 용해버터 투입

6. 나머지 머랭 반죽 투입

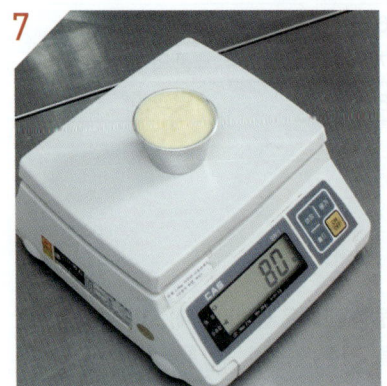
7. 비중 측정

8. 패닝하기

9. 윗면 고르기

반죽

별립법, 23℃, 0.55±0.05

1. 흰자에 노른자가 섞이지 않도록 주의하여 노른자와 흰자로 분리한다.
2. 노른자를 풀어준 후 소금, 설탕(A)을 넣고 연한 노란색이 될 때까지 휘핑한 다음 바닐라 향을 섞는다.
3. 기름기 없는 깨끗한 믹싱 볼에 흰자를 넣고 풀어준 후, 설탕(B)을 모두 넣고 계속 휘핑하여 중간 피크(85~90%) 정도의 머랭 반죽을 만든다(믹서로 머랭 만들 때).
4. 노른자 반죽에 머랭 1/3을 넣어 거품이 꺼지지 않도록 신속하고 가볍게 섞는다.
5. 균일하게 혼합 후 체질한 박력분, 베이킹파우더를 넣어 신속하고 가볍게 섞는다.
6. 최종 반죽온도를 고려하여 50~70℃로 녹인 버터(용해버터)를 넣고 고루 섞는다.
7. 나머지 머랭을 세 번에 나누어 넣어가며 거품이 꺼지지 않도록 신속하고 가볍게 섞기를 반복한다.

- 노른자에 흰자가 조금 혼입되면 휘핑이 쉽고 완제품의 결과도 좋다.
- 손으로 머랭 반죽 만들 때 : 기름기 없는 깨끗한 볼에 흰자를 넣고 50~60% 정도 거품을 올린 다음, 설탕(B)을 조금씩 넣으면서 계속 휘핑하여 중간 피크(85~90%) 정도의 머랭을 만든다.
- 유지를 넣고 많이 저으면 기포가 빠져나가 완제품이 딱딱하고 반죽 비중이 높게 나온다.
- 유지의 중탕온도가 높을수록 기포의 안정성이 좋으나 반죽의 요구온도를 고려하여 50~70℃ 사이에서 넣는다.

패닝

틀 부피의 60%

1. 틀에 깔 백로지를 팬 높이와 같거나 0.3cm 올라오도록 재단한다.
2. 고무주걱으로 틀을 돌려가며 윗면을 평평하게 하면서 큰 기포를 제거하여 패닝한다.

- 오븐에 넣기 직전에 패닝한 반죽을 작업대에 살짝 떨어뜨려서 반죽 속의 큰 기포를 제거한다.
- 완제품의 균형감이 찌그러짐이 없고 좌우상하 대칭을 이루도록 패닝한다.

굽기

3호 팬 기준 윗불 180℃, 밑불 160℃, 25~30분

1. 기본 온도이므로 작업장의 오븐환경에 따라 온도를 확인하며 사용한다.
2. 윗면의 색을 보고 팬을 돌려준 후 마무리 굽기를 한다.

- 오븐의 위치에 따라 온도 차이가 생기므로 전체 굽기 시간의 2/3 경과 후 팬의 위치를 바꾸어 전체 제품의 색깔이 균일하게 유지되도록 한다.
- 케이크를 팬에서 꺼낸 다음 옆면에 붙은 기름종이를 떼어낼 때 잘 떨어지지 않으면 종이가 붙은 부분에 분무기로 가볍게 물을 뿜어 잠시 방치하였다가, 종이에 수분이 흡수된 다음 조심스럽게 떼어내면 잘 떨어진다.

롤 케이크를 식혀 생크림, 아이스크림, 버터크림 등을 바르는 거품형 케이크인

소프트 롤 케이크
(Soft Roll Cake)

시험 시간
1:50

다음 요구사항대로 소프트 롤 케이크를 제조하여 제출하시오.

1. 배합표의 각 재료를 계량하여 재료별로 진열하시오(10분).
   - 재료계량(재료당 1분) → [감독위원 계량 확인] → 작품제조 및 정리정돈(전체시험시간−재료계량시간)
   - 재료계량시간 내에 계량을 완료하지 못하여 시간이 초과된 경우 및 계량을 잘못한 경우는 추가의 시간 부여 없이 작품제조 및 정리정돈 시간을 활용하여 요구사항의 무게대로 계량
   - 달걀의 계량은 감독위원이 지정하는 개수로 계량

2. 반죽은 별립법으로 제조하시오.
3. 반죽온도는 22℃를 표준으로 하시오.
4. 반죽의 비중을 측정하시오.
5. 제시한 팬에 알맞도록 분할하시오.
6. 반죽은 전량을 사용하여 성형하시오.
7. 캐러멜 색소를 이용하여 무늬를 완성하시오(무늬를 완성하지 않으면 제품 껍질 평가 0점 처리).

※ 충전용 재료는 계량시간에서 제외한다.

05 소프트 롤 케이크

합격포인트

1. 반죽을 만들기 전에 필요한 소도구, 오븐, 평철판, 식용유와 물의 온도조절, 가루재료 체질 등을 준비한다.
2. 노른자 반죽에 달걀 2개 분량의 흰자를 넣고 휘핑하면 거품형성이 수월하다.
3. 머랭 반죽을 제조할 때 흰자의 비율이 줄어들어 보다 튼튼한 머랭을 만들 수 있다.
4. 제시된 반죽온도를 맞추기 위해 물과 식용유의 온도를 조절하여 사용한다.
5. 노른자를 풀고 설탕을 부어 휘핑을 해야 좁쌀 같은 덩어리가 생기지 않는다.
6. 평철판을 약간 들어 올려 작업대에 가볍게 내리쳐 반죽 윗부분의 큰 공기방울을 제거한 후 무늬를 짜고 무늬를 짤 때는 빠르고 가늘게 짜야 반죽이 가라앉지 않는다.
7. 소프트 롤은 조직이 부드러워 힘을 많이 주어 말기를 하면 완제품의 부피가 줄어든다.

배합표

비율(%)	재료명	무게(g)	비율(%)	재료명	무게(g)
100	박력분	250	1	소금	2.5(2)
10	물엿	25(26)	1	바닐라 향	2.5(2)
20	물	50	280	달걀	700
60	설탕(B)	150	50	식용유	125(126)
1	베이킹파우더	2.5(2)	593	계	1,482.5(1,484)
70	설탕(A)	175(176)			
			80	잼	200

채점기준표
(능력단위별 수행준거에 따른 체크리스트)

수행 순서	수행 항목	수행 순서	수행 항목
1	재료계량시간	13	무늬 만들기
2	계량의 재료손실	14	굽기 관리
3	계량의 정확도	15	구운 상태
4	반죽제조 믹싱법	16	말기
5	노른자 믹싱	17	정리정돈, 청소
6	흰자 믹싱	18	개인위생
7	반죽혼합순서	19	제품의 부피
8	반죽상태	20	제품의 외부균형
9	반죽온도	21	제품의 껍질
10	반죽비중	22	제품의 내상
11	팬 준비	23	맛과 향
12	반죽 팬에 넣기		

재료 및 기기 준비

[실기시험 요구수량 : 평철판 1개]

수직형 믹서와 볼, 반죽날개(휘퍼), 핸드 거품기, 평철판, 고무주걱, 스크래퍼, 백로지, 나무젓가락, 오븐, 스테인리스 볼, 저울, 행주, 온도계, L자형 스패튤라, 체, 푸딩컵(비중컵)

수행준거에 맞추어 만들어 볼까요!!

1. 노른자 반죽 만들기

2. 1차 머랭 섞기

3. 식용유 넣기

4. 2차 머랭 섞기

5. 반죽 붓기

6. 윗면 고르기

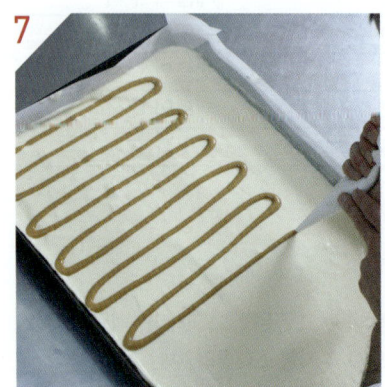
7. 무늬 반죽 짜기

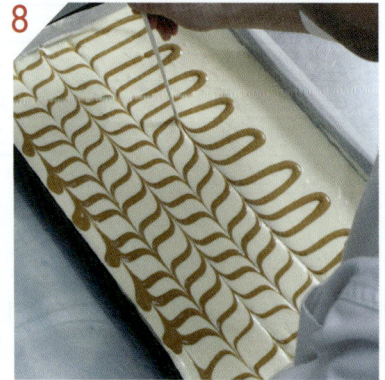
8. 무늬 그리기

9. 잼 바르고 말기

반죽	**별립법, 22℃, 0.45±0.05**
	1 흰자에 노른자가 섞이지 않도록 주의하여 노른자와 흰자로 분리한다.
	2 노른자를 풀어준 후 소금, 설탕(A), 물엿을 넣고 연노랑이 될 때까지 휘핑한 후 바닐라 향과 물을 섞는다(계절에 따라 물 온도를 조절한다).
	3 기름기 없는 깨끗한 볼에 흰자를 넣고 풀어준 후 설탕(B)을 모두 넣고 계속 휘핑하여 중간 피크(85~90%) 정도의 머랭 반죽을 만든다(믹서로 머랭 만들 때).
	4 노른자 반죽에 머랭 1/3을 넣어 거품이 꺼지지 않도록 신속하고 가볍게 섞는다.
	5 체에 친 박력분, 베이킹파우더를 넣어 신속하고 가볍게 섞는다.
	6 식용유를 넣고 고루 섞는다(계절에 따라 식용유 온도를 조절한다).
	7 나머지 머랭을 두 번에 나누어 넣으며 거품이 꺼지지 않도록 섞기를 반복한다.

- 노른자에는 흰자가 조금 혼입되면 믹싱이 쉽다.
- 손으로 머랭 반죽 만들 때 : 기름기 없는 깨끗한 볼에 흰자를 넣고 50~60% 정도 거품을 올린 다음, 설탕(B)을 조금씩 넣으면서 계속 휘핑하여 중간 피크(85~90%) 정도의 머랭을 만든다.
- 식용유는 중탕한 고체유지에 비하여 가볍고 분리가 거의 일어나지 않아 그대로 반죽에 혼합해도 되지만, 식용유에 일정량의 반죽을 넣고 잘 혼합한 후 본 반죽에 섞으면 유지의 혼합이 용이하다.
- 반죽은 가볍고 윤기가 나야 하며, 반죽을 찍어 떨어뜨릴 때 리본이 접히듯이 무늬가 남는 상태가 적당하다.

패닝	1 평철판에 백로지를 깔고 무늬내기에 사용할 반죽 소량만 남기고 전 반죽을 평철판의 중앙에 붓는다.
	2 플라스틱 스크래퍼로 반죽을 모서리 방향으로 신속히 펼친 다음 윗면을 평평하게 고른다. 탭핑으로 반죽 윗부분의 큰 공기방울을 제거한다.

무늬 그리기	1 완성된 반죽 60g에 캐러멜 색소 8g을 혼합하여 갈색으로 색을 조절한다.
	2 유산지나 비닐 짤주머니에 무늬용 반죽을 담고 패닝한 반죽의 표면에 가늘게 일정한 간격(2.5cm)을 유지하면서, 평철판의 좁은 방향으로 지그재그(⇌)로 짜 내려간다.
	3 무늬를 짠 90° 방향으로 젓가락이나 이쑤시개 등의 가느다란 도구를 이용하여 일정한 간격(2.5cm)으로 지그재그로 무늬를 완성한다.

- 젓가락으로 반죽의 2/3 정도 깊이로 찔러서(철판밑바닥에 닿지 않게) 무늬 낸다.
- 무늬를 넣고 난 후 철판을 바닥에 치면 안 된다. 색소가 밑으로 처진다.
- 반죽을 패닝한 후 무늬 넣기까지는 속도를 빠르게 해준다. 늦으면 기포가 올라와 제품에 검은 반점으로 나타난다.
- 패닝량이 많을 때는 온도를 낮추어 굽는 시간을 조금 더 길게 한다.

굽기	**윗불 180℃, 밑불 160℃, 15~20분**
	1 비중이 높게 나왔을 경우에는 온도를 높여 구우면 오븐스프링이 좋아진다.
	2 굽기 중 너무 건조시키면 표면이 터지기 쉬우므로 오버 베이킹을 하지 않는다.
	3 오븐의 위치에 따라 온도 차이가 생기므로 일정시간 경과 후 팬의 위치를 바꾸어 전체 제품의 색깔이 균일하게 유지되도록 한다.
	4 윗면의 색을 보고 팬을 돌려 준 후 마무리 굽기를 한다.

말기	1 바닥에 면포를 깔고 구워낸 시트를 무늬가 있는 부분이 밑으로 가게 엎어둔다.
	2 고무주걱이나 L자형 스패튤라를 이용하여 정량의 잼을 전부 골고루 바른다.
	3 잼을 바르는 동안 조금 식으면 표면이 터지지 않는다. 잼을 고르게 펴 바른 후 주름이 생기지 않도록 홍두깨로 면포를 말아 당기며 시트를 김밥 말듯이 한다.

- 굽기가 완료 되면 종이에 물을 분무하고, 종이에 수분이 흡수되는 동안 잠시 방치하였다가 종이를 떼어낸다.
- 말기를 할 때 처음 말리는 부분이 구부러지기 쉽게, 시트를 말기 시작하는 1.5~2cm 되는 부분(무늬가 없는 부분)에 스패튤라로 눌러 자국을 내고 살짝 두들겨 부드럽게 해준다.
- 긴 밀대를 사용하여 일정한 힘의 세기로 말아준다.
- 말기의 마지막 부분에서 잠시 머물러 말린 부분이 풀리지 않게 한다.

07

슈플레프로마주(거품을 올려 부풀린 크림치즈) 타입으로
케이크 반죽에 크림치즈를 넣어 만든 찜 케이크의 일종인

치즈 케이크 (Cheese Cake)

 **시험 시간**

2:30

다음 요구사항대로 치즈 케이크를 제조하여 제출하시오.

1. 배합표의 각 재료를 계량하여 재료별로 진열하시오(9분).
   - 재료계량(재료당 1분) → [감독위원 계량 확인] → 작품제조 및 정리정돈(전체시험시간-재료계량시간)
   - 재료계량시간 내에 계량을 완료하지 못하여 시간이 초과된 경우 및 계량을 잘못한 경우는 추가의 시간 부여 없이 작품제조 및 정리정돈 시간을 활용하여 요구사항의 무게대로 계량
   - 달걀의 계량은 감독위원이 지정하는 개수로 계량

2. 반죽은 별립법으로 제조하시오.
3. 반죽온도는 20℃를 표준으로 하시오.
4. 반죽의 비중을 측정하시오.
5. 제시한 팬에 알맞도록 분할하시오.
6. 굽기는 중탕으로 하시오.
7. 반죽은 전량을 사용하시오.

※ 감독위원은 시험 전 주어진 팬을 감안하여 팬의 개수를 지정하여 공지한다.

06 치즈 케이크

합격포인트

1. 반죽제조에 들어가기 전에 재료 및 도구의 준비를 미리 해놓는다.
2. 크림치즈를 부드럽게 할 때 너무 열을 가하면 반죽이 분리될 위험이 있으므로 주의한다.
3. 반죽을 핸드 거품기로 균일하게 섞을 때 너무 섞어 공기가 많이 들어가면 표면이 터지게 된다.
4. 70% 정도 휘핑한 머랭 반죽을 만들어 섞는 제품이므로 머랭 제조 전에 크림 반죽을 먼저 만들어 놓아야 한다.
5. 패닝 시 반죽을 먼저 반씩 담은 후 조금씩 추가하여 양을 균일하게 담아낸다.
6. 15분간 구운 다음 나머지는 공기구멍을 열고 굽는다. 이는 오븐 내의 증기로 인하여 반죽표면이 터지는 것을 방지하기 위해서이다.

배합표

비율(%)	재료명	무게(g)	비율(%)	재료명	무게(g)
100	중력분	80	500	크림치즈	400
100	버터	80	162.5	우유	130
100	설탕(A)	80	12.5	럼주	10
100	설탕(B)	80	25	레몬주스	20
300	달걀	240	1,400	계	1,120

채점기준표 (능력단위별 수행준거에 따른 체크리스트)

수행 순서	수행 항목	수행 순서	수행 항목
1	재료계량시간	11	구운 상태
2	계량의 재료손실	12	팬 빼기
3	계량의 정확도	13	정리정돈, 청소
4	반죽의 믹싱법	14	개인 위생
5	반죽상태	15	제품의 부피
6	반죽온도	16	제품의 외부균형
7	반죽비중	17	제품의 껍질
8	팬 준비	18	제품의 내상
9	반죽 팬에 넣기	19	맛과 향
10	굽기 관리		

재료 및 기기 준비

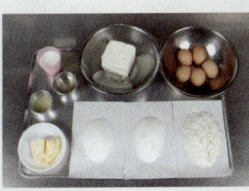

[실기시험 요구수량 : 윗지름 7.5cm, 높이 4cm 정도의 팬 11개]

핸드 거품기, 스테인리스 볼, 고무주걱, 나무주걱, 가스버너, 평철판, 치즈 케이크 팬, 백로지, 저울, 행주, 온도계, 비중컵(푸딩컵), 플라스틱 스크래퍼, 붓, 짤주머니, 비커, 체

수행준거에 맞추어 만들어 볼까요!!

1. 크림치즈 유연하게

2. 버터 섞기

3. 노른자 풀어주기

4. 설탕 섞기

5. 럼주 섞기

6. 체친 중력분 섞기

7. 우유 섞기

8. 머랭 완료점

9. 머랭 섞기

| 전처리 | 1 오븐을 예열하고 수작업으로 진행할 준비를 한다.
2 크림치즈를 실온 상태가 되도록 한다.
3 버터는 포마드 상태로 만든다.
4 달걀, 우유는 반죽온도를 고려하여 온도를 조절한 후 사용한다.
5 흰자에 노른자가 섞이지 않도록 달걀을 노른자와 흰자로 분리한다.
6 중력분을 체질하여 준비한다.
7 제시된 팬에 용해 쇼트닝을 붓으로 바르고 설탕을 묻힌다. |

반죽

별립법, 20℃, 0.65~0.7

1. 큰 스테인리스 볼에 크림치즈를 넣고 핸드 거품기로 부드러운 상태가 되도록 풀어준다.
2. 포마드 상태로 만든 버터와 레몬주스를 순서대로 넣으면서 핸드 거품기로 균일하게 혼합되도록 풀어준 후 옆에 잠시 놓아둔다.
3. 다른 중 스테인리스 볼에 노른자를 넣고 핸드 거품기로 풀어준 후 설탕(A)을 넣고 균일하게 혼합한 다음 럼주를 투입하여 섞어준다.
4. 체로 친 중력분을 넣고 핸드 거품기로 가볍게 섞은 후 우유를 넣어 균일하게 섞는다.
5. 그리고 난 후 크림치즈 반죽이 있는 큰 스테인리스 볼에 중 스테인리스 볼에 있는 노른자 반죽을 붓고 몽우리가 풀릴 때까지 핸드 거품기를 사용하여 섞는다.
6. 손이나 혹은 믹서를 사용하여 70% 정도 휘핑한 머랭 반죽을 준비한다.
7. 완성된 머랭 반죽을 큰 스테인리스 볼에 3번에 나누어 넣으면서 고무주걱을 사용하여 머랭이 꺼지지 않도록 신속하고 가볍게 섞기를 반복한다.

> - 겨울철에는 우유를 약간 데워 섞는것이 좋다.
> - 반죽 제조과정은 핸드 거품기나 혹은 주걱을 이용하는데 필요 이상으로 많이 섞지 않도록 주의한다.
> - 손으로 머랭 반죽 만들 때 : 기름기 없는 깨끗한 스테인리스 볼에 흰자를 넣고 50% 정도 거품을 올린 다음, 설탕(B)을 조금씩 넣으면서 계속 휘핑하여 중간 피크(70%) 정도의 머랭 반죽을 만든다.
> - 믹서로 머랭 반죽 만들 때 : 기름기 없는 깨끗한 믹싱볼에 흰자를 넣고 풀어준 후 설탕(B)을 모두 넣고 계속 휘핑하여 중간 피크(70%) 정도의 머랭 반죽을 만든다.

패닝

윗지름 7.5cm, 높이 4cm 정도 크기의 팬 부피의 80%

1. 팬에 용해 쇼트닝을 바르고 설탕을 묻힌 후 짤주머니나 혹은 비커에 반죽을 담아 패닝한다.
2. 패닝 후 가볍게 탭핑을 해준다.
3. 평철판에 치즈 케이크 팬을 놓고 팬의 높이 3분의 1 정도까지 따뜻한 물을 붓는다.

굽기

윗불 200℃, 밑불 150℃ 색이 나면 윗불 150℃, 밑불 150℃, 35~40분

1. 굽기 15분 후 공기구멍을 열어 주고 윗면의 껍질색이 원하는 만큼 착색이 되면 윗불 온도를 낮춰주고 오븐 문을 열어 주어 더 이상 착색이 되지 않도록 한다.
2. 윗면에 색을 보고 팬을 돌려 준 후 마무리 굽기를 한다.
3. 굽기가 끝날 무렵에 이쑤시개로 정 가운데를 찔러 생 반죽이 묻어나는지 반드시 확인한다.

> - 반죽 상태, 팬의 두께와 오븐의 열전달방식 등에 따라 온도와 시간이 달라질 수 있으므로 실제로는 경험을 기초로 다양한 굽기 조건이 가능하다.
> - 오븐의 위치에 따라 온도 차이가 생기므로 일정시간이 경과 후 팬의 위치를 바꾸어 전체 제품의 색깔이 균일하게 유지되도록 한다.
> - 굽기 후 완제품의 수분함량이 높으므로 씹는 맛이 부드러워야 하며, 끈적거리거나 탄 냄새, 익지 않은 생재료 맛이 나서는 안 된다.
> - 굽기 후 완제품의 윗면 껍질이 두껍지 않고 갈라지지 않고, 반점이나 공기방울 자국이 없어야 한다.

파운드 반죽에 과일을 넣어 만든 반죽형 케이크인

과일 케이크
(Fruit Cake)

시험 시간

2:30

다음 요구사항대로 과일 케이크를 제조하여 제출하시오.

1. 배합표의 각 재료를 계량하여 재료별로 진열하시오(13분).
    - 재료계량(재료당 1분) → [감독위원 계량 확인] → 작품제조 및 정리정돈(전체시험시간-재료계량시간)
    - 재료계량시간 내에 계량을 완료하지 못하여 시간이 초과된 경우 및 계량을 잘못한 경우는 추가의 시간 부여 없이 작품제조 및 정리정돈 시간을 활용하여 요구사항의 무게대로 계량
    - 달걀의 계량은 감독위원이 지정하는 개수로 계량
2. 반죽은 별립법으로 제조하시오.
3. 반죽온도는 23℃를 표준으로 하시오.
4. 제시한 팬에 알맞도록 분할하시오.
5. 반죽은 전량을 사용하여 성형하시오.

08 과일 케이크

합격포인트

1. 머랭 제조 혹은 크림법 반죽 제조 중 하나는 수작업으로 만들고 다른 하나는 믹서를 사용하여 만들며, 수검자가 작업방법을 선택할 수 있다.
2. 머랭을 만들어 섞는 제품이므로 머랭 제조 전에 크림법 반죽을 먼저 만들어 놓아야 한다.
3. 전처리한 과일류가 가라앉지 않도록 계량 외 강력분 15g을 섞어 버무린다.
4. 패닝 후 고무주걱으로 반죽의 윗면을 수평이 되도록 평평하게 해준다.
5. 크림 반죽을 만들 때 노른자를 한꺼번에 넣으면 노른자 내의 수분과 마가린을 구성하는 지방이 섞이지 못해 크림이 분리되기 쉬우므로, 4번에 나누어 넣는다.

배합표

비율(%)	재료명	무게(g)	비율(%)	재료명	무게(g)
100	박력분	500	100	달걀	500
55	마가린	275(276)	1	베이킹파우더	5(4)
18	우유	90	15	건포도	75(76)
1.5	소금	7.5(8)	20	호두	100
30	체리	150	16	럼주	80
13	오렌지 필	65(66)	459.9	계	2,299.5 (2,300~2,302)
0.4	바닐라 향	2			
90	설탕	450			

채점기준표 (능력단위별 수행준거에 따른 체크리스트)

수행 순서	수행 항목	수행 순서	수행 항목
1	재료계량시간	11	반죽 팬에 넣기
2	재료손실, 정확도	12	굽기 관리
3	달걀분리	13	구운 상태
4	별립법 여부	14	정리정돈, 청소
5	충전물 전처리	15	개인위생
6	머랭제조	16	제품이 부피
7	반죽혼합순서	17	제품의 외부균형
8	반죽상태	18	제품의 껍질
9	반죽온도	19	제품의 내상
10	팬 준비	20	맛과 향

재료 및 기기 준비

[실기시험 요구수량 : 파운드 팬 4개]

수직형 믹서와 볼, 반죽날개(휘퍼), 핸드 거품기, 파운드 팬, 고무주걱, 가위, 백로지, 오븐, 스테인리스 볼, 행주, 저울, 온도계, 체

수행준거에 맞추어 만들어 볼까요!!

1 충전물 전처리

2 머랭 만들기

3 노른자를 나누어 섞기

4 머랭 완료점

5 과일 넣기(충전물 혼합)

6 나머지 머랭 혼합

7 윗면 고르기

8 사각팬에 패닝할 경우

9 원형팬에 패닝할 경우

전처리	
	1. 호두를 살짝 볶아둔다.
	2. 건포도는 27℃ 되는 물에 잠시 담가 가볍게 씻다가 바로 건진다.
	3. 체리는 물로 가볍게 씻어 물기를 빼고 8등분으로 자른다.
	4. 오렌지 필, 체리, 건포도, 호두 등을 럼주와 버무린다.
	5. 15g의 계량 외 강력분을 넣고 함께 버무린 후 뚜껑을 덮어 둔다.

반죽

별립법, 23℃

1. 흰자에 노른자가 섞이지 않도록 주의하여 노른자와 흰자로 분리한다.
2. 믹서 볼에 마가린을 넣고 부드럽게 한 후 설탕(200g), 소금을 넣고 크림화시킨다.
3. 노른자를 4번 나누어 넣으면서 저속 → 중속 → 고속을 반복하여 충분한 크림상태를 만든다.
4. 믹싱 중간에 볼의 측면과 바닥을 긁어주면서 균일한 크림상태가 되도록 한다.
5. 바닐라 향을 넣고 저속으로 균일하게 섞는다.
6. 또 다른 볼에 흰자를 넣고 핸드 거품기를 사용하여 손으로 흰자 거품을 60%까지 올린다.
7. 남은 설탕(250g)을 거품을 올린 흰자에 4번에 나누어 넣으면서 머랭 거품을 85~90%까지 올린다.
8. 노른자 반죽에 전처리한 과일을 넣고 고르게 섞은 다음, 우유를 23℃로 중탕하여 넣어 섞는다.
9. 머랭 1/3을 넣고 머랭이 꺼지지 않을 정도로 섞는다.
10. 체질한 박력분, 베이킹파우더를 넣어 섞은 후, 나머지 머랭을 3번에 나누어 넣으면서 거품이 꺼지지 않도록 신속하고 가볍게 섞기를 반복한다.

- 믹서로 머랭 만들 때 : 기름기 없는 깨끗한 볼에 흰자를 넣고 풀어준 후 설탕(B)을 모두 넣고 계속 휘핑하여 중간 피크(85~90%) 정도의 머랭 반죽을 만든다.
- 머랭을 믹서로 제조하고 크림화를 수작업으로 제조할 수도 있다.

패닝

파운드 팬 부피의 80%

1. 팬에 깔 백로지는 팬 높이와 같거나 0.3cm 올라오도록 재단한다.
2. 패닝 후 고무주걱으로 반죽의 윗면을 수평이 되도록 평평하게 해준다.

- 파운드 팬과 깔개 종이 사이에 크림을 묻혀 붙여주면 종이가 안쪽으로 넘어오지 않는다.
- 틀 위로 부풀어 오른 비율이 알맞아야 한다.

굽기

윗불 155℃, 밑불 160℃, 35분 경과 후 윗불 170℃, 밑불 160℃로 조절하여 10분간 착색함, 총 45분

1. 기본 온도이므로 작업장의 오븐환경에 따라 온도를 확인하며 사용한다.
2. 윗면의 색을 보고 팬을 돌려 준 후 마무리 굽기를 한다.
3. 굽기가 끝날 무렵에 이쑤시개로 정 가운데를 찔러 생 반죽이 묻어나는지 반드시 확인한다.

- 오븐의 위치에 따라 온도 차이가 생기므로 전체 굽기 시간의 2/3 시간 경과 후 팬의 위치를 바꾸어 전체 제품의 색깔이 균일하게 유지되도록 한다.
- 굽기 후 완제품의 수분함량이 높으므로 씹는 맛이 부드러우며, 끈적거리거나 탄 냄새, 익지 않은 생재료 맛이 나서는 안 된다.
- 굽기 후 완제품의 껍질이 두껍지 않고 부드러우며, 반점이나 공기방울 자국이 없어야 한다.

09 밀가루, 설탕, 유지, 달걀을 각각 1파운드(454g)씩 사용하여 만든 반죽형 케이크인

파운드 케이크
(Pound Cake)

 시험 시간

2:30

다음 요구사항대로 파운드 케이크를 제조하여 제출하시오.

1. 배합표의 각 재료를 계량하여 재료별로 진열하시오(9분).
   - 재료계량(재료당 1분) → [감독위원 계량 확인] → 작품제조 및 정리정돈(전체시험시간-재료계량시간)
   - 재료계량시간 내에 계량을 완료하지 못하여 시간이 초과된 경우 및 계량을 잘못한 경우는 추가의 시간 부여 없이 작품제조 및 정리정돈 시간을 활용하여 요구사항의 무게대로 계량
   - 달걀의 계량은 감독위원이 지정하는 개수로 계량
2. 반죽은 크림법으로 제조하시오.
3. 반죽온도는 23℃를 표준으로 하시오.
4. 반죽의 비중을 측정하시오.
5. 윗면을 터뜨리는 제품을 만드시오.
6. 반죽은 전량을 사용하여 성형하시오.

09 파운드 케이크

합격포인트

1. 버터가 단단할 경우 살짝 중탕하여 유연하게 만든 후 설탕과 소금을 넣고 믹싱하면 크림화가 부드럽게 잘 된다.
2. 달걀양이 많으므로 한꺼번에 투입하면 크림화가 되지 않고 분리가 되므로 4번에 나누어 매회 충분히 믹싱을 한다. 첫번째와 두번째에는 노른자 위주로 넣으면 좋다.
3. 믹싱 중간 중간에 재료들이 균일하게 섞이도록 볼의 측면과 바닥을 긁어주는 스크랩핑을 한다.
4. 패닝하기 전 팬 안쪽에 반죽을 조금 묻혀 백로지를 고정하면 백로지가 앞으로 쓰러지는 일이 없이 주걱으로 반죽을 담기가 쉽다.

배합표

비율(%)	재료명	무게(g)	비율(%)	재료명	무게(g)
100	박력분	800	80	설탕	640
80	버터	640	1	소금	8
2	유화제	16	2	탈지분유	16
0.5	바닐라 향	4	2	베이킹파우더	16
80	달걀	640	347.5	계	2,780

채점기준표 (능력단위별 수행준거에 따른 체크리스트)

수행 순서	수행 항목	수행 순서	수행 항목
1	재료계량시간	11	구운 상태
2	재료손실, 정확도	12	노른자 칠하기
3	반죽제조방법	13	정리정돈, 청소
4	반죽상태	14	개인위생
5	반죽온도	15	제품의 부피
6	반죽비중	16	제품의 외부균형
7	팬 준비	17	제품의 껍질
8	반죽 팬에 넣기	18	제품의 내상
9	굽기 관리	19	맛과 향
10	윗면 터뜨리기		

재료 및 기기 준비

[실기시험 요구수량 : 파운드 팬 4개]

수직형 믹서와 볼, 반죽날개(휘퍼), 파운드 팬, 오븐, 백로지, 가위, 커트 칼, 고무주걱, 스테인리스 볼, 저울, 행주, 푸딩컵(비중컵), 온도계, 체

수행준거에 맞추어 만들어 볼까요!!

1. 유지 유연하게 하기

2. 설탕, 소금, 유화제 넣기

3. 달걀 넣기

4. 가루재료 섞기

5. 팬에 반죽 짜기

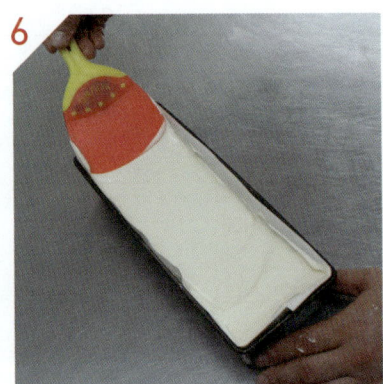
6. 윗면 고르기

7. 윗면 착색하기

8. 칼집 넣기

9. 굽기 완료점

반죽

크림법, 23℃, 0.8~0.9

1. 믹서 볼에 버터를 넣고 휘퍼(반죽날개)를 이용하여 부드럽게 만든다.
2. 소금, 설탕, 유화제를 넣고 저속 → 중속으로 균일하게 혼합 후 고속으로 충분히 크림화를 시킨다.
3. 달걀을 4번에 나누어 넣으며 저속 → 중속 → 고속을 반복하여 부드러운 크림상태로 만든다.
4. 믹싱 중간에 볼의 측면과 바닥을 긁어주면서 균일한 크림상태가 되도록 한다.
5. 바닐라 향을 넣고 저속으로 균일하게 섞은 후 믹서에서 믹서 볼을 떼어낸다.
6. 박력분, 베이킹파우더, 탈지분유를 균일하게 혼합 후 체로 친다.
7. 체에 친 가루재료를 믹서 볼에 넣고 주걱이나 손으로 매끄러운 반죽이 되도록 섞는다.

> - 달걀을 첨가하는 동안에 크림이 분리되지 않도록 투입속도를 조절한다.
> - 달걀은 노른자부터 넣어 충분히 혼합 후 흰자를 넣는다.
> - 설탕이 제대로 녹지 않으면 완제품의 윗면에 반점의 형태로 나타난다.
> - 반죽의 온도가 낮아 설탕이 잘 녹지 않고 크림화가 잘 안 될 때는 믹싱 볼의 아래쪽에 더운 물을 받쳐 온도를 조금 높이면서 작업을 한다.
> - 크림 만들기 상태가 좋으면 반죽의 비중이 낮아진다.
> - 시험장에서는 비중을 0.9까지 허용한다.
> - 믹싱의 정도에 따라 완제품의 기공이 크거나 조직이 조밀하지 않고, 밝은 노란색을 띤다.

패닝

틀 부피의 70%

1. 파운드 틀에 깔 백로지는 팬 높이와 같거나 0.3cm 올라오도록 재단한다.
2. 팬 양쪽 끝부분의 반죽은 약간 높고 가운데를 약간 오목한 형태가 되도록 패닝하여 반죽의 윗면을 평평하게 해준다.

굽기

윗불 200~210℃, 밑불 170℃, 55분

1. 맞춰놓은 온도로 윗불을 세게 하여 굽다가 윗면에 갈색이 나면 오븐에서 꺼낸다.
2. 기름 묻힌 커터 칼로 양쪽 끝 0.5cm 정도를 남겨두고 깊이 0.5~1cm로 길게 터뜨린다.
3. 식빵 팬 3개를 포개어 가운데에 놓고 뚜껑용 철판을 뒤집어 위에 올려놓은 후 윗불을 150℃로 낮추어 굽는다.

> - 굽기 후 완제품 윗면의 터뜨린 중앙 부분이 솟아 올라온 모양으로 대칭을 이루도록 한다.
> - 굽기 후 완제품의 수분함량이 높으므로 씹는 맛이 부드러우며, 끈적거리거나 탄 냄새, 익지 않은 생재료 맛이 나서는 안 된다.
> - 굽기 후 완제품의 껍질이 두껍지 않고 부드러우며, 반점이나 공기방울 자국이 없어야 한다.

대서양에 위치한 섬(Madeira)에서 제조된 레드와인을 첨가한 파운드 반죽을 컵에 넣어 만든 반죽형 케이크인

마데라 (컵) 케이크
(Madeira Cup Cake)

 시험 시간

2:00

다음 요구사항대로 마데라 (컵) 케이크를 제조하여 제출하시오.

1. 배합표의 각 재료를 계량하여 재료별로 진열하시오(9분).
   - 재료계량(재료당 1분) → [감독위원 계량 확인] → 작품제조 및 정리정돈(전체시험시간−재료계량시간)
   - 재료계량시간 내에 계량을 완료하지 못하여 시간이 초과된 경우 및 계량을 잘못한 경우는 추가의 시간 부여 없이 작품제조 및 정리정돈 시간을 활용하여 요구사항의 무게대로 계량
   - 달걀의 계량은 감독위원이 지정하는 개수로 계량

2. 반죽은 크림법으로 제조하시오.
3. 반죽온도는 24℃를 표준으로 하시오.
4. 반죽 분할은 주어진 팬에 알맞은 양을 패닝하시오.
5. 적포도주 퐁당을 1회 바르시오.
6. 반죽은 전량을 사용하여 성형하시오.

※ 감독위원은 시험 전 주어진 팬을 감안하여 팬의 개수를 지정하여 공지한다.
※ 토핑용 재료는 계량시간에서 제외한다.

10 마데라 컵 케이크

합격포인트

1. 건포도는 27℃ 정도의 물에 씻은 후 물기를 제거하고 호두는 오븐에 구워 준비해둔다.
2. 만약 시험장에서 제시된 버터가 단단할 경우 살짝 중탕하여 유연하게 만든 후 설탕을 넣고 믹싱하면 크림화가 부드럽게 잘 된다.
3. 달걀을 투입할 때 많은 양의 달걀을 일시에 넣으면 크림이 분리되기 쉽다. 만약에 크림이 분리된 상태에서 밀가루를 혼합하면 분리된 수분에 의하여 글루텐이 생성되어 단단한 완제품이 되므로 각별히 주의해야 한다.
4. 기포가 많이 빠지지 않도록 가루재료를 60~70% 정도 섞은 다음, 제시된 반죽온도에 맞게 온도를 조절한 적포도주를 윗면에 고르게 붓고 마무리하듯이 가볍게 섞어야 한다.
5. 제시된 컵 케이크 틀에 짤주머니를 바닥에 거의 닿도록 하여 짜는 것이 좋으며 반죽을 60%씩 담은 후 남은 반죽을 더 짜서 균일한 양으로 짠다.
6. 컵 케이크가 거의 다 익은 시점에서 제품의 윗면에 적포도주 퐁당을 바르고 1~2분 정도 다시 구워 완성한다.

배합표

비율(%)	재료명	무게(g)	비율(%)	재료명	무게(g)
100	박력분	400	85	버터	340
80	설탕	320	1	소금	4
85	달걀	340	2.5	베이킹파우더	10
25	건포도	100	10	호두	40
30	적포도주	120	**418.5**	**계**	**1,674**
20	분당	80	5	적포도주	20

채점기준표 (능력단위별 수행준거에 따른 체크리스트)

수행 순서	수행 항목	수행 순서	수행 항목
1	재료계량시간	11	구운 상태
2	계량의 재료손실	12	팬 빼기
3	계량의 정확도	13	정리정돈, 청소
4	반죽의 믹싱법	14	개인위생
5	반죽상태	15	제품의 부피
6	반죽온도	16	제품의 외부균형
7	반죽비중	17	제품의 껍질
8	팬 준비	18	제품의 내상
9	반죽 팬에 넣기	19	맛과 향
10	굽기 관리		

재료 및 기기 준비

[실기시험 요구수량 : 컵 케이크 20개]

수직형 믹서와 볼, 반죽날개(휘퍼), 스테인리스 볼, 짤주머니, 컵케이크 팬, 유산지 컵, 붓, 고무주걱, 행주, 저울, 온도계, 체

수행준거에 맞추어 만들어 볼까요!!

1. 체에 치기

2. 버터 유연하게 하기

3. 설탕 넣기

4. 달걀 나누어 넣기

5. 건포도, 호두 넣기

6. 박력분, 베이킹파우더 섞기

7. 적포도주 넣기

8. 패닝 완료

9. 적포도주 퐁당 바르기

반죽	**크림법, 24℃**
1. 버터를 믹서 볼에 넣고 저속으로 부드럽게 만든다.
2. 소금, 설탕을 넣고 저속, 중속으로 균일하게 섞은 후 고속으로 충분한 크림 상태로 만든다.
3. 달걀을 4번에 나누어 넣으면서 미색이 날 때까지 저속 → 중속 → 고속을 반복하여 부드러운 크림 상태로 만든다.
4. 믹싱 중간에 볼의 측면과 바닥을 긁어주면서 균일한 크림 상태가 되도록 한다.
5. 전처리한 건포도와 호두에 10g의 계량 외 강력분을 뿌려 버무린 후 넣고 고르게 섞는다.
6. 박력분, 베이킹파우더를 체질하여 넣고 나무주걱으로 가볍게 섞는다.
7. 적포도주를 반죽 윗면에 고르게 붓고 균일하게 섞는다.

- 달걀을 첨가하는 동안에 크림이 분리되지 않도록 투입속도를 조절한다.
- 달걀은 노른자부터 넣어 충분히 혼합 후 흰자를 넣는다.
- 크림은 밝은 미색을 띠면서 윤기가 나야한다.
- 믹싱의 정도에 따라 완제품의 기공이 크거나 조직이 조밀하지 않고, 밝은 노란색을 띤다.
- 크림 만들기 상태가 좋으면 최종 제품의 비중이 낮아진다.
- 계량 외 강력분을 넣어 건포도와 호두를 버무려 크림 반죽에 넣는 이유는 완제품을 만들었을 때 건포도와 호두를 바닥에 가라앉지 않고 균일하게 분산시키기 위함이다.
- 가루재료와 포도주를 혼합하는 공정에서 과도하게 혼합하면 기포가 빠지면서 비중이 높아지고, 치밀한 조직이 되므로 섞일 정도로만 혼합한다.

패닝	**80% 정도로 짜기, 20개 정도의 은박컵 준비**
1. 컵 케이크 팬에 유산지 컵을 깔고 반죽을 짤주머니에 가급적 공기가 들어가지 않게 담는다.
2. 짤주머니를 바닥에 닿도록 하여 힘을 주어 균일하게 짠다.
굽기	**윗불 175℃, 밑불 170℃, 25분**
1. 기본 온도이므로 작업장의 오븐환경에 따라 온도를 확인하며 사용한다.
2. 윗면의 색을 보고 팬을 돌려 준 후 마무리 굽기를 한다.
3. 제시한 비율로 포도주와 분당을 같이 섞어 굽기가 거의 끝날 무렵 오븐에서 꺼내 제품 윗면에 붓으로 바르고 다시 오븐에서 수분을 제거한 후 굽기를 완료한다.

- 오븐의 위치에 따라 온도 차이가 생기므로 전체 굽기 시간의 2/3 경과 후 팬의 위치를 바꾸어 전체 제품의 색깔이 균일하게 유지되도록 한다.

초코 머핀(Choco Muffin)

머핀 케이크 반죽에 코코아파우더를 사용하여 초콜릿 맛을 낸 반죽형 케이크인

초코 컵 케이크(Choco Cup Cake)

 **시험 시간**

1:50

다음 요구사항대로 초코 머핀을 제조하여 제출하시오.

1. 배합표의 각 재료를 계량하여 재료별로 진열하시오(11분).

   - 재료계량(재료당 1분) → [감독위원 계량확인] → 작품제조 및 정리정돈(전체시험시간-재료계량시간)
   - 재료계량시간 내에 계량을 완료하지 못하여 시간이 초과된 경우 및 계량을 잘못한 경우는 추가의 시간 부여 없이 작품제조 및 정리정돈 시간을 활용하여 요구사항의 무게대로 계량
   - 달걀의 계량은 감독위원이 지정하는 개수로 계량

2. 반죽은 크림법으로 제조하시오.
3. 반죽온도는 24℃를 표준으로 하시오.
4. 초코칩은 제품의 내부에 골고루 분포되게 하시오.
5. 반죽분할은 주어진 팬에 알맞은 양으로 패닝하시오.
6. 반죽은 전량을 사용하여 성형하시오.

※ 감독위원은 시험 전 주어진 팬을 감안하여 팬의 개수를 지정하여 공지한다.

11 초코 머핀(초코 컵 케이크)

합격포인트

1. 만약 시험장에서 제시된 버터가 단단하면 살짝 중탕하여 유연하게 만든다. 버터를 유연하게 만든 후 설탕을 넣고 믹싱을 해야 크림화가 잘 된다.
2. 설탕, 버터 기준 달걀양이 많으므로 달걀을 투입할 때 많은 양의 달걀을 일시에 넣으면 크림이 분리되기 쉽다. 그래서 크림이 분리가 나지 않도록 달걀을 나누어 매번 충분히 믹싱한다.
3. 달걀의 양과 비교해서 가루재료의 양이 많아 반죽이 뭉치거나 거품이 꺼질 수 있으므로 가루재료를 넣고 60% 정도만 가볍게 섞은 후 물과 초코칩 순으로 연이어 넣어 균일하게 섞일 정도로만 혼합한다.
4. 짤주머니를 바닥에 거의 닿도록 하여 짜는 것이 좋으며 반죽을 60%씩 담은 후 남은 반죽을 더 채우듯이 하여 균일한 양이 되도록 한다.
5. 굽기를 할 때 반죽 색이 어두우므로 완제품의 윗면에 생기는 크랙부분에 착색이 되었는지 확인하고 굽기를 완료한다.

배합표

비율(%)	재료명	무게(g)	비율(%)	재료명	무게(g)
100	박력분	500	1.6	베이킹파우더	8
60	설탕	300	12	코코아파우더	60
60	버터	300	35	물	175(174)
60	달걀	300	6	탈지분유	30
1	소금	5(4)	36	초코칩	180
0.4	베이킹소다	2	372	계	1,860(1,858)

채점기준표
(능력단위별 수행준거에 따른 체크리스트)

수행 순서	수행 항목	수행 순서	수행 항목
1	재료계량시간	11	구운 상태
2	계량의 재료손실	12	팬 빼기
3	계량의 정확도	13	정리정돈, 청소
4	반죽의 믹싱법	14	개인 위생
5	반죽상태	15	제품의 부피
6	반죽온도	16	제품의 외부균형
7	반죽비중	17	제품의 껍질
8	팬 준비	18	제품의 내상
9	반죽 팬에 넣기	19	맛과 향
10	굽기 관리		

재료 및 기기 준비

[실기시험 요구수량 : 머핀컵 24개]

수직형 믹서와 볼, 반죽날개(휘퍼), 스테인리스 볼, 짤주머니, 컵 케이크 팬(혹은 머핀 팬), 유산지 컵, 고무주걱, 나무주걱, 행주, 저울, 온도계, 체

수행준거에 맞추어 만들어 볼까요!!

1. 버터 유연하게 하기

2. 설탕, 소금 넣기

3. 달걀 넣기

4. 가루재료 넣기

5. 물 넣기

6. 초코칩 넣기

7. 반죽온도 측정

8. 패닝하기

9. 오븐에 넣기

| 반죽 | **크림법, 24℃**
1. 믹서 볼에 버터를 넣고 휘퍼(반죽날개)로 부드럽게 풀어준다.
2. 설탕과 소금을 넣고 균일하게 혼합한 후 충분한 크림상태로 만든다.
3. 달걀을 3번에 나누어 넣으면서 저속 → 중속 → 고속을 반복하여 부드러운 크림상태로 만든다.
4. 균일하게 혼합하여 체에 친 박력분, 베이킹파우더, 베이킹소다, 코코아파우더, 탈지분유를 넣고 가루재료를 60% 정도 섞은 후 물을 전부 넣고 가볍게 휘저어 균일하게 섞는다.
5. 초코칩을 넣고 가볍게 섞어 반죽을 완성한다.

- 달걀을 투입할 때 많은 양의 달걀을 일시에 넣으면 크림이 분리되기 쉽다.
- 가루재료의 양이 많아 반죽이 뭉치거나 거품이 꺼질 수 있으므로 가루재료를 넣고 60% 정도만 가볍게 섞은 후 물을 연이어 넣어 균일하게 섞일 정도로만 혼합한다.

패닝

70~80% 정도로 짜기, 24개 정도의 머핀 틀 준비
1. 제시된 머핀 틀에 머핀종이를 깔고 반죽을 짤주머니에 가급적 공기가 들어가지 않게 담는다.
2. 짤주머니의 출구부분이 바닥에 닿도록 하고 힘을 주어 균일하게 짠다.

굽기

굽기 윗불 175℃, 밑불 170℃, 25분
1. 기본 온도이므로 작업장의 오븐환경에 따라 온도를 확인하며 사용한다.
2. 윗면의 색을 보고 팬을 돌려준 후 마무리 굽기를 한다.

- 굽기를 할 때 반죽 색이 어두우므로 완제품의 껍질 착색에 신경을 써야 한다.
- 굽기 후 완제품의 속결은 기공이 일정하고 부드러운 조직이어야 하며, 초코칩이 골고루 분포되어야 한다.
- 굽기 후 완제품의 맛과 향은 코코아 파우더의 향이 초코칩과 조화를 잘 이루어야 한다.
- 굽기 후 완제품의 껍질은 두껍지 않고 부드러우며, 반점이나 공기방울 자국이 없어야 한다.

반죽형 반죽과 거품형 반죽의 장점을 차용해 만들어 비단처럼 부드러운 케이크인

시풍 케이크 _{시퐁법}
(Chiffon Cake)

시험 시간

1:40

다음 요구사항대로 시퐁 케이크를 제조하여 제출하시오.

1. 배합표의 각 재료를 계량하여 재료별로 진열하시오(8분).
   - 재료계량(재료당 1분) → [감독위원 계량 확인] → 작품제조 및 정리정돈(전체시험시간−재료계량시간)
   - 재료계량시간 내에 계량을 완료하지 못하여 시간이 초과된 경우 및 계량을 잘못한 경우는 추가의 시간 부여 없이 작품제조 및 정리정돈 시간을 활용하여 요구사항의 무게대로 계량
   - 달걀의 계량은 감독위원이 지정하는 개수로 계량
2. 반죽은 시퐁법으로 제조하고 비중을 측정하시오.
3. 반죽온도는 23℃를 표준으로 하시오.
4. 시퐁팬을 사용하여 반죽을 분할하고 구우시오.
5. 반죽은 전량을 사용하여 성형하시오.

12 시폰 케이크(시퐁법)

합격포인트

1. 노른자에는 달걀 2개 정도의 흰자를 넣어야 설탕(A)이 용해되고 머랭 제조 시에는 튼튼한 머랭을 얻을 수 있다.
2. 반죽온도를 맞추기 위해 물, 식용유 등 액체재료의 온도를 조절하여 넣는다.
3. 밀가루가 들어간 본 반죽(노른자 반죽)에 머랭을 섞을 때에는 덩어리가 지지 않도록 처음에 머랭 일부를 넣고 거품기로 섞은 뒤 나머지 머랭은 고무주걱으로 섞는 것이 좋다.
4. 패닝할 때 공기가 들어가지 않도록 주의하며 패닝 후 반죽 속 거친 기포들을 정리한다.
5. 시폰팬을 평철판에 얹어서 구울 때는 밑불을 180℃로 한다.
6. 완제품의 윗면이 찌그러지는 것을 막기 위하여 시폰팬을 뒤집어서 식힌다.
7. 시폰팬을 냉각시킬 때 시험시간 안에 제품을 제출하기 위하여 젖은 행주 등을 뒤집어 위로 올라온 시폰팬의 밑면에 올려놓아 온도가 빨리 떨어지게 한다.

배합표

비율(%)	재료명	무게(g)	비율(%)	재료명	무게(g)
100	박력분	400	150	달걀	600
65	설탕(B)	260	1.5	소금	6
40	식용유	160	2.5	베이킹파우더	10
65	설탕(A)	260	30	물	120
			454	계	1,816

채점기준표 (능력단위별 수행준거에 따른 체크리스트)

수행 순서	수행 항목	수행 순서	수행 항목
1	재료계량시간	11	구운 상태
2	계량의 재료손실	12	팬 빼기
3	계량의 정확도	13	정리정돈, 청소
4	반죽제조 믹싱법	14	개인위생
5	반죽상태	15	제품의 부피
6	반죽온도	16	제품의 외부균형
7	반죽비중	17	제품의 껍질
8	팬 준비	18	제품의 내상
9	반죽 팬에 넣기	19	맛과 향
10	굽기 관리		

재료 및 기기 준비

[실기시험 요구수량 : 5개]

수직형 믹서와 볼, 반죽날개(휘퍼), 핸드 거품기, 시폰팬, 오븐, 고무주걱, 스테인리스 볼, 스프레이, 나무젓가락, 저울, 행주, 온도계, 체, 푸딩컵(비중컵)

수행준거에 맞추어 만들어 볼까요!!

1

노른자와 식용유를 균일하게 섞기

2

노른자 반죽에 물 넣기

3

설탕, 소금, 박력분, 베이킹파우더 넣기

4

팬에 분무하기

5

머랭 섞기

6

패닝

7

나무젓가락으로 휘젓기
(거친 기포 빼기)

8

완제품 빼내기

9

팬에서 꺼내기

반죽	시퐁법, 23℃, 0.45±0.05

1. 흰자에 노른자가 섞여 들어가지 않도록 주의하여 달걀을 분리해 놓는다.
2. 박력분과 베이킹파우더를 같이 고루 섞어 체질을 해 볼에 넣는다.
3. 체질해 놓은 가루재료에 설탕(A)과 소금을 넣어 핸드 거품기로 고루 섞어 놓는다.
4. 또 다른 볼에 노른자와 식용유를 같이 넣고 핸드 거품기로 균일하게 섞는다.
5. 물을 넣고 핸드 거품기로 균일하게 섞는다.
6. 준비한 박력분, 베이킹파우더, 설탕(A), 소금을 넣고 거품기로 설탕과 소금이 용해될 때까지 섞어 노른자 반죽을 완성한다.
7. 기름기 없는 깨끗한 믹서 볼에 흰자를 넣고 휘퍼(반죽날개)로 풀어준다.
8. 설탕(B)을 흰자에 넣고 휘핑하여 중간 피크(85~90%) 정도의 머랭 반죽을 만든다(믹서로 머랭 만들 때).
9. 머랭을 반죽에 3~4번에 나누어 넣으면서 신속하고 가볍게 고루 섞기를 반복한다. 이때 너무 오래 섞지 않도록 주의하며 머랭의 입자가 꺼지지 않게 한다.

- 박력분 사이사이에 설탕 입자가 균일하게 분산되어 있는 상태에서 액체재료를 넣어야만 박력분의 단백질들이 서로 엉켜 글루텐이 되는 것을 막아 완제품의 식감을 부드럽게 만들 수 있다.
- 설탕이 용해될 때까지 섞으며 설탕이 남아 있으면 시퐁 틀에서 완제품이 떨어지지 않는다.
- 손으로 머랭 반죽 만들 때 : 기름기 없는 깨끗한 볼에 흰자를 넣고 50~60% 정도 거품을 올린 다음, 설탕(B)을 조금씩 넣으면서 계속 휘핑하여 중간 피크(85~90%) 정도의 머랭을 만든다.
- 반죽을 많이 혼합할수록 기포가 빠져 나가면서 비중이 높게 나온다.

패닝

1. 팬 준비 : 시퐁팬의 내부에 팬 기름을 발라주거나 분무기로 물을 고르게 뿌린 다음 물기가 빠지도록 엎어놓는다.
2. 팬 바닥에 공기층이 생기지 않게 주의하면서 팬 부피의 60% 정도 반죽을 채운다.
3. 반죽을 채운 팬을 작업대에 부딪쳐 반죽 속 공기방울을 제거하거나 혹은 나무젓가락으로 휘저어 거친 기포를 빼내기도 한다.

- 팬기름 제조방법과 사용법 : 녹인 쇼트닝 100g에 전분 100g을 체로 쳐서 넣고 혼합한 다음, 뜨거울 때 발라준다.
- 시퐁팬에는 안쪽에 기름칠을 하지 않고 물을 뿌리거나 팬기름을 바른 후 반죽을 넣어야 제품이 주저앉지 않는다. 팬의 내부에 기름을 바르면, 흰자가 주재료인 머랭 제품이 기름과 섞이면서 거품이 꺼지기 쉽기 때문이다.
- 작은 볼에 반죽을 담아 부어서 패닝하거나, 짤주머니에 반죽을 담아 짜서 패닝한다.
- 짤주머니에 반죽을 담아 패닝할 때는 반죽이 나오는 입구를 가급적 넓게 하여, 반죽에 힘이 덜 들어가게 한다.
- 완제품이 도넛 고리모양으로 대칭을 이루도록 반죽 윗면을 평평하게 한다.

굽기	윗불 175℃, 밑불 150℃(평철판에 시퐁팬을 엎어서 사용 시 밑불 180℃), 25~30분

1. 기본 온도이므로 작업장의 오븐환경에 따라 온도를 확인하며 사용한다.
2. 윗면의 색을 보고 팬을 돌려 준 후 마무리 굽기를 한다.

팬에서 꺼내기

1. 굽기 후 뒤집어서 5~10분간 식힌 다음 꺼낸다.

2. 구움과자류 만들기

구움과자류 만들기란 재료를 준비하고 제품 특성에 맞는 방법으로 반죽, 정형, 굽기를 하여 소형 과자를 만드는 능력이다.

❶ 구움과자류 반죽하기

1. 작업지시서에 따라 배합표를 점검하고 필요한 도구를 준비할 수 있다.
2. 배합표에 따라 재료를 계량하고 필요한 전처리를 할 수 있다.
3. 배합표에 따라 크림법, 1단계법(단단계법), 블렌딩법으로 반죽할 수 있다.
4. 배합표에 따라 반죽 온도 및 반죽 상태를 조절할 수 있다.

 실무내용 구움과자류 반죽하기

① 크림법
　㉠ 유지에 설탕을 넣고 균일하게 혼합한 후 계란을 나누어 넣으면서 부드러운 크림상태로 만든 다음 밀가루와 베이킹파우더를 체에 쳐서 넣고 가볍게 섞는다.
　㉡ 반죽법의 장점 : 설탕이 유지의 크림성을 높여 제품의 부피가 큰 케이크를 만들 수 있다.
　㉢ 반죽법의 단점 : 스크랩핑(믹서 볼의 옆면과 바닥을 긁어 주는 동작)을 자주 해야 한다.

> 1 쇼트닝을 부드럽게 만든 후 설탕, 소금, 유화제를 넣어 균일하게 혼합 후 크림화시킨다.
> 2 달걀을 3~4번에 나누어 넣으면서 부드러운 크림상태로 만든다.
> 3 바닐라 향을 넣는다.
> 4 박력분, 탈지분유, 베이킹파우더를 혼합 후 체질하여 가볍게 섞다가 물을 넣고 매끄럽게 섞는다.

② 머랭법
흰자에 설탕을 넣고 휘핑하여 흰자 단백질의 변성으로 거품을 올리는 방법으로 머랭 반죽 제조 시 주의사항은 다음과 같다.
　㉠ 믹싱 용기와 거품기(휘퍼)에는 기름기가 없어야 한다.
　㉡ 흰자에는 노른자의 지방이 들어가지 않도록 주의한다.
　㉢ 중속을 위주로 휘핑하여 기포를 치밀하게 만든다.
　㉣ 30초 이하의 고속 휘핑으로 흰자의 단백질을 단단하게 만들어 흰자 거품체를 탄력 있게 한다. 고속 휘핑을 한 이후 중속과 저속으로 흰자 거품체의 크기를 균일하게 만든다.

1. 흰자를 천천히 풀어준 후 휘핑하여 60% 정도의 거품을 일으킨다.
2. 설탕을 3~4번에 나누어 넣으면서 휘핑을 세게 한다.
3. 85~90% 정도의 중간상태에서 휘핑을 마무리한다.

❷ 구움과자류 정형하기

1. 제품 특성에 따라 팬을 준비할 수 있다.
2. 필요한 토핑물을 조건에 맞게 준비할 수 있다.
3. 제품의 특성에 따라 분할, 성형하여 패닝할 수 있다.

 실무내용 　**구움과자류 정형하기**

1. **쿠키류 제품의 특성에 따른 정형방법 결정**
   ① 드롭(소프트) 쿠키
      ㉠ 계란의 사용량이 많아 반죽형 쿠키 중에서는 수분이 가장 많은 부드러운 쿠키이다.
      ㉡ 종류에는 버터 쿠키, 오렌지 쿠키 등이 있다.
      ㉢ 데포지터(주입기)와 짤주머니로 짜는 형태로 저장 중 건조되면 부스러지기 쉽다.
   ② 쇼트 브레드 쿠키
      ㉠ 스냅 쿠키와 배합이 비슷하다.
      ㉡ 유지를 많이 사용하는 쿠키 반죽이므로 냉장휴지 후 밀어펴서 성형기로 찍어 제조한다.
      ㉢ 휴지를 시킬 때 반죽을 차게 하면 가소성을 가지게 되므로 성형이 쉽다.
      ㉣ 식감은 유지를 많이 사용하여 "쇼트"하므로 부드럽고 바삭바삭하다.
      ㉤ 저장·유통·판매 중 유지의 산패로 쩐내가 나기 쉽다.

2. **쿠키류 제품의 특성에 따라 정형하기**
   ① 밀어펴서 정형하는 쿠키 : 스냅과 쇼트 브레드 쿠키와 같이 가소성을 가진 반죽을 밀어펴서 정형하는 쿠키로 반죽 완료 후 충분한 휴지를 주고 두께를 균일하게 밀어 펴야 한다. 파이 롤러를 이용할 수 있다.
   ② 짜는 형태의 쿠키 : 드롭 쿠키와 거품형 쿠키 반죽을 짤주머니 또는 주입기를 이용하여 짜서 굽는 쿠키로 크기와 모양을 균일하게 하며, 굽기 중 퍼지는 정도를 감안하여 간격을 일정하게 유지한다.

❸ 구움과자류 굽기

1. 제품 특성에 따라 오븐의 종류를 선택할 수 있다.
2. 제품에 따라 오븐 온도와 시간을 설정하고 관리할 수 있다.
3. 제품 특성에 따라 제품을 균일하게 구울 수 있다.

 **실무내용 구움과자류 굽기**

과자 반죽의 윗면은 복사(방사), 밑면은 전도, 옆면은 대류 등의 방식으로 열을 가하여 익혀주고, 색을 내는 것을 굽기라고 한다. 굽기 시 반죽에 열이 가해져 온도가 상승하면 전분의 호화, 단백질의 응고, 공기의 팽창, 수증기압 증가, 갈변반응 등이 일어난다.

1. **과자류제품별 특성에 따른 굽기관리**
   ① 낮은 온도에서 장시간 굽기방식
      고율배합, 다량의 반죽, 팬에 담은 반죽의 두께가 두꺼울 경우에 과자류제품을 굽는 방법이다.
   ② 높은 온도에서 단시간 굽기방식
      저율배합, 소량의 반죽, 팬에 담은 반죽의 두께가 얇을 경우에 과자류제품을 굽는 방법이다.

2. **굽기관리가 부적합할 경우 과자류제품에 발생하는 현상**
   ① 오버 베이킹 : 너무 낮은 온도에서 오래 구워 윗면이 평평하고 조직이 부드러우나 수분의 손실이 크다. 그래서 굽기 후 완제품의 노화가 빨리 진행된다.
   ② 언더 베이킹 : 너무 높은 온도에서 짧게 구워 윗면의 중심부분이 부풀어 오르면서 갈라지고 설익는다. 그래서 굽기 후 완제품의 조직은 거칠며 주저앉기 쉽다.

❹ **구움과자류 장식하기**
1. 제품 특성에 따라 코팅 및 토핑물을 준비할 수 있다.
2. 구움과자류 표면에 토핑물을 장식할 수 있다.
3. 제품 특성에 따라 필요한 코팅을 할 수 있다.

 실무내용 구움과자류 장식하기

① 아이싱의 종류와 특징
   설탕을 중심으로 만든 장식 재료를 가리키는 명칭임과 동시에, 설탕을 위주로 한 재료를 빵·과자 제품에 덮거나 한 겹 씌우는 일을 말한다.
   ㉠ 단순 아이싱은 분설탕, 물, 물엿, 향료를 섞고 43℃로 데워 되직한 페이스트 상태로 만든다.
   ㉡ 크림 아이싱 : 크림 상태로 만든 아이싱으로 다음과 같은 종류가 있다.
      • 퍼지 아이싱 : 설탕, 버터, 초콜릿, 우유를 주재료로 크림화 시켜 만든다.
      • 퐁당 아이싱 : 설탕 시럽을 기포하여 만든다.
      • 마시멜로 아이싱 : 거품을 올린 흰자에 뜨거운 시럽을 첨가하여 만든다.
② 글레이즈의 종류와 사용법
   과자류 표면에 광택을 내는 일 또는 표면이 마르지 않도록 젤라틴, 젤리, 시럽, 퐁당, 초콜릿 등을 바르는 일과 이런 모든 재료를 총칭한다. 도넛과 기타 빵류에 사용하는 글레이즈는 45~50℃, 도넛에 설탕으로 아이싱하면 40℃ 전·후, 퐁당으로 하면 38~44℃로 글레이즈 후 온도와 습도가 낮은 냉장진열장이나 통풍이 잘 되는 장소에서 판매한다.

③ 머랭의 종류와 특징
  ㉠ 냉제 머랭 : 실온 상태의 흰자를 거품 내다가 설탕을 조금씩 넣으며 튼튼한 거품체를 만든다. 이때 흰자 100, 설탕 200의 비율로 넣으며, 거품 안정을 위해 소금 0.5%와 주석산 0.5%를 넣기도 한다.
  ㉡ 온제 머랭 : 흰자와 설탕을 섞어 43℃로 데운 뒤 거품을 내다가 안정되면 분설탕을 섞는다. 이때 흰자 100, 설탕 200, 분설탕 20의 비율로 넣는다.
  ㉢ 스위스 머랭 : 흰자(1/3)와 설탕(2/3)을 섞어 43℃로 데우고 거품내면서 레몬즙을 첨가한 후 나머지 흰자와 설탕을 섞어 거품을 낸 냉제 머랭을 섞는다. 이때 흰자 100, 설탕 180을 넣는다. 구웠을 때 표면에 광택이 나고 하루쯤 두었다가 사용해도 무방하다.
  ㉣ 이탈리안 머랭 : 볼에 흰자와 설탕(흰자 양의 20%)을 넣고 거품내면서 뜨겁게 조린 시럽[나머지 설탕에 물(시럽용 설탕 양의 30%)을 넣고 114~118℃ 끓임]을 부어 만든 머랭으로, 무스나 냉과를 만들 때 크림으로 사용한다. 또는 케이크 위에 아이싱 크림과 장식으로 얹고 토치를 사용하여 강한 불에 구워 착색하는 제품을 만들 때 사용한다.

④ 퐁당 : 설탕 100에 대하여 물 30을 넣고 114~118℃로 끓인 뒤 다시 희고 뿌연 상태로 재결정화시킨 것으로 38~44℃에서 사용한다. 물엿, 전화당 시럽을 첨가하면, 수분보유력을 높여 부드러운 식감을 만들 수 있다. 만약 보관 중에 굳으면 일반 시럽(설탕 : 물=2 : 1)을 소량 넣고 데워 되기를 맞추어 사용한다. 불어로 '흘러내린다'라는 뜻을 가진다.

⑤ 휘핑크림
식물성 지방이 40% 이상인 크림을 거품 낸 것으로 4~6℃가 거품이 잘 일어난다. 교반 후 크림(생크림, 아이스크림)의 체적이(공기포집 정도) 증가한 상태를 나타내는 수치로 오버런(Over-run)을 사용한다.

⑥ 커스터드 크림
우유, 계란, 설탕을 한데 섞고, 안정제로 옥수수 전분이나 박력분을 넣어 끓인 크림이다. 여기서 계란은 크림을 걸쭉하게 하는 농후화제, 크림에 점성을 부여하는 결합제의 역할을 한다. 계란은 흰자와 노른자를 함께 혹은 노른자만 사용한다.

⑦ 디플로메트 크림
커스터드 크림과 무가당 생크림을 1 : 1의 비율로 혼합하는 조합형 크림이다.

⑧ 가나슈 크림
초콜릿 크림의 하나로 끓인 생크림에 초콜릿을 섞어 만든다. 기본배합은 1 : 1이지만 6 : 4 정도의 부드러운 가나슈도 많이 사용된다.

⑨ 생크림 : 우유의 지방함량이 35~40% 정도의 진한 생크림을 휘핑하여 사용하고 생크림의 보관이나 작업 시 제품온도는 3~7℃가 좋으므로 0~5℃의 냉장온도에서 보관하는 것이 좋다. 휘핑 시 크림 100에 대하여 10~15%의 분설탕을 사용하여 단맛을 낸다. 휘핑시간이 적정시간보다 짧으면 기포가 너무 크게 되어 안정성이 약해지므로 휘핑 완료점을 잘 파악한다.

⑩ 버터크림 : 버터를 크림 상태로 만든 뒤 설탕(100), 물(25~30), 물엿, 주석산크림(주석산, 주석영) 등을 114~118℃로 끓여서 식힌 시럽을 조금씩 넣으면서 계속 젓는다. 마지막에 연유, 술, 향료를 넣고 고르게 섞는다. 버터크림에 사용하는 향료의 형태는 에센스 타입이 알맞다. 겨울철에 버터크림이 굳어버리면 식용유로 농도를 조절하여 부드럽게 유지되도록 만든다.

코코아파우더를 넣어 만들어진 착색 때문에 "초콜릿의 빛"이란 의미를 갖게 된 반죽형 케이크의 일종인

브라우니(Brownie)

 시험 시간

1:50

다음 요구사항대로 브라우니를 제조하여 제출하시오.

1. 배합표의 각 재료를 계량하여 재료별로 진열하시오(9분).
   - 재료계량(재료당 1분) → [감독위원 계량 확인] → 작품제조 및 정리정돈(전체시험시간-재료계량시간)
   - 재료계량시간 내에 계량을 완료하지 못하여 시간이 초과된 경우 및 계량을 잘못한 경우는 추가의 시간 부여 없이 작품제조 및 정리정돈 시간을 활용하여 요구사항의 무게대로 계량
   - 달걀의 계량은 감독위원이 지정하는 개수로 계량

2. 브라우니는 수작업으로 반죽하시오.
3. 버터와 초콜릿을 함께 녹여서 넣는 1단계 변형반죽법으로 하시오.
4. 반죽온도는 27℃를 표준으로 하시오.
5. 반죽은 전량을 사용하여 성형하시오.
6. 3호 원형팬 2개에 패닝하시오.
7. 호두의 반은 반죽에 사용하고 나머지 반은 토핑하며, 반죽 속과 윗면에 골고루 분포되게 하시오(호두는 구워서 사용).

07 브라우니

합격포인트

1. 다크 초콜릿과 버터를 함께 녹일 때 45℃ 전후로 용해한다. 용해온도가 지나치게 높아지지 않도록 중탕하는 물의 온도는 70℃가 적당하다.
2. 가루재료를 넣고 지나치게 많이 섞으면 글루텐이 생성되어 굽기 시 바닥이 올라오는 현상이 일어난다.
3. 사용하는 밀가루의 종류가 중력분이므로 반죽의 온도가 높거나 혹은 지나치게 섞으면 글루텐이 쉽게 생성되어 굽기 후 완제품의 바닥면이 올라오는 현상이 생긴다.
4. 실기시험용 브라우니는 초콜릿이 많이 들어가는 퍼지 브라우니 배합으로 실내온도가 낮은 겨울에는 반죽이 굳는 경우가 발생할 수도 있다. 이런 경우에는 따뜻한 물(33℃)을 준비해 중탕해가며 반죽을 섞는다.
5. 패닝 시 반죽이 흐르는 정도의 되기가 되도록 하려면 반죽온도를 27℃로 맞춰야 한다.
6. 초콜릿이 많이 들어가 껍질의 착색으로 판단하기가 어려우므로 시간을 잘 체크한다. 그리고 굽는 시간이 다 되면 이쑤시개로 제품의 윗면 가운데를 찔러보아 반죽이 묻어나지 않는지 확인하는 것도 좋은 방법이다.

배합표

비율(%)	재료명	무게(g)	비율(%)	재료명	무게(g)
100	중력분	300	150	다크 초콜릿(커버춰)	450
120	달걀	360	10	코코아파우더	30
130	설탕	390	2	바닐라 향	6
2	소금	6	50	호두	150
50	버터	150	614	계	1,842

채점기준표 (능력단위별 수행준거에 따른 체크리스트)

수행 순서	수행 항목	수행 순서	수행 항목
1	재료계량시간	11	굽기 관리
2	계량의 재료손실	12	구운 상태
3	계량의 정확도	13	정리정돈, 청소
4	호두를 구운 상태	14	개인 위생
5	반죽제조 믹싱법	15	제품의 부피
6	반죽상태	16	제품의 외부균형
7	반죽온도	17	제품의 껍질
8	반죽비중	18	제품의 내상
9	팬 준비	19	맛과 향
10	반죽 팬에 넣기		

재료 및 기기 준비

[실기시험 요구수량 : 3호(Ø21cm) 2개]

가스버너, 원형 3호팬, 고무주걱, 가위, 커트 칼, 스테인리스 볼, 저울, 행주, 온도계, 백로지, 핸드 거품기, 나무주걱, 체, 도마

수행준거에 맞추어 만들어 볼까요!!

1. 호두 볶기

2. 초콜릿 잘게 자르기

3. 버터와 초콜릿 함께 중탕, 용해

4. 달걀, 설탕, 소금 혼합하기

5. 초콜릿 반죽과 달걀 반죽을 혼합하기

6. 가루재료 섞기

7. 호두 절반 섞기

8. 패닝 후 호두 뿌리기

9. 팬 오븐에 넣기

전처리

1. 호두를 온도가 윗불 170℃, 밑불 160℃로 예열된 오븐에 넣어 5분 전후로 살짝 볶는다.
2. 다크 초콜릿을 잘게 자른다.

- 호두는 다크 초콜릿(커버춰)과 버터를 중탕하는 시기보다 먼저 혹은 같이 오븐에 넣어 볶는다.
- 호두가 타지 않도록 각별히 신경을 쓴다.

반죽

1단계 변형반죽법, 27℃

1. 다크 초콜릿과 버터를 함께 45℃ 전후로 중탕하여 녹인다.
2. 또 다른 볼에 달걀을 넣고 핸드 거품기로 거품이 많이 일어나지 않도록 하면서 가볍게 풀어준다.
3. 설탕, 소금을 달걀에 넣고 거품이 많이 일어나지 않도록 하면서 균일하게 섞어 달걀 반죽을 완성한다.
4. 중탕하여 섞어놓은 다크 초콜릿(커버춰)과 버터를 달걀 반죽과 골고루 섞는다.
5. 함께 체로 친 중력분, 코코아파우더, 바닐라 향을 넣고 골고루 섞는다.
6. 가루재료를 넣고 섞을 때 글루텐이 생기지 않도록 절대로 많이 섞지 않는다.
7. 사용하는 밀가루의 종류가 중력분이므로 반죽의 온도가 높거나 혹은 지나치게 섞으면 글루텐이 생성되어 굽기 후 완제품의 바닥면이 올라오는 현상이 생긴다.
8. 구워둔 호두를 반죽에 1/2을 넣고 균일하게 섞어 반죽을 완성한다.

- 만약에 완성된 반죽에 거품이 많이 생성되면 완제품 표면에 기포자국이 많이 생긴다.
- 함께 녹인 버터와 초콜릿을 달걀 반죽과 섞은 후의 반죽 온도가 지나치게 높으면 가루재료를 섞을 때 글루텐이 생기고, 지나치게 낮으면 가루재료를 섞을 때 반죽이 굳어 패닝 시 평평하게 정리하기가 어렵다.
- 초콜릿이 많이 들어가는 배합으로 겨울에 반죽이 굳는 경우에는 따뜻한 물(33℃)을 준비해 밑에 받쳐가며 반죽을 섞는다.
- 패닝 시 반죽이 흐를 정도가 되도록 반죽온도를 27℃로 맞춘다.

패닝

3호 원형팬 2개

1. 제시된 3호 팬에 깔 백로지는 팬 높이와 같거나 0.3cm 올라오도록 재단한다.
2. 준비한 팬에 반죽을 담아 윗면을 평평하게 정리한 다음 나머지 호두를 골고루 뿌린다.

굽기

윗불 170℃, 밑불 160℃, 40~45분

1. 기본 온도이므로 작업장의 오븐환경에 따라 온도를 확인하여 사용한다.
2. 윗면의 색을 보고 팬을 돌려 준 후 마무리 굽기를 한다.
3. 굽기가 끝날 무렵에 이쑤시개로 정 가운데를 찔러 생 반죽이 묻어나는지 반드시 확인한다.

- 초콜릿이 많이 들어가 껍질의 착색으로 판단하기가 어려우니 굽는 시간에 유의한다.
- 오븐의 위치에 따라 온도 차이가 생기므로 전체 굽기 시간의 2/3시간 경과 후 팬의 위치를 바꾸어 전체 제품의 색깔이 균일하게 유지되도록 한다.
- 굽기 후 완제품의 속결은 기공이 일정하고 부드러운 조직이어야 한다.
- 굽기 후 완제품의 맛과 향은 초콜릿향과 호두가 조화를 잘 이루어야 한다.
- 굽기 후 완제품의 껍질은 두껍지 않고 부드러우며, 반점이나 공기방울 자국이 없어야 한다.

머랭에 아몬드 분말, 분당, 밀가루를 혼합하여 만든 소형 과자인

다쿠와즈
(Dacquoise)

시험 시간

1:50

다음 요구사항대로 다쿠와즈를 제조하여 제출하시오.

1. 배합표의 각 재료를 계량하여 재료별로 진열하시오(5분).
   - 재료계량(재료당 1분) → [감독위원 계량 확인] → 작품제조 및 정리정돈(전체시험시간-재료계량시간)
   - 재료계량시간 내에 계량을 완료하지 못하여 시간이 초과된 경우 및 계량을 잘못한 경우는 추가의 시간 부여 없이 작품제조 및 정리정돈 시간을 활용하여 요구사항의 무게대로 계량
   - 달걀의 계량은 감독위원이 지정하는 개수로 계량

2. 머랭을 사용하는 반죽을 만드시오.
3. 표피가 갈라지는 다쿠와즈를 만드시오.
4. 다쿠와즈 2개를 크림으로 샌드하여 1조의 제품으로 완성하시오.
5. 반죽은 전량을 사용하여 성형하시오.

※ 충전용 재료는 계량시간에서 제외한다.

13 다쿠와즈

합격포인트

1. 머랭을 수작업으로 할 때는 흰자를 60% 정도 올린 후 설탕을 조금씩 나누어 휘핑한다. 그리고 믹서기로 할 때는 믹서 볼에 처음부터 흰자와 설탕을 함께 넣고 핸드 거품기로 균일하게 섞은 후 믹서기에 장착하여 중속 → 고속 → 중속으로 휘핑하면서 100%의 머랭상태를 만든다.
2. 100% 휘핑한 머랭에 가루재료를 넣고 가볍게 혼합하여 반죽이 묽어지지 않도록 한다.
3. 짤주머니에 반죽을 담아 신속하게 짜내야 손바닥 열과 지나친 압력에 의해 반죽이 묽어지지 않는다. 만약에 반죽이 묽어지면 다쿠와즈의 가장자리 모서리는 무너지게 된다.
4. 분당을 2회 뿌렸을 때 다 흡수되지 않고 살짝 남아있는 정도가 적당하다. 그런데 분당을 너무 많이 뿌리면 백로지에서 다쿠와즈를 떼어낼 때 분당이 떨어져 보기가 흉해진다.
5. 완제품의 형태는 찌그러짐이 없고 대칭을 이루어야 한다.

배합표

비율(%)	재료명	무게(g)	비율(%)	재료명	무게(g)
130	달걀흰자	325(326)	40	설탕	100
80	아몬드 분말	200	66	분당	165(166)
20	박력분	50	336	계	840(842)
90	버터크림(샌드용)	225(226)			

채점기준표 (능력단위별 수행준거에 따른 체크리스트)

수행 순서	수행 항목	수행 순서	수행 항목
1	재료계량시간	11	구운 상태
2	계량의 재료손실	12	팬 빼기
3	계량의 정확도	13	정리정돈, 청소
4	반죽제조 믹싱법	14	개인위생
5	반죽상태	15	제품의 부피
6	반죽온도	16	제품의 외부균형
7	반죽비중	17	제품의 껍질
8	팬 준비	18	제품의 내상
9	반죽 팬에 넣기	19	맛과 향
10	굽기 관리		

재료 및 기기 준비

[실기시험 요구수량 : 다쿠와즈 전용팬 2개]

스테인리스 볼, 핸드 거품기, 다쿠와즈팬, 고무주걱, 스패튤라 혹은 스크래퍼, 평철판, 짤주머니, 원형모양 깍지, 백로지, 저울, 온도계, 행주, 실리콘 페이퍼(테프론시트), 체

수행준거에 맞추어 만들어 볼까요!!

1. 체질 준비

2. 체질하기

3. 설탕 투입하기 1번

4. 설탕 투입하기 2번

5. 머랭 완료점

6. 가루재료 섞기

7. 팬에 짜기

8. 다쿠와즈 팬 제거하기

9. 분당 뿌리기

반죽

머랭법, 22℃

1. 아몬드 분말과 분당, 박력분을 고무주걱으로 섞어 균일하게 혼합한 후 2번 체질해 볼에 담아 놓는다.
2. 기름기 없는 스테인리스 볼에 흰자를 넣고 핸드 거품기로 휘핑하여 60% 정도 거품을 만든다(계절에 따라 겨울에는 따뜻한 물을 받쳐 더운 휘핑을 한다).
3. 설탕을 조금씩 넣으면서 휘핑하여 100% 정도 머랭을 만든다.
4. 체질한 가루재료를 전부 붓고 고무주걱으로 가볍게 섞는다.

> - 혹은 체질한 가루재료에 머랭을 3회 나누어 넣으면서 고무주걱으로 가볍게 섞는다.
> - 수작업으로 머랭을 제조하면 힘들지만 좀 더 안정된 머랭의 상태를 얻을 수 있다. 그러나 너무 힘들면 믹서를 사용하여 머랭을 제조한다.

패닝

1. 평철판에 실리콘 페이퍼(테프론시트)를 깔거나 백로지를 깔고 다쿠와즈 팬을 올려놓는다.
2. 반죽을 1cm의 원형모양 깍지를 끼운 짤주머니에 공기가 들어가지 않도록 담는다.
3. 다쿠와즈 팬 중앙에 반죽이 조금 넘치도록 짠다.
4. L형 스패튜라 또는 플라스틱 스크래퍼를 이용하여 다쿠와즈 팬 윗면의 반죽을 고르게 펴 다쿠와즈 팬에 반죽이 가득 채워지도록 한다.
5. 다쿠와즈 팬을 들어 빼낸다.
6. 계량 외 분당을 고운 체에 내려 반죽 위에 뿌린 후 분당이 수분에 흡수되어 보이지 않으면 다시 한 번 분당을 살짝 뿌린다. 만약에 분당을 너무 적게 뿌려서 껍질이 생기지 않았거나 너무 많이 뿌려서 껍질이 두껍게 생기면 표피가 갈라지지 않는다.

굽기

윗불 180℃, 밑불 140℃, 15~20분

1. 기본 온도이므로 작업장의 오븐환경에 따라 온도를 확인하며 사용한다.
2. 윗면의 색을 보고 팬을 돌려 준 후 마무리 굽기를 한다.
3. 구워진 제품을 냉각시킨 후 실리콘 페이퍼(테프론시트)에서 떼어내거나, 백로지를 철판에서 들어내 뒤집어 붓 또는 분무기로 물을 칠하거나 혹은 컵을 이용하여 물을 부어 적당히 적신 후 떼어낸다.

> - 반죽상태, 팬의 두께와 오븐의 열전달 방식 등에 따라 온도와 시간이 달라질 수 있으므로 실제로는 경험을 기초로 다양한 굽기 조건이 가능하다.
> - 오븐의 위치에 따라 온도 차이가 생기므로 전체 굽기 시간의 2/3 경과 후 팬의 위치를 바꾸어 전체 제품의 색깔이 균일하게 유지되도록 한다.
> - 굽기 후 완제품의 맛은 덜 익어 속이 끈적거리거나 익지 않은 생재료 맛, 탄 맛이나 냄새가 나서는 안 되고, 속은 부드럽고 겉은 바삭거려야 한다.
> - 굽기 후 완제품의 껍질은 밝은 황갈색이 바람직하며, 갈라짐(터짐)이 생겨야 한다.

샌드하기

1. 제시된 버터크림을 스패튜라를 사용하여 한 세트당 8g씩 바른다.

15

파운드 반죽을 조개모양으로 구운 소형 과자인

마드레느
(Madeleine)

시험 시간

1:50

다음 요구사항대로 마드레느를 제조하여 제출하시오.

1. 배합표의 각 재료를 계량하여 재료별로 진열하시오.(7분).
   - 재료계량(재료당 1분) → [감독위원 계량 확인] → 작품제조 및 정리정돈(전체시험시간-재료계량시간)
   - 재료계량시간 내에 계량을 완료하지 못하여 시간이 초과된 경우 및 계량을 잘못한 경우는 추가의 시간 부여 없이 작품제조 및 정리정돈 시간을 활용하여 요구사항의 무게대로 계량
   - 달걀의 계량은 감독위원이 지정하는 개수로 계량
2. 마드레느는 수작업으로 하시오.
3. 버터를 녹여서 넣는 1단계법(변형) 반죽법을 사용하시오.
4. 반죽온도는 24℃를 표준으로 하시오.
5. 실온에서 휴지를 시키시오.
6. 제시된 팬에 알맞은 반죽량을 넣으시오.
7. 반죽은 전량을 사용하여 성형하시오.

14 마드레느

합격포인트
1. 반죽을 만들 때 버터를 중탕하여 녹이는 작업부터 시작한다.
2. 녹인 버터의 온도는 30~35℃가 적당하며 버터의 용해 온도가 높을 경우 반죽온도가 올라가며, 반죽이 지나치게 흐를 수 있다.
3. 여름철에 제조할 때는 반죽을 냉장휴지시켜야 하나, 요구사항이 실온 휴지이므로 버터의 용해온도에 각별히 주의한다.
4. 달걀을 풀 때 최대한 거품이 생기지 않도록 해야 완제품의 표면에 기포자국이 덜 생긴다.
5. 반죽의 완료점은 모든 재료가 균일하게 섞이고 반죽이 매끈하게 되었을 때가 적당하다.

배합표

비율(%)	재료명	무게(g)	비율(%)	재료명	무게(g)
100	박력분	400	2	베이킹파우더	8
100	설탕	400	100	달걀	400
1	레몬껍질	4	0.5	소금	2
100	버터	400	403.5	계	1,614

채점기준표 (능력단위별 수행준거에 따른 체크리스트)

수행 순서	수행 항목	수행 순서	수행 항목
1	재료계량시간	11	구운 상태
2	계량의 재료손실	12	팬 빼기
3	계량의 정확도	13	정리정돈, 청소
4	반죽제조 믹싱법	14	개인위생
5	반죽상태	15	제품의 부피
6	반죽온도	16	제품의 외부균형
7	반죽비중	17	제품의 껍질
8	팬 준비	18	제품의 내상
9	반죽 팬에 짜기	19	맛과 향
10	굽기 관리		

재료 및 기기 준비

[실기시험 요구수량 : 마드레느 전용팬 2½개]

오븐, 스테인레스 볼, 핸드 거품기, 짤주머니, 마드레느 팬, 붓, 고무주걱, 저울, 행주, 칼, 도마, 온도계, 가스버너, 강판, 체, 원형모양 깍지, 백로지

수행준거에 맞추어 만들어 볼까요!!

1. 재료 섞기

2. 레몬 껍질 넣기

3. 버터를 한 번에 혼합

4. 섞기

5. 버터 혼합

6. 쇼트닝 바르기

7. 강력분 뿌리기

8. 강력분 털기

9. 패닝하기

반죽

1단계 변형법, 24℃

1. 박력분, 베이킹파우더를 균일하게 혼합하여 체에 쳐 스테인리스 볼에 넣는다.
2. 설탕을 넣고 핸드 거품기로 균일하게 섞는다.
3. 핸드 거품기로 달걀을 가급적 거품 없이 완전히 풀어 두 번에 나누어 넣으며 섞기를 반복한다.
4. 레몬껍질의 노란부분만 도려내어 최소한 작게 다지거나 강판에 갈아서 사용한다.
5. 다져놓은 레몬껍질과 소금을 넣고 핸드 거품기로 고르게 섞는다.
6. 버터를 중탕하여 제시된 최종반죽온도를 맞출 수 있도록 계절을 고려해서 30~40℃ 정도로 식혀서 넣고 핸드 거품기로 고르게 섞는다.

- 많은 양의 박력분에 아주 적은 양의 베이킹파우더가 균일하게 혼합될 수 있도록 신경써서 섞은 후 체질한다.
- 박력분 사이사이에 설탕 입자가 균일하게 분산되어 있는 상태에서 달걀을 넣어야만 박력분의 단백질들이 서로 엉겨 글루텐이 되는 것을 막을 수 있다.
- 달걀을 풀거나 섞을 때 거품이 지나치게 생성되면 완제품의 표면에 기포자국이 많이 남게 된다.
- 풀어준 달걀 반을 넣고 가볍게 대충 혼합하고 나머지 반을 넣고 균일하게 섞는다.
- 소금을 설탕과 함께 넣는 것보다 레몬껍질과 함께 투입하는 것이 완제품의 식감이 부드럽다.

휴지

1. 반죽을 비닐로 덮어 실온에서 30분간 휴지를 시킨다.

패닝

틀 부피의 80%

1. 마들렌 팬에 녹인 쇼트닝을 붓으로 얇게 바른 후 강력분을 뿌리고 팬을 뒤집어 여분의 강력분을 제거한다.
2. 직경 1cm의 원형모양 깍지를 짤주머니에 끼운 후 반죽을 공기가 들어가지 않게 담아 짠다.

굽기

윗불 180℃, 밑불 160℃, 12~15분

1. 기본 온도이므로 작업장의 오븐환경에 따라 온도를 확인하며 사용한다.
2. 윗면의 색을 보고 팬을 돌려 준 후 마무리 굽기를 한다.

- 오븐의 위치에 따라 온도 차이가 생기므로 전체 굽기 시간의 2/3 경과 후 팬의 위치를 바꾸어 전체 제품의 색깔이 균일하게 유지되도록 한다.
- 모양이 대칭적이며 찌그러짐이 없게 짠다.
- 굽기 후 완제품의 맛과 향은 수분함량이 높으므로 씹는 맛이 부드러우며, 끈적거리거나 탄 냄새, 익지 않은 생재료 맛이 나서는 안 된다.
- 굽기 후 완제품의 껍질은 두껍지 않고 부드러우며, 반점이나 공기방울 자국이 없어야 한다.
- 껍질의 줄무늬가 선명해야 한다.

유지가 많이 들어가 바삭바삭한 반죽형 쿠키인

쇼트브레드 쿠키
(Short Bread Cookie)

 **시험 시간**

2:00

다음 요구사항대로 쇼트브레드 쿠키를 제조하여 제출하시오.

1. 배합표의 각 재료를 계량하여 재료별로 진열하시오(9분).
   - 재료계량(재료당 1분) → [감독위원 계량 확인] → 작품제조 및 정리정돈(전체시험시간-재료계량시간)
   - 재료계량시간 내에 계량을 완료하지 못하여 시간이 초과된 경우 및 계량을 잘못한 경우는 추가의 시간 부여 없이 작품제조 및 정리정돈 시간을 활용하여 요구사항의 무게대로 계량
   - 달걀의 계량은 감독위원이 지정하는 개수로 계량
2. 반죽은 수작업으로 하여 크림법으로 제조하시오.
3. 반죽온도는 20℃를 표준으로 하시오.
4. 제시한 정형기를 사용하여 두께 0.7~0.8cm, 지름 5~6cm(정형기에 따라 가감) 정도로 정형하시오.
5. 제시한 2개의 팬에 전량 성형하시오.
   (단, 시험장 팬의 크기에 따라 감독위원이 별도로 지정할 수 있다.)
6. 달걀노른자칠을 하여 무늬를 만드시오.
7. 달걀은 총 7개를 사용하며, 달걀 크기에 따라 감독위원이 가감하여 지정할 수 있다.
   ① 배합표 반죽용 4개(달걀 1개+노른자용 달걀 3개)
   ② 달걀 노른자칠용 달걀 3개

15 쇼트브레드 쿠키

합격포인트

1. 마가린과 쇼트닝의 경도가 같으면 함께 섞어 크림화하고, 다르면 경도가 높은 것부터 유연하게 만든 후 섞어 크림화한다.(실기시험장 지급재료는 버터를 마가린으로 대신함)
2. 겨울철에 작업장의 온도가 낮아 마가린과 쇼트닝이 너무 단단하면 중탕으로 약간씩 녹이며 크림화하는 것이 좋다.
3. 냉장휴지는 반죽을 손가락으로 살짝 눌러 자국이 선명하게 남으면 냉장휴지를 끝낸다.
4. 휴지 완료 후 손에 달라붙지 않을 만큼 매끄럽게 치대어 성형을 해야 굽기 시 지나치게 퍼지지 않는 형태의 쿠키를 만들 수 있다.
5. 요구사항대로 반죽의 두께를 0.7~0.8cm로 균일하게 밀어 펴기를 해야 굽기 중에 색이 일정하게 난다.
6. 자투리반죽을 최소화하면서 찍어내고 남는 반죽은 새 반죽과 함께 섞어가며 작업을 진행한다.
7. 바르기용 노른자는 체에 걸러서 흐르지 않도록 균일하게 바른 후 포크뒷면으로 노른자만 긁어내듯이 무늬를 그린다.

배합표

비율(%)	재료명	무게(g)	비율(%)	재료명	무게(g)
100	박력분	500	33	마가린	165(166)
33	쇼트닝	165(166)	35	설탕	175(176)
1	소금	5(6)	5	물엿	25(26)
10	달걀	50	10	노른자	50
0.5	바닐라 향	2.5(2)	227.5	계	1,137.5(1,142)

채점기준표 (능력단위별 수행준거에 따른 체크리스트)

수행 순서	수행 항목	수행 순서	수행 항목
1	재료계량시간	11	노른자 칠하기
2	재료손실, 정확도	12	굽기 관리
3	크림법 여부	13	구운 상태
4	반죽혼합순서	14	정리정돈, 청소
5	반죽상태	15	개인위생
6	반죽온도	16	제품의 부피
7	팬 준비	17	제품의 외부균형
8	반죽 밀어 펴기	18	제품의 껍질
9	정형상태	19	제품의 내상
10	반죽 팬에 놓기	20	맛과 향

재료 및 기기 준비

[실기시험 요구수량 : 평철판 4개]

핸드 거품기, 스테인리스 볼, 밀대, 평철판, 붓, 포크, 오븐, 냉장고, 제공한 정형기, 비닐, 저울, 행주, 온도계, 스크래퍼, 체, 고무주걱, 나무주걱

수행준거에 맞추어 만들어 볼까요!!

1. 달걀을 넣는 시기

2. 밀가루 섞기

3. 냉장휴지 준비하기

4. 반죽 치대기

5. 반죽 밀어 펴기

6. 패닝하기

7. 노른자 칠하기

8. 무늬 그리기

9. 굽기 완료점

반죽	**크림법, 20℃**
	1 마가린과 쇼트닝을 부드럽게 되도록 거품기로 섞는다.
	2 설탕, 물엿, 소금을 넣고 유연한 크림상태로 만든다.
	3 노른자와 달걀을 조금씩 넣으면서 믹싱하여 부드럽고 매끈한 크림상태를 만든다.
	4 바닐라 향을 넣어 균일하게 섞는다.
	5 체에 친 박력분을 넣고 나무주걱으로 자르듯이 가볍게 섞는다.
	6 밀가루를 넣어 섞을 때 오버믹싱되면 글루텐이 형성되어 딱딱한 쿠키가 되므로 주의하여 가볍게 섞는다.

- 설탕을 반죽에 균일하게 섞어야 제품의 퍼짐이 전체적으로 일정하다.
- 노른자를 투입하여 충분히 반죽 후 흰자를 조금씩 나누어 넣으면서 혼합한다.
- 밀어 펴서 성형하는 반죽은 짤주머니를 이용하여 짜는 반죽보다 크림화를 조금 덜 시켜주어도 된다.
- 밀가루가 보이지 않으면서 한 덩어리로 뭉쳐질 정도로만 혼합한다.
- 손반죽을 조금 하여 반죽을 한 덩어리로 만든다.

휴지	1 마르지 않도록 비닐을 씌워 냉장고에서 30분간 휴지시킨다.
	2 반죽을 손가락으로 살짝 눌러 자국이 그대로 남으면 휴지를 끝낸다.
	3 유지 함량이 많은 반죽이므로 냉장휴지시켜야 밀어 펴기가 쉽고 수축되지 않는다.
밀어 펴기	1 덧가루를 뿌린 작업대 위에서 밀어 펴기 쉽도록 반죽을 일부분 떼어내어 매끄럽게 치댄 후 밀대를 이용하여 두께 0.7~0.8cm로 균일하게 밀어 편다.

- 현장실무에서는 면포 위에서 작업하는 경우가 많으므로 참고하면 좋다.
- 밀어 편 반죽의 두께는 반드시 요구사항을 지켜야 한다.
- 밀대에 반죽이 달라붙지 않게 덧가루를 사용해가며 밀어 편다.
- 덧가루를 너무 많이 사용하면 제품에서 밀가루 냄새가 나고, 줄무늬가 나타나므로 주의한다.

정형	1 시험장에서 제시한 정형기(지름 5~6cm)를 사용하여 반죽을 찍어낸다.

- 정형기에 덧가루를 묻혀 반죽이 달라붙지 않게 하면서, 자투리 반죽이 최소화되도록 찍어낸다.
- 자투리 반죽은 새 반죽과 섞어가며 정형한다.
- 마지막에 자투리 반죽만 다시 뭉쳐 재사용할 때는 밀어 편 다음 반드시 휴지(실온에서 3분, 수축 방지)를 시킨다.

패닝	1 철판에 기름칠을 한 후 찍어 낸 반죽이 변형되지 않게 하여 상하좌우 2.5cm 간격으로 잘 맞추어 놓는다.
	2 윗면에 붓으로 노른자를 바르고 마르면 덧바르기를 하여 총 2회 바르고 포크를 이용하여 무늬를 그린다.

- 노른자는 체에 걸러서 사용한다.
- 코팅이 잘 된 철판에는 기름칠을 하지 않는다.

굽기	**윗불 190℃, 밑불 130℃, 10~12분**
	1 기본 온도이므로 작업장의 오븐환경에 따라 온도를 확인하며 사용한다.
	2 표면의 광택이 없어지고 뽀얗게 되면서 약간 색이 났을 때 철판을 돌려준 후 마무리 굽기를 한다.

- 데크 오븐 위치에 따라 온도 차이가 생기므로 전체 굽기 시간의 2/3 시간 경과 후 팬의 위치를 바꾸어 전체 제품의 색깔이 균일하게 유지되도록 한다.

우유 버터의 깊은 맛과 향이 나는 반죽형 드롭 쿠키의 일종인

버터 쿠키
(Butter Cookie)

시험 시간

2:00

다음 요구사항대로 버터 쿠키를 제조하여 제출하시오.

1. 배합표의 각 재료를 계량하여 재료별로 진열하시오(6분).
   - 재료계량(재료당 1분) → [감독위원 계량 확인] → 작품제조 및 정리정돈(전체시험시간-재료계량시간)
   - 재료계량시간 내에 계량을 완료하지 못하여 시간이 초과된 경우 및 계량을 잘못한 경우는 추가의 시간 부여 없이 작품제조 및 정리정돈 시간을 활용하여 요구사항의 무게대로 계량
   - 달걀의 계량은 감독위원이 지정하는 개수로 계량

2. 반죽은 크림법으로 수작업하시오.
3. 반죽온도는 22℃를 표준으로 하시오.
4. 별모양 깍지를 끼운 짤주머니를 사용하여 2가지 모양짜기를 하시오(8자, 장미모양).
5. 반죽은 전량을 사용하여 성형하시오.

17 버터 쿠키

합격포인트

1. 버터가 단단할 경우 살짝 중탕하여 유연하게 만든 후 설탕과 소금을 넣고 크림화한다.
2. 달걀을 넣고 너무 오래 믹싱을 하면 제품이 퍼지게 되므로 주의한다.
3. 가루재료를 붓고 가루가 안보일 만큼만 섞어야 부드럽고 바삭한 식감의 쿠키를 만들 수 있다.
4. 반죽을 짤 때 열효율과 제품의 균일한 색상 및 수분함량을 위해 높이는 1cm 정도, 상하좌우 간격은 2.5~3.0cm 정도를 유지하며 엇갈리게 짠다.
5. 짤주머니에 반죽을 넣을 때 한 주걱 정도만 넣는 것이 짜기에 편하고 손의 열에 의해서 반죽의 버터가 녹는 것을 방지할 수도 있다.
6. 오븐온도가 낮으면 굽는 도중에 퍼지므로 낮은 온도에서 오래 굽지 않도록 주의한다.

배합표

비율(%)	재료명	무게(g)	비율(%)	재료명	무게(g)
100	박력분	400	70	버터	280
50	설탕	200	1	소금	4
30	달걀	120	0.5	바닐라 향	2
			251.5	계	1,006

채점기준표 (능력단위별 수행준거에 따른 체크리스트)

수행 순서	수행 항목	수행 순서	수행 항목
1	재료계량시간	11	구운 상태
2	계량의 재료손실	12	팬 빼기
3	계량의 정확도	13	정리정돈, 청소
4	반죽제조 믹싱법	14	개인위생
5	반죽상태	15	제품의 부피
6	반죽온도	16	제품의 외부균형
7	팬 준비	17	제품의 껍질
8	일정한 간격, 두께	18	제품의 내상
9	균일한 짜기	19	맛과 향
10	굽기 관리		

재료 및 기기 준비

[실기시험 요구수량 : 평철판 4개]

핸드 거품기, 스테인리스 볼, 고무주걱, 짤주머니, 별모양 깍지, 평철판, 오븐, 저울, 행주, 온도계, 체

수행준거에 맞추어 만들어 볼까요!!

1
체에 치기

2
유지를 부드럽게 하기

3
크림화시키기

4
달걀 나누어 넣어 섞기

5
바닐라 향 넣기

6
가루재료 혼합하기

7
반죽 완료점

8
짜기 방법

9
8자, 장미모양과 착색상태

반죽	크림법, 22℃
	1 박력분을 체에 쳐 놓는다.
	2 버터를 용기에 넣고 핸드 거품기로 부드럽게 풀어준다.
	3 설탕, 소금을 넣고 균일하게 섞어 준 후 충분히 크림화를 시킨다.
	4 달걀을 1개씩 넣으면서 부드러운 크림상태로 만들기를 반복한다.
	5 반죽을 만져보아 약간의 설탕입자가 느껴지면 바닐라 향을 넣는다.
	6 박력분을 넣고 나무주걱으로 자르듯이 가볍게 섞는다.

- 설탕을 반죽에 균일하게 섞어야 제품의 퍼짐이 전체적으로 일정하다.
- 크림화가 안 되면 짜기가 어렵고 매끄럽지 못하여 단단한 쿠키가 된다.
- 달걀을 한꺼번에 투입하면 달걀에 함유된 다량의 수분 때문에 지방과 분리되기 쉬우므로, 달걀의 투입속도를 조절한다.
- 박력분을 넣고 나무주걱의 면으로 쿠키반죽에 강한 힘을 가하거나 너무 많이 섞게 되면 글루텐이 생성되어 완제품의 식감이 너무 단단하게 된다.

패닝	1 깨끗한 평철판을 준비해 두고, 짤주머니에 별모양 깍지를 끼운 후 반죽을 절반 정도 공기가 들어가지 않게 담는다.
	2 좌우 2.5~3.0cm 간격을 맞추어 두께를 1cm 정도 고르게 유지하면서 **8자모양**으로 짜기를 한다.
	3 좌우 2.5~3.0cm 간격을 맞추어 두께를 1cm 정도 고르게 유지하면서 **장미모양**으로 짜기를 한다.

- 성형한 반죽의 두께가 1cm 이상이 되면 쿠키의 바삭한 식감은 없고 케이크와 같은 부드러운 식감이 생긴다.

휴지	1 제품의 무늬를 잘 나타내기 위해 실온에서 10분간 표면을 건조시킨다.

굽기	윗불 200℃, 밑불 120℃, 12~14분
	1 기본 온도이므로 작업장의 오븐환경에 따라 온도를 확인하며 사용한다.
	2 윗면의 색을 보고 팬을 돌려 준 후 마무리 굽기를 한다.

- 오븐의 위치에 따라 온도 차이가 생기므로 전체 굽기 시간의 2/3 경과 후 팬의 위치를 바꾸어 전체 제품의 색깔이 균일하게 유지되도록 한다.
- 굽기 후 완제품은 씹는 맛이 부드럽고 바삭거리며, 버터의 맛과 향이 전체 쿠키 맛과 어울려야 한다.
- 끈적거리거나 탄 냄새, 익지 않은 생재료 맛이 나서는 안 된다.
- 굽기 후 완제품의 껍질은 황금갈색으로 먹음직스러워야 한다.

슈 페이스트리 반죽을 사용하여 양배추 모양으로 만든

슈
(Choux à La Crème)

시험 시간

2:00

다음 요구사항대로 슈를 제조하여 제출하시오.

1. 배합표의 껍질 재료를 계량하여 재료별로 진열하시오.(5분).
   - 재료계량(재료당 1분) → [감독위원 계량 확인] → 작품제조 및 정리정돈(전체시험시간−재료계량시간)
   - 재료계량시간 내에 계량을 완료하지 못하여 시간이 초과된 경우 및 계량을 잘못한 경우는 추가의 시간 부여 없이 작품제조 및 정리정돈 시간을 활용하여 요구사항의 무게대로 계량
   - 달걀의 계량은 감독위원이 지정하는 개수로 계량
2. 껍질 반죽은 수작업으로 하시오.
3. 반죽은 직경 3cm 전후의 원형으로 짜시오.
4. 커스터드 크림을 껍질에 넣어 제품을 완성하시오.
5. 반죽은 전량을 사용하여 성형하시오.

※ 충전용 재료는 계량시간에서 제외한다.

20 슈

합격포인트

1. 가스버너 위에서 끓는 물, 소금, 버터 등에 바로 가루재료를 넣으면 가라앉으면서 눌러 붙을 수 있으므로 잠시 가스버너의 불에서 내려 가루재료를 균일하게 섞은 후 다시 불에 올린다.
2. 완성된 반죽의 상태는 광택이 나고 거품기로 반죽을 들어 올려 떨어뜨렸을 때 모양이 그대로 남는다.
3. 완성된 반죽의 되기는 밀가루가 호화된 정도와 달걀의 크기에 따라 달라진다. 그래서 불에서 밀가루를 충분히 호화시키지 않았을 경우 완성된 반죽은 질어 부풀지 않는다.
4. 코팅이 벗겨졌거나 광택이 사라진 평철판에는 기름걸레로 아주 가볍게 닦은 후 짜기를 한다.
5. 굽기 전 반죽이 약간 질면 반죽의 표면에 분무를 하고 약간 되면 물에 담그는 침지를 시킨다.
6. 굽기 시 반죽이 부풀고 색이 나기 전에 오븐 문을 열면 슈 반죽이 주저앉는다.

배합표

반죽			충전용 크림		
비율(%)	재료명	무게(g)	비율(%)	재료명	무게(g)
100	중력분	200	500	커스터드 크림	1,000
100	버터	200			
200	달걀	400			
125	물	250			
1	소금	2			
526	계	1,052			

채점기준표
(능력단위별 수행준거에 따른 체크리스트)

수행 순서	수행 항목	수행 순서	수행 항목
1	재료계량시간	10	충전크림 충전하기
2	재료손실, 정확도	11	정리정돈, 청소
3	반죽혼합순서	12	개인위생
4	반죽상태	13	제품의 부피
5	정형준비	14	제품의 외부균형
6	정형상태	15	제품의 껍질
7	물 분무	16	제품의 내상
8	굽기 관리	17	맛과 향
9	구운 상태		

재료 및 기기 준비

[실기시험 요구수량 : 평철판 4개]

스테인리스 볼, 핸드 거품기, 저울, 가스버너, 평철판, 분무기, 오븐, 스패튜라, 고무주걱, 행주, 원형모양 깍지, 짤주머니, 체

수행준거에 맞추어 만들어 볼까요!!

1. 유지, 물, 소금 끓이기

2. 밀가루 호화하기

3. 호화 완료점

4. 달걀 섞기

5. 나머지 달걀 넣기

6. 반죽 완료점

7. 반죽 짜기

8. 침지하기

9. 크림 충전하기 완료

반죽

블렌딩법, 익반죽법

1. 스테인리스 볼에 물, 소금, 버터를 넣고 냄판을 덮어 팔팔 끓인다.
2. 체에 친 중력분을 넣고 눋지 않도록 주의하면서 약 30초 정도 거품기로 저어 호화시킨 후 불에서 내린다.
3. 달걀을 나누어 넣으며 거품기로 휘저어 반죽에 끈기가 생기면서 매끄러운 상태가 되도록 만든다.
4. 반죽의 되기는 밀가루가 익은 정도와 달걀의 크기에 따라 달라지므로 주의하여 반죽을 제조한다.
5. 광택이 나고 떨어뜨렸을 때 그대로 모양이 남는 상태가 완성된 반죽으로 적당하다.

- 물 + 소금 + 버터 등을 함께 끓인 것에 체 친 밀가루를 부을 때는 무거운 밀가루가 가라앉으면서 스테인리스 볼에 눋지 않게 불에서 내린다.
- 거품기로 충분히 저어서 반죽이 섞어지면 중간 불에서 다시 가열하여 익힌다.
- 반죽이 완전히 호화되면 기름이 스텐볼 바닥에서 자글자글 끓는 소리를 낸다.

성형 · 패닝

1. 코팅이 벗겨진 평철판에만 기름칠을 한다.
2. 짤주머니에 직경 1cm 원형모양 깍지를 끼우고 반죽을 절반 정도 공기가 들어가지 않도록 담는다.
3. 직경 3cm 정도로 균일하게 좌우 3cm 이상 간격을 맞추어 평철판 안에 짠다.
4. 오븐에 넣기 직전에 반죽 표면이 완전히 젖도록 분무기를 이용하여 물을 분무하거나 비커로 물을 부어 침지를 시킨다.
5. 이때 분무 혹은 침지를 위해 사용하는 물은 35℃ 정도의 따뜻한 물을 쓴다.

굽기

윗불 200℃, 밑불 150℃, 20분

1. 굽는 과정에서 오븐 문을 열면 차가운 공기가 들어가 슈가 주저앉으므로 오븐 문을 열지 않도록 주의한다.
2. 기본 온도이므로 작업장의 오븐환경에 따라 온도를 확인하며 사용한다.
3. 윗면의 색을 보고 팬을 돌려 준 후 마무리 굽기를 한다.

- 반죽상태, 팬의 두께와 오븐의 열전달 방식 등에 따라 온도와 시간이 달라질 수 있으므로 실제로는 경험을 기초로 다양한 굽기 조건이 가능하다.
- 오븐의 위치에 따라 온도 차이가 생기므로 전체 굽기 시간의 2/3 시간 경과 후 팬의 위치를 바꾸어 전체 제품의 색깔이 균일하게 유지되도록 한다.

크림 충전하기

1. 슈 껍질 2/3 높이 지점을 칼로 잘라낸다.
2. 또는 짤주머니에 직경 5mm 원형모양 깍지를 끼우고 크림을 담아 충전한다.
3. 혹은 슈 껍질의 갈라진 부분에 젓가락으로 작은 구멍을 낸다.
4. 짤주머니에 직경 3mm 원형모양 깍지를 끼우고 크림을 담아 충전한다.

- 슈의 완제품이 팽창하지 않고 기형적이 되는 원인은 다음과 같다.
  - 물과 버터가 균일하게 섞여서 팔팔 끓지 않은 경우
  - 밀가루가 덜 호화되거나 지나치게 호화된 경우
  - 실내 온도가 낮거나 달걀이 차가워서 슈 반죽의 온도가 낮아진 경우
  - 철판 안에서 슈 반죽의 간격을 충분히 유지하지 않은 경우
  - 겨울에 찬물로 분무, 침지한 경우
  - 굽기 시 슈 반죽에 착색이 되기 전에 오븐 문을 여는 경우

3. 타르트·파이류 만들기

타르트·파이류 만들기란 필요한 재료를 준비하고 제품 특성에 맞는 방법으로 반죽, 충전물·토핑물 만들기, 정형, 익히기, 완성하기 과정을 거쳐 타르트·파이를 제조하는 능력이다.

❶ 타르트·파이 반죽하기

1. 작업지시서에 따라 배합표를 점검하고 필요한 도구를 준비할 수 있다.
2. 배합표에 따라 재료를 계량하고 필요한 전처리를 할 수 있다.
3. 작업지시서에 따라 타르트·파이 반죽을 할 수 있다.

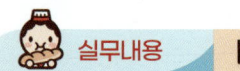

실무내용 | 타르트·파이 반죽하기

타르트, 호두파이, 슈 등의 제조공정을 통해 설명한다.

❷ 충전물·토핑물 만들기

1. 작업지시서에 따라 재료를 준비하여 계량할 수 있다.
2. 충전물·토핑물 재료의 특성을 고려하여 전처리할 수 있다.
3. 제품 특성에 따라 충전물·토핑물을 만들 수 있다.

실무내용 | 충전물·토핑물 만들기

타르트, 호두파이, 슈 등의 제조공정을 통해 설명한다.

❸ 타르트·파이 정형하기

1. 작업지시서에 따라 정형에 필요한 적절한 팬과 도구를 준비할 수 있다.
2. 제품의 특성에 따라 밀어펴기와 휴지를 할 수 있다.
3. 제품의 특성에 따라 분할·성형하여 팬닝 할 수 있다.
4. 제품의 특성에 따라 충전물과 토핑물을 활용할 수 있다.

실무내용 | 타르트·파이 정형하기

타르트, 호두파이, 슈 등의 제조공정을 통해 설명한다.

❹ 타르트·파이 굽기

1. 제품의 특성에 따라 적합한 오븐을 선택할 수 있다.
2. 제품의 특성에 따라 오븐의 온도, 시간을 조절하여 굽기를 관리할 수 있다.
3. 굽기 완료 시 타르트·파이 제품의 특성에 맞게 구워진 상태의 적정여부를 확인할 수 있다.

 실무내용   타르트·파이 굽기

타르트, 호두파이, 슈 등의 제조공정을 통해 설명한다.

원형 팬에 반죽형 쿠키 반죽을 깔고 아몬드 크림을 채워 구운

타르트
(Tarte)

 시험 시간

다음 요구사항대로 타르트를 제조하여 제출하시오.

2:20

1. 배합표의 반죽용 재료를 계량하여 재료별로 진열하시오(5분).
   (충전물·토핑 등의 재료는 휴지시간을 활용하시오.)

   - 재료계량(재료당 1분) → [감독위원 계량 확인] → 작품제조 및 정리정돈(전체시험시간-재료계량시간)
   - 재료계량시간 내에 계량을 완료하지 못하여 시간이 초과된 경우 및 계량을 잘못한 경우는 추가의 시간 부여 없이 작품제조 및 정리정돈 시간을 활용하여 요구사항의 무게대로 계량
   - 달걀의 계량은 감독위원이 지정하는 개수로 계량

2. 반죽은 크림법으로 제조하시오.
3. 반죽온도는 20℃를 표준으로 하시오.
4. 반죽은 냉장고에서 20~30분 정도 휴지하시오.
5. 두께 3mm 정도로 밀어 펴서 팬에 맞게 성형하시오.
6. 아몬드크림을 제조해서 팬(Ø10~12cm) 용적의 60~70% 정도 충전하시오.
7. 아몬드 슬라이스를 윗면에 고르게 장식하시오.
8. 8개를 성형하시오.
9. 광택제로 제품을 완성하시오.

16 타르트

합격포인트
1. 타르트 반죽제조 시 박력분을 넣고 섞은 후 지나치게 치대면 글루텐이 생성되어 굽기 시 바닥면이 올라오는 원인이 된다.
2. 반죽의 두께를 3mm 정도로 균일하게 밀어 펴기를 한 후 타르트 팬에 반죽을 깔고 포크를 사용하여 바닥면에 확실하게 구멍을 뚫어야 굽기 중에 색이 일정하며 바닥면이 올라오지 않는다.
3. 아몬드크림 제조 시 지나치게 크림화를 많이 시키면 충전물에 혼입된 많은 공기가 열의 전도율을 떨어뜨려 굽기 시 아몬드크림의 표면은 착색이 빨리 일어나는 반면에 속은 익지 않게 된다.
4. 오븐에서 타르트가 나오면 그때 살구잼에 물을 넣고 고무주걱으로 균일하게 섞은 후 약불로 끓여 사용한다. 왜냐하면 미리 끓이면 굳어져 사용하기 정말 어렵다.

배합표

반죽			충전물			광택제 및 토핑		
비율(%)	재료명	무게(g)	비율(%)	재료명	무게(g)	비율(%)	재료명	무게(g)
100	박력분	400	100	아몬드 분말	250	100	에프리코트 혼당	150
25	달걀	100	90	설탕	226	40	물	60
26	설탕	104	100	버터	250	140	계	210
40	버터	160	65	달걀	162	66.6	아몬드 슬라이스	100
0.5	소금	2	12	브랜디	30			
191.5	계	766	367	계	918			

채점기준표 (능력단위별 수행준거에 따른 체크리스트)

수행 순서	수행 항목	수행 순서	수행 항목
1	재료계량시간	12	정형상태
2	재료손실, 정확도	13	굽기 관리
3	반죽혼합순서	14	구운 상태
4	반죽상태	15	정리정돈, 청소
5	껍질반죽 휴지	16	개인 위생
6	충전물 준비	17	제품의 부피
7	충전물 만들기	18	제품의 외부균형
8	전체 충전물 상태	19	제품의 껍질
9	반죽 밀어펴기	20	제품의 내상
10	밑 껍질 작업	21	맛과 향
11	아몬드 크림 충전물 넣기		

[실기시험 요구수량 : 타르트 팬(Ø12cm) 8개]

핸드 거품기, 스테인리스 볼, 밀대, 타르트 팬(Ø10~12cm), 붓, 냉장고, 비닐, 저울, 행주, 온도계, 스크래퍼, 가스버너, 포크, 짤 주머니, 원형모양 깍지(Ø1cm), 체

수행준거에 맞추어 만들어 볼까요!!

1. 버터, 소금, 설탕, 크림화하기

2. 달걀 넣기

3. 가루재료 섞기

4. 냉장휴지 준비하기

5. 충전물 크림화하기

6. 충전물 가루재료 혼합하기

7. 타르트 팬에 성형하기

8. 충전물 짜기

9. 살구잼 바르기

타르트 반죽

크림법, 20℃

1. 버터를 핸드 거품기로 유연하게 만든 후 설탕, 소금을 넣고 크림화한다.
2. 달걀을 2번에 나누어 넣으면서 설탕은 전부 용해되고 분리현상이 없어질 때까지 믹싱한다.
3. 체로 친 박력분을 넣고 주걱으로 자르듯이 가볍게 섞어 반죽을 한 덩어리로 뭉친다.

- 크림화시킨 반죽에 박력분을 넣고 섞을 때 지나치게 섞으면 글루텐이 생길 수 있다.

휴지

1. 완성된 반죽을 마르지 않도록 비닐을 씌워 냉장고에서 20~30분 동안 휴지한다.
2. 유지가 들어가는 쿠키반죽은 냉장휴지시켜야 밀어 펴기가 쉽고 수축되지 않는다.

- 밀대에 반죽이 달라붙지 않게 덧가루를 사용해가며 밀어 편다.
- 덧가루를 너무 많이 사용하면 완제품에서 밀가루 냄새가 난다.

충전물

아몬드크림 만들기

1. 아몬드크림은 타르트 반죽을 냉장휴지시킬 때 만든다.
2. 버터를 핸드 거품기로 유연하게 만든 후 설탕을 넣어 크림상태로 만든다.
3. 달걀을 3번 나누어 넣으면서 부드러운 크림을 만들고 체로 친 아몬드 분말을 넣고 누르면서 섞어 매끄럽게 만든 다음 브랜디를 넣어 크림을 완성한다. 설탕은 전부 용해되어야 한다.

- 아몬드크림 제조 시 지나치게 크림화를 많이 하면 굽기 시 아몬드크림이 익지 않는다.

패닝

타르트 팬(Ø10~12cm) × 8개

1. 냉장휴지시킨 반죽의 92g을 떼어내어 가볍게 치댄 후 3mm 두께로 밀어 펴서 타르트 팬에 맞게 깔고 밀대를 사용하여 여분의 반죽을 잘라낸다. 잘라낸 여분의 반죽량은 7g 전·후가 되어야 한다.
2. 포크를 사용하여 바닥면에 확실하게 구멍을 뚫어준다.
3. 충전물(아몬드크림)을 원형모양 깍지를 끼운 짤주머니에 담아 팬에 60~70% 정도 충전한 다음 아몬드 슬라이스를 골고루 뿌린다.

- 제시된 팬의 용적이 Ø10cm이면 12개, 제시된 팬의 용적이 Ø12cm이면 8개를 만들 수 있다.
- 반죽의 두께를 3mm 정도로 균일하게 밀어 펴기를 해야 굽기 중에 색이 일정하게 난다.
- 타르트 팬에 용해 쇼트닝을 바르고 강력분을 뿌린 후 털어내어 사용하며, 이는 굽기 시 타르트 반죽의 바닥면이 올라오는 것을 방지하는 데 좋다.

굽기

윗불 190℃, 밑불 180℃, 25~30분

1. 기본 온도이므로 작업장의 오븐환경에 따라 온도를 확인하여 사용한다.
2. 윗면의 색을 보고 팬을 돌려 준 후 마무리 굽기를 한다.

- 오븐의 위치에 따라 온도 차이가 생기므로 전체 굽기 시간의 2/3 경과 후 팬의 위치를 바꾸어 전체 제품의 색깔이 균일하게 유지되도록 한다.
- 굽기 후 완제품의 속결을 결정하는 아몬드크림의 조직은 부드러워야 한다.
- 굽기 후 완제품의 맛과 향은 아몬드크림과 아몬드 슬라이스의 조화가 잘 이루어져 고소해야 한다.
- 굽기 후 완제품의 껍질은 두껍지 않고 바삭하고 색은 너무 진하지 않은 황금 갈색을 띠어야 한다.

아이싱

1. 에프리코트 혼당과 물을 함께 끓인 다음 타르트 윗면에 발라 제품을 완성한다.

- 에프리코트 혼당에 물을 넣고 고무주걱으로 균일하게 섞은 후 끓여 사용한다.

쇼트 페이스트리 반죽으로 그릇을 만들고 호두 필링을 채워 만든 바삭한

호두파이
(Walnut Pie)

 **시험 시간**

2:30

다음 요구사항대로 호두파이를 제조하여 제출하시오.

1. 껍질 재료를 계량하여 재료별로 진열하시오(7분).
   - 재료계량(재료당 1분) → [감독위원 계량 확인] → 작품제조 및 정리정돈(전체시험시간-재료계량시간)
   - 재료계량시간 내에 계량을 완료하지 못하여 시간이 초과된 경우 및 계량을 잘못한 경우는 추가의 시간 부여 없이 작품제조 및 정리정돈 시간을 활용하여 요구사항의 무게대로 계량
   - 달걀의 계량은 감독위원이 지정하는 개수로 계량
2. 껍질에 결이 있는 제품으로 제조하시오(손 반죽으로 하시오).
3. 껍질 휴지는 냉장온도에서 실시하시오.
4. 충전물은 개인별로 각자 제조하시오(호두는 구워서 사용).
5. 구운 후 충전물의 층이 선명하도록 제조하시오.
6. 제시한 팬 7개에 맞는 껍질을 제조하시오(팬크기가 다를 경우 크기에 따라 가감).
7. 반죽은 전량을 사용하여 성형하시오.

※ 충전용 재료는 계량시간에서 제외한다.

19 호두파이

합격포인트

1. 융점이 낮은 버터를 사용할 때나 여름에 버터를 사용할 때는 버터를 피복한 가루재료에 액체재료를 가볍게 섞은 후 냉장휴지 시 반죽을 단단하게 굳혀야 껍질에 결이 생긴다.
2. 작업장의 온도가 높은 여름에는 손으로 반죽 혼합 시 지나치게 섞으면 버터가 녹고 반죽에 끈기가 생겨 껍질에 결이 생기지 않는다.
3. 충전물 제조 시 재료들을 균일하게 혼합할 때 지나치게 섞어 거품이 많이 일지 않도록 주의한다. 만약 거품이 많이 생기면 완제품의 표면에 기포자국이 많이 생겨 보기가 흉하게 된다.
4. 충전물의 온도는 20℃ 정도로 낮춘 후 패닝한 껍질에 부어야 구운 충전물 층이 선명해진다.

배합표

껍질			충전물		
비율(%)	재료명	무게(g)	비율(%)	재료명	무게(g)
100	중력분	400	100	호두	250
10	노른자	40	100	설탕	250
1.5	소금	6	100	물엿	250
3	설탕	12	1	계피가루	2.5(2)
12	생크림	48	40	물	100
40	버터	160	240	달걀	600
25	물	100	581	계	1,452.5(1,452)
191.5	계	766			

채점기준표
(능력단위별 수행준거에 따른 체크리스트)

수행 순서	수행 항목	수행 순서	수행 항목
1	재료계량시간	12	정형상태
2	재료손실, 정확도	13	굽기 관리
3	반죽혼합순서	14	구운 상태
4	반죽상태	15	정리정돈, 청소
5	껍질반죽 휴지	16	개인 위생
6	호두준비	17	제품의 부피
7	충전물 제조순서	18	제품의 외부균형
8	전체 충전물 상태	19	제품의 껍질
9	반죽 밀어 펴기	20	제품의 내상
10	밑 껍질 작업	21	맛과 향
11	충전물 넣기		

재료 및 기기 준비

[실기시험 요구수량 : 윗지름 13.5cm 파이 팬 7개 완성]

핸드 거품기, 스테인리스 볼, 고무주걱, 나무주걱, 가스버너, 평철판, 파이 팬, 백로지, 저울, 행주, 온도계, 스테인리스 스크래퍼, 체, 분무기

수행준거에 맞추어 만들어 볼까요!!

1. 밀가루와 버터 섞기

2. 냉장휴지 준비하기

3. 계란에 시럽 섞기

4. 계피가루 섞기

5. 체에 거르기

6. 호두 볶기

7. 균일하게 밀기

8. 모양 만들기

9. 충전물 붓기

반죽	**블렌딩법 18~20℃(요구사항은 아니지만 맞추도록 한다)** 1 물에 소금, 설탕, 노른자, 생크림 순으로 넣으면서 핸드 거품기로 녹이고 풀어준다. 2 작업대 위에 체 친 중력분을 놓고 그 위에 버터를 얹어 놓는다. 3 버터를 중력분과 함께 버무리며 스크래퍼를 사용하여 버터를 0.3~0.5cm 크기의 콩알로 자르면서 섞는다. 4 콩알 크기가 되도록 잘라 섞다가 가운데를 움푹 들어가게 하고, 그 안에 소금, 설탕, 노른자, 생크림을 넣어 녹이고 풀어준 물을 3번에 나누어 넣으며 손으로 섞기를 반복하여 한 덩어리 반죽을 만든다. • 버터는 미리 냉장고에 넣어서 단단하게 된 것을 사용하는 것이 좋다. • 반죽 혼합 시 지나치게 섞으면 반죽에 끈기가 생겨 수축이 심하다. • 유지는 콩알만 한 크기를 유지한 채 반죽 속에 남아 있어야 한다.
휴지	1 냉장온도에 30분간 표면이 마르지 않게 비닐에 싸서 휴지한다. • 휴지 완료점 : 손가락으로 반죽을 살짝 눌러 보았을 때 손가락 자국이 남는 상태이다.
충전물 만들기	1 평철판에 호두를 넓게 펴고 오븐에 넣어 굽는다. 2 중 스테인리스 볼에 물을 제일 먼저 붓고 설탕을 넣고 그 위에 물엿을 얹어 가스버너에 올려 설탕이 용해될 때까지 끓인 다음 70℃ 정도까지 식힌다. 3 또 다른 중 스테인리스 볼에 달걀을 넣고 핸드 거품기로 가능한 한 거품이 일어나지 않도록 주의하면서 풀어준 후 70℃ 정도까지 식힌 시럽을 나누어 넣으면서 균일하게 섞는다. 4 계피가루를 계량 외 물 15g에 넣고 숟가락으로 풀어서 충전물에 붓고 균일하게 섞는다. 5 균일하게 섞은 충전물을 체로 알끈과 혹시나 익은 달걀을 걸러낸 후 20℃ 정도로 식힌다. 6 체로 걸러낸 후 식힌 다음 정형할 때에 충전물에 백로지를 덮어 거품을 제거한다. • 호두를 오븐에 구울 때 타지 않도록 각별히 주의한다. • 시럽 형태로 끓인 후 풀어준 달걀에 넣어 섞으면 전체적인 작업시간이 단축되며 충전물의 표면에서 광택이 난다. • 계피가루를 계량 외의 물에 풀어 넣으면 보다 잘 섞인다. • 가능한 한 거품이 생기지 않도록 달걀 풀어주기, 체로 거르기, 백로지 덮기, 분무하기 등을 잘 진행한다.
정형 · 패닝	1 휴지시킨 반죽의 105g을 떼어 치댄 후 팬보다 조금 크게 바닥용으로 0.3cm의 두께로 밀어 편다. 2 바닥용 반죽을 팬에 깔고 손으로 눌러 자리를 잡아 준다. 3 스크래퍼를 사용하여 파이 팬 가장자리 밖으로 나온 반죽을 자른다. 4 파이 팬 가장자리 반죽을 양손의 엄지와 집게손가락을 사용하여 주름을 잡아준다. 5 구운 호두 35g씩 7개의 팬에 골고루 얹고 충전물을 팬 높이의 80% 정도 붓는다. 6 만약에 충전물의 표면에 기포가 생기면 분무기로 물을 살짝 분무하여 소포한다. • 여름에는 잘 식지 않아 충전물의 온도가 높은 상태에서 구우면 껍질의 결과 충전물의 층이 모호해진다.
굽기	**윗불 185℃, 밑불 190℃, 25~30분** 1 기본 온도나 작업장의 오븐환경에 따라 온도를 확인하며 사용한다. • 반죽 상태, 팬의 두께와 오븐의 열전달 방식 등에 따라 온도와 시간이 달라질 수 있으므로 실제로는 경험을 기초로 다양한 굽기 조건이 가능하다. • 오븐의 위치에 따라 온도 차이가 생기므로 일정시간이 경과 후 팬의 위치를 바꾸어 전체 제품의 색깔이 균일하게 유지되도록 한다.

4. 과자류제품 포장

과자류제품 포장이란 냉각, 마무리, 장식, 포장을 하여 외부환경으로부터 제품을 보호하고 가치를 높이는 능력이다.

❶ 과자류제품 냉각하기

1. 제품특성에 따라 냉각방법을 선택할 수 있다.
2. 제품특성에 따라 냉각환경을 설정할 수 있다.
3. 제품특성에 따라 적합하게 냉각되었는지 확인할 수 있다.

 실무내용 **과자류제품 냉각하기**

1. **냉각방법의 선택**

   갓 구워낸 과자류제품의 냉각은 낮은 온도의 상대습도와 공기의 흐름으로 이루어진다.
   ① 자연냉각
      20℃의 상온에서 냉각하는 것으로 소요시간은 3~4시간이 걸린다.
   ② 터널식 냉각
      공기배출기를 이용한 냉각으로 소요시간은 2~2.5시간이 걸린다.
   ③ 공기조절식 냉각(에어컨디션식 냉각)
      20~25℃의 온도와 85%의 상대습도로 설정된 공기에 통과시켜 90분간 냉각한다.

2. **냉각환경의 설정**
   ① 냉각환경의 설정 온도와 상대습도
      ㉠ 냉각실 온도 : 20~25℃
      ㉡ 상대습도 : 75~85%
   ② 냉각환경이 과자류제품에 미치는 영향
      ㉠ 과자류제품의 종류에 따라 냉각시키는 품온과 껍질과 속의 잔류 수분함량에 차이가 크다.
      ㉡ 냉각실외 상대습도가 지나치게 낮으면 과자류제품의 껍질이 지나치게 건조해진다.
      ㉢ 냉각실의 공기의 흐름이 지나치게 빨라도 껍질이 지나치게 건조해진다.
      ㉣ 냉각실의 온도, 상대습도, 시간이 적절하지 못하면 중량이 감소하는 냉각 손실이 일어난다.

3. **설정된 냉각환경에 따라 과자류제품 냉각하기**
   ① 식히는 동안 수분 증발로 무게가 감소하므로 적절한 냉각시간을 준수한다.
   ② 여름철보다 겨울철이 냉각 손실이 크므로 냉각시간을 조절한다.
   ③ 냉각 장소의 공기의 상대습도가 낮으면 냉각 손실이 크므로 상대습도를 조절한다.

4. 냉각이 적합하지 않은 경우 발생하는 문제점
① 곰팡이, 세균, 야생효모의 오염이 발생한다.
② 과자류제품의 절단 및 포장을 용이하지 않다.
③ 지나친 냉각 손실이 발생하여 제품의 저장시간이 짧아진다.

❷ 과자류제품 마무리하기
1. 제품특성에 따라 마무리 재료를 준비할 수 있다.
2. 제품특성에 따라 마무리 방법을 선택할 수 있다.
3. 제품특성에 따라 마무리할 수 있다.

 실무내용   **과자류제품 마무리하기**

과자류제품의 맛과 시각적 멋을 돋우고 나아가 과자류제품에 윤기를 주며 보관 중 표면이 마르지 않도록 하는 재료를 말하며, 이는 충전물 또는 장식물을 가리키는 명칭임과 동시에 단위공정을 말한다. 그래서 마무리하기는 장식하기와 매우 공통된다. 제품제조공정을 통해 각 제품별 마무리하기를 설명한다.

❸ 과자류제품 장식하기
1. 제품의 특성에 따라 장식물을 선택할 수 있다.
2. 제품의 특성에 따라 장식방법을 선택할 수 있다.
3. 제품의 특성에 따라 장식할 수 있다.
4. 제품의 특성에 따라 적합하게 장식되었는지 확인할 수 있다.

 실무내용   **과자류제품 장식하기**

과자류제품의 맛과 시각적 멋을 돋우고 나아가 과자류제품에 윤기를 주며 보관 중 표면이 마르지 않도록 하는 재료를 말한다. 이는 충전물 또는 장식물을 가리키는 명칭임과 동시에 단위공정을 말한다. 그래서 장식하기는 충전하기와 매우 공통된다. 제품제조공정을 통해 각 제품별 장식하기를 설명한다.

❹ 과자류제품 포장하기
1. 제품특성에 따라 포장방법을 선택할 수 있다.
2. 제품 포장 시 선택된 포장방법에 따라 포장할 수 있다.
3. 제품 포장 시 제품의 특성에 적합하게 포장되었는지 확인할 수 있다.
4. 제품 포장 시 제품의 표시사항을 표기할 수 있다.

실무내용 **과자류제품 포장하기**

1. **포장방법의 선택**

    과자류제품의 유통과정에서 상품의 가치를 향상시키고 과자류제품의 수분 증발을 방지하여 노화를 억제하므로 과자류제품의 저장성을 증대시킨다. 과자류제품을 미생물의 오염으로부터 보호하기 위하여 적합한 재료나 용기에 담는다. 그래서 포장하는 재료나 용기의 선택 시 다음과 같은 사항을 고려한다.

    ① 용기와 포장지에 유해물질이 없는 것을 선택해야 한다.
    ② 포장재의 가소제나 안정제 등의 유해물질이 용출되어 식품에 전이되어서는 안 된다.
    ③ 세균, 곰팡이가 발생하는 오염포장이 되어서는 안 된다.
    ④ 방수성이 있고 통기성(투과성)이 없어야 한다.
    ⑤ 포장했을 때 상품의 가치를 높일 수 있어야 한다.
    ⑥ 단가가 낮고 포장에 의하여 제품이 변형되지 않아야 한다.
    ⑦ 공기와 자외선 투과율, 내약품성, 내산성, 내열성, 투명성, 신축성 등을 고려하여 포장한다.

2. **과자류제품 포장 시 적절한 포장온도 : 20~25℃(일반적인 경우임)**

    ① 과자류를 충분히 냉각시키지 않고 높은 온도에서 포장하는 경우
    　　㉠ 제품을 잘라 먹을 때 형태가 변형될 수 있다.
    　　㉡ 포장지에 수분과다로 곰팡이가 발생하고 형태를 유지하기가 어렵다.
    ② 과자류를 지나치게 냉각시켜 낮은 온도에서 포장하는 경우
    　　㉠ 노화가 가속된다.
    　　㉡ 껍질이 건조된다.

3. **과자류제품 포장지의 적합한 재질의 선택과 방법**

    ① 포장에 질소와 같은 불활성가스를 사용하여 포장재 내부의 환경을 비활성에 가깝도록 조성하는 포장을 한다.
    ② 포장지의 재질로 많이 쓰는 합성수지에는 폴리에틸렌, 폴리프로필렌, 폴리스틸렌, 오리엔티드 폴리프로필렌 등이 있다.

5. 과자류제품 저장유통

과자류제품 저장유통이란 제과에 사용되는 재료, 반제품, 완제품의 품질이 변하지 않도록 실온, 냉장, 냉동 저장하고 매장에 적시에 제품을 제공하는 능력이다.

❶ 과자류제품 실온냉장저장하기

1. 실온 및 냉장보관 시 관리기준에 따라 온도와 습도를 관리할 수 있다.
2. 실온 및 냉장보관 시 선입선출 기준에 따라 관리할 수 있다.
3. 실온 및 냉장보관 시 작업편의성을 고려하여 정리 정돈할 수 있다.

실무내용 — **과자류제품 실온냉장저장하기**

과자류제품의 저장 시 과자류제품의 상품가치를 유지하는 데 있어 가장 중요한 사항은 과자의 노화를 가능한 억제하는 것이다.

1. **과자류제품의 노화에 따른 껍질과 속의 변화**
   ① 과자류제품의 껍질과 속에서 일어나는 물리·화학적 변화로 과자류제품의 맛, 향기가 변화하며 완제품의 수분손실로 딱딱해지는 현상을 말한다. 노화가 일어난 과자류제품을 먹으면 체내의 소화흡수율이 떨어진다.
   ② 과자류제품의 노화에 따른 껍질의 변화
      ㉠ 과자 속 수분이 표면으로 이동하고, 공기 중의 수분이 껍질에 흡수된다.
      ㉡ 표피는 눅눅해진다.
   ③ 과자류제품의 노화에 따른 속의 변화
      ㉠ 과자 속이 건조해지고 탄력을 잃으며 향미가 떨어진다.
      ㉡ 과자 속 수분의 껍질로의 이동으로 인해 생긴다.
      ㉢ 알파 전분의 퇴화(β화)가 주원인이다.

2. **과자류제품 저장 시 노화에 영향을 주는 조건들**
   ① 과자류제품 저장 시간
      ㉠ 오븐에서 꺼낸 직후부터 과자류제품의 노화가 시작된다.
      ㉡ 과자류제품이 신선할수록 노화가 빠르게 진행한다.
      ㉢ 그러므로 과자류제품의 종류를 고려하여 노화를 지연시켜 저장성을 높일 수 있는 적절한 과자류제품의 품온에서 포장을 해야 과자류제품을 저장할 때 저장 시간을 늘릴 수 있다.

② 과자류제품 저장 온도
　㉠ 과자류제품의 종류에 따라 저장 온도가 확연하게 차이가 난다.
　㉡ 노화 정지 온도 : 이상적인 노화 정지 온도는 -18℃이고, 노화 정지의 현실적인 온도는 21~35℃이다.
　㉢ 노화 최적 온도 : 일반적인 노화 최적 온도는 -6.6~10℃이지만, 많은 과자류제품이 이에 해당되지는 않는다.
　㉣ 미생물에 의한 변질이 일어날 수 있는 과자류제품의 최적 온도 : 43℃이다.

❷ 과자류제품 냉동저장하기

1. 냉동보관 시 관리기준에 따라 온도와 습도를 관리할 수 있다.
2. 냉동보관 시 선입선출 기준에 따라 관리할 수 있다.
3. 냉동보관 시 작업편의성을 고려하여 정리 정돈할 수 있다.

 실무내용 **과자류제품 냉동저장하기**

① 냉장 유통 과자류 관련 재료와 제품의 적정온도 설정하기
　냉장이라 함은 0~10℃를 말하며, 보통은 5℃ 이하로 유지한다. 다만 '식품의 기준 및 규격' 혹은 '축산물의 가공 기준 및 성분규격'에 정한 경우 그 조건을 따른다.
② 냉동 유통 과자류·빵류 관련 재료와 제품의 적정온도 설정하기
　㉠ 냉동이라 함은 -18℃ 이하를 말하며, 품질의 변화가 최소화될 수 있도록 냉동 온도를 설정한다. 다만 '식품의 기준 및 규격' 혹은 '축산물의 가공 기준 및 성분규격'에 정한 경우 그 조건을 따른다.
　㉡ 냉동제품은 표면에서 식품의 중심부까지 -20℃ 정도의 냉기를 유지하고 있다. 따라서 반할 때 보존할 때 반드시 -20~-23℃ 정도를 유지한다.
　㉢ 냉동제품 유통 시 제품을 쌓거나 내릴 때 외부의 영향으로 온도가 상승하여 품질을 저하시킬 수 있으므로 취급을 최우선으로 신속하게 운반한다.

❸ 과자류제품 유통하기

1. 제품 유통 시 식품위생법규에 따라 표시사항을 표기할 수 있다.
2. 제품 유통을 위한 포장 시 포장기준에 따라 파손 및 오염이 되지 않도록 포장할 수 있다.
3. 제품 유통 시 관리 온도기준에 따라 적정한 온도를 설정할 수 있다.
4. 제품 공급 시 배송조건을 고려하여 고객이 원하는 시간에 맞춰 제공할 수 있다.

 실무내용 **과자류제품 유통하기**

과자류제품의 유통 시 과자류제품의 상품가치를 유지하는 데 있어 가장 중요한 사항은 과자류제품의 변질을 완벽하게 억제하는 것이다.

① 과자류제품 유통 시 잘 일어나는 변질의 종류와 특징

과자류제품에 곰팡이가 발생하여 썩어서 맛이나 향기가 변질되는 부패와 유지가 산화되어 변질되는 산패가 일어나 소비자에게 위해를 가한다.

㉠ 부패 : 과자류제품을 구성하는 단백질에 혐기성 세균이 증식한 생물학적 요인에 의해 분해되어 악취와 유해물질(페놀, 메르캅탄, 황화수소, 아민류, 암모니아 등)을 생성하는 현상이다.

㉡ 변패 : 과자류제품을 구성하는 탄수화물, 지방에 생물학적 요인인 미생물의 분해작용으로 냄새나 맛이 변화하는 현상이다.

㉢ 산패 : 과자류제품 구성하는 지방의 산화 등에 의해 악취나 변색이 일어나는 현상이다.

② 곰팡이의 발생과 유지의 산패를 방지하는 방법

㉠ 과자류제품 제조 시 먼저 작업실, 작업도구, 작업자의 위생을 청결히 하고 과자에 곰팡이의 발생을 촉진하는 물질을 없앤 후 보존료를 사용한다. 완성된 과자는 곰팡이가 피지 않는 환경에서 보관한다.

㉡ 완성된 과자류제품에는 일반적으로 유지(지방)가 많이 들어가므로 직사광선과 고온을 피해 보관하거나 혹은 유지의 산패를 억제하는 산화방지제를 사용한다.

6. 과자류제품 위생안전관리

과자류제품 위생안전관리란 완제품의 위생적이고 안전한 제조를 위해서 개인, 환경, 기기, 공정의 위생안전관리를 수행하는 능력이다.

❶ 개인 위생안전관리하기

1. 식품위생법에 준한 작업복, 복장, 개인건강, 개인위생 등을 관리할 수 있다.
2. 식품위생법에 준한 개인위생으로 발생하는 교차오염 등을 관리할 수 있다.
3. 식중독의 발생 요인과 증상 및 대처방법에 따라 개인위생에 대하여 점검 관리할 수 있다.

 실무내용   개인 위생안전관리하기

1. 개인 위생안전관리 지침서

① 건강관리
  ㉠ 제과 종사자의 건강진단은 1년에 1회 실시하고 보건증을 보관한다.
  ㉡ 보건증 미발급자는 취업시키지 않도록 한다.

② 복장관리
  ㉠ 머리
    - 제과를 하는 모든 제과사 및 종사자는 위생모를 쓴다.
    - 머리는 단정하고, 청결히 하며 긴 머리는 묶는다.
    - 남자 제과사는 면도를 깨끗이 한다.
  ㉡ 얼굴
    - 얼굴에 상처나 종기가 있는 제과사 및 종사자는 포장에서 배제한다.
  ㉢ 위생복
    - 위생복은 세탁과 다림질을 깨끗이 한다.
    - 단추가 떨어졌거나 바느질이 터진 곳이 없는지 확인한다.
  ㉣ 액세서리
    - 작업장에서는 안전 및 위생 요건상 반지 착용을 금한다. 반지는 오물이나 다른 요소의 질병과 오염원으로부터 박테리아를 번식시킬 수 있으며, 또한 설비에 걸리거나 열이 전도되므로 안전상 위험할 수 있음을 제과사 및 종사자에게 인식시킨다.
  ㉤ 화장
    - 눈화장, 립스틱은 진하게 하지 않는다.
    - 향이 강한 화장품은 사용하지 않는다.
  ㉥ 신발
    - 작업장 내에서 맨발에 슬리퍼만 신는 것을 금한다.
    - 화장실 전용 신발을 비치 사용한다.

2. **개인위생으로 발생하는 교차오염 관리**
   ① 머리를 긁는 행위, 손가락으로 머리카락을 넘기는 행위, 코를 닦거나 만지는 행위, 귀를 문지르는 행위, 여드름이나 감싸지 않은 염증 부위를 만지는 행위, 더러운 유니폼을 입는 행위, 손에 기침을 하거나 재채기를 하는 행위, 식당에 침을 뱉는 행위 등은 식품오염 가능 행동이므로 하지 않는다.
   ② 깨끗한 모자 또는 머리 덮개와 매일 깨끗한 의복을 착용한다.
   ③ 식품준비 구역을 벗어날 때는 앞치마를 벗는다.
   ④ 손과 팔의 장신구를 제거한다.
   ⑤ 적절하고 깨끗하며 앞부분이 막힌 신발을 신는다.

3. **감염병 발생 시 대책**
   ① 식중독과 마찬가지로 의사는 진단 즉시 행정기관(관할 시·군 보건소장)에 신고한다.
   ② 행정기관에서는 역학조사와 함께 환자와 보균자를 격리하고, 접촉자에 대한 진단과 검변을 실시한다.
   ③ 환자나 보균자의 배설물, 오염물의 소독 등 방역조치를 취한다.
   ④ 추정 원인식품을 수거하여 검사기관에 보낸다.

4. **감염병의 예방대책**
   ① 경구감염병의 예방대책 중 숙주(보균자)에 대한 예방대책
      ㉠ 건강유지와 저항력의 향상에 노력하여 숙주의 감수성을 낮춘다.
      ㉡ 의식전환 운동, 계몽활동, 위생교육 등을 정기적으로 실시한다.
      ㉢ 백신이 개발된 감염병은 반드시 예방접종을 실시한다.
      ㉣ 예방접종은 경구감염병의 종류에 따라 3회 실시하기도 한다.
      ㉤ 환자가 발생하면 접촉자의 대변을 검사하고 보균자를 관리한다.
   ② 경구감염병의 예방대책 중 병원체(병인)에 대한 예방대책
      ㉠ 식품을 냉동 보관한다.
      ㉡ 보균자의 식품취급을 금한다.
      ㉢ 감염원이나 오염물을 소독한다.
      ㉣ 환자 및 보균자의 발견과 격리를 시킨다.
      ㉤ 오염이 의심되는 추정 원인식품은 수거하여 검사기관에 보낸다.
   ③ 경구감염병의 예방대책 중 환경에 대한 예방대책
      ㉠ 음료수를 위생적으로 보관한다.
      ㉡ 식품취급자의 개인위생을 관리한다.
      ㉢ 일반 및 유흥음식점에서 일하는 사람들은 1년에 한 번씩 건강검진을 받는다.

5. **인수공통감염병의 예방대책**
   ㉠ 우유의 멸균처리를 철저히 한다.
   ㉡ 병에 걸린(이환) 동물의 고기는 폐기처분한다.

6. 기생충의 감염 예방
   ① 조리 기구를 잘 소독하고 개인 위생안전관리를 철저히 한다.
   ② 야채는 0.2~0.3% 농도의 중성세제에 세척하거나 흐르는 물에 세척하면 90% 이상의 충란이 제거된다. 그리고 어패류와 육류는 생식을 삼가고 익혀서 먹도록 한다.

7. 식중독의 감염 발생 시 대책과 예방
   ① 식중독이 의심되면 환자의 상태를 메모하고 즉시 진단을 받는다.
   ② 관할 보건소에 신고한다.
   ③ 추정 원인 식품을 수거하여 검사기관에 보낸다.
   ④ 감염형 세균성 식중독인 살모넬라균 식중독, 장염 비브리오균 식중독, 병원성 대장균 식중독 등은 내열성이 낮아 충분히 가열하는 것으로도 어느 정도 예방이 가능하다.
   ⑤ 독소형 세균성 식중독인 포도상구균 식중독, 보툴리누스균 식중독, 웰치균 식중독 등은 독소와 포자가 내열성이 높아 충분히 가열해도 파괴되지 않는다. 그러므로 식중독을 일으키는 원인을 제거해야 예방이 가능하다.

❷ 환경 위생안전관리하기

1. 작업환경 위생안전관리 시 지침서에 따라 작업장주변 정리 정돈 및 소독 등을 관리 점검할 수 있다.
2. 작업환경 위생안전관리지침서에 따라 제품을 제조하는 작업장의 미생물 오염원인, 안전위해요소 등을 제거할 수 있다.
3. 작업환경 위생안전관리지침서에 따라 방충을 할 수 있다.
4. 작업환경 위생안전관리지침서에 따라 작업장 주변 환경을 점검 관리할 수 있다.

작업자는 조명, 채광, 먼지, 온도, 습도 및 작업공간의 크기에 따라 작업능률에 영향을 받는다.

1. 제과 공정상의 조도기준

작업내용	표준조도(lux)	한계조도(lux)
장식(수작업), 마무리 작업	500	300~700
계량, 반죽, 조리, 정형	200	150~300
굽기, 포장, 장식(기계작업)	100	70~150

2. 생산공장시설(주방시설)의 효율적인 위생안전관리 수립을 위한 조건
   ① 베이커리는 판매공간과 제조공간으로 크게 나누어져 있으며 베이커리 업무공간의 면적 배분비율은 판매공간과 제조공간을 같게 설정하여 관리하는 것이 좋다.

② 그런데 제조공간의 소요면적은 주방설비의 설치면적과 기술자의 작업동선을 위한 공간면적으로 이루어진다.
③ 그러므로 제과사의 제조공간용 바닥면적은 그 장소를 이용하는 작업자의 수와 동선에 따라 달라질 수 있으므로 업무공간의 면적 배분비율은 탄력적으로 생각한다.
④ 제조공정의 모든 업무가 효과적으로 진행되기 위한 작업동선은 공장(주방)의 위치와 규모, 그리고 작업의 형태 등을 고려한다.
⑤ 주방 내의 여유 공간을 될 수 있으면 많게 한다. 그러면 위생안전관리를 위한 섹션을 나누어 주방에 적용하기가 쉽다.
⑥ 종업원의 출입구와 손님용 출입구는 별도로 하여 재료의 반입을 종업원 출입구로 한다.
⑦ 과자류제품 제조공정의 특성상 온도와 습도의 영향을 많이 받으므로 온도와 습도를 일정하게 유지할 수 있도록 한다.
⑧ 주방의 환기는 위생안전관리에 커다란 영향을 미치므로 소형의 환기장치를 여러 개 설치하여 주방의 공기오염 정도에 따라 가동률을 조정한다. 특히 가스를 사용하는 장소에는 반드시 환기닥트를 설치 운영한다.

3. 방충, 방서 안전관리규정

① 안전관리규정

창고, 공장 내의 제조시설 주위의 직접적인 환경 같은 지역의 방충방서는 곤충, 쥐 등과 같이 각 동물들에 따라 위해도를 측정할 수 있어야 하며, 덫의 설치장소, 설치 개수 등은 동물학 또는 행동학의 지식에 능통한 사람에 의해 이루어져야 한다. 특수 업체를 지정하는 것도 내부 설치와 평가에 좋은 대안이 된다. 그 결과는 품질부서 또는 제조부서의 책임자에 의해 평가한다.

② 방충, 방서의 3단계

㉠ 작업장 침입 방지를 위해 침입할 가능성이 있는 해충을 조사하고 발생할 수 있는 주요한 해충인 모기, 깔따구, 집파리, 나방 등이 침입하지 못 하도록 조치를 취한다.

㉡ 작업장 침입 후 포충 혹은 서식방지는 작업제조 시설의 외곽지역에 조명을 통하여 해충을 유인하고 건물 외곽은 해충 서식을 어렵게 관리한다. 제조건물 인접의 조경은 나무와 잔디보다는 자갈을 깔고 쓰레기장, 오폐수 처리장, 하수구는 주기적으로 소독(주 1회, 월 1회)을 실시한다.

㉢ 작업장 침입 방지와 침입 후 포충, 서식방지를 '포충 지수' 모니터링을 통해 지속적으로 관리한다. 만약에 '포충 지수'가 급격히 증가하거나 기준을 초과할 경우에는
- 출입문 소독을 실시한다.
- 하수구, 화장실 소독을 실시한다.
- 작업장 내 서식 가능한 벽면, 틈새 청소, 소독 및 메움 등 보완을 실시한다.

4. 미생물의 감염을 감소시키기 위한 작업장 주변 환경 관리
   ① 주방의 벽면은 타일 재질로 매끄럽고 청소하기 편리하게 만든다.
   ② 바닥은 미끄럽지 않고 배수가 잘 되어야 하며 공장 배수관은 최소 내경이 10cm 정도가 좋다.
   ③ 소독액으로 벽, 바닥, 천장을 주기적으로 세척한다.
   ④ 일조량을 고려하여 창의 면적은 바닥면적을 기준으로 30% 정도가 되도록 만든다.
   ⑤ 위생동물의 침입을 막기 위해 방충, 방서용 금속망을 30메시(mesh)로 설치한다.
   ⑥ 깨끗하고 뚜껑이 있는 재료통을 사용한다.
   ⑦ 적절한 환기시설 및 조명시설이 된 저장실에 재료를 보관한다.
   ⑧ 과자상자, 수송차량, 매장 진열대는 항상 온도가 높지 않도록 관리한다.

❸ 기기 위생안전관리하기
   1. 기기위생안전관리지침서에 따라 기자재관리를 할 수 있다.
   2. 기기위생안전관리지침서에 따라 소도구관리를 할 수 있다.
   3. 기기위생안전관리지침서에 따라 설비관리를 할 수 있다.

실무내용　　**기기 위생안전관리하기**

① 가스기기는 조립부분 모두 분리 세제로 깨끗이 씻고, 화구 막혔을 경우 철사로 구멍 뚫고, 가스 새어 나오지 않도록 가스코크, 공기조절기 등을 점검한다.
② 제과기기는 전원 꺼진 것 확인하고 청소 및 손질한다.
③ 믹서기계 바깥부분 청소 시 모터에 물 들어가지 않도록 한다.
④ 기기의 칼날 교체는 3개월 정도에 실시한다.
⑤ 진열용 과자 플레이트(plate)는 3년에 1회 정도 교환한다.
⑥ 스테인리스 용기, 기구는 중성세제 이용 세척, 열탕소독, 약품소독(화학소독)을 사용전후에 한다.
⑦ 냉장, 냉동고는 주 1회 세정, 소독, 정기적 서리 제거를 한다.
⑧ 소기구류(칼, 도마, 행주)는 중성세제, 약알칼리세제를 사용하거나 세척 후 바람이 잘 통하고 햇볕 잘 드는 곳에 1일 1회 이상 소독한다.
⑨ 제과소도구, 과자 보존용기, 칼은 중성세제를 이용하여 세척하고 자외선 소독을 1일 1회 이상 실시한다.

❹ 식품 위생안전관리하기
   1. 식품 특성에 따라 위생안전관리 계획을 수립할 수 있다.
   2. 식품 특성에 따라 구분하여 위생안전관리를 할 수 있다.
   3. 식품 특성에 따라 위생안전관리 상태를 확인할 수 있다.

> **실무내용** **식품 위생안전관리하기**

제과공정 진행 시 공정흐름도를 작성하여 제과공정별 생물학적, 화학적, 물리적 위해요소를 파악하고 예방할 수 있는 중요관리지점(CCP)을 도출하여 안전하게 관리한다.

1. 가열 전 일반제조 공정

가열공정에서 생물학적 위해요소(식중독균 등)가 제어되므로, 해당 공정은 일반적인 위생관리 수준으로 관리를 해도 무방한 공정이다.

① **재료의 입고 및 보관 단계**

원재료 및 부재료 운송차량이 들어오면 운송차량의 온도(온도 기록관리) 및 원부재료의 외관상태 등을 확인하고, 정상제품만 해당창고에 입고 및 보관한다. 만약에 부적합한 재료로 판명된 경우 식별표시 후 반품 또는 폐기한다.

여기서 정상제품이란 제품의 보관 온도가 이탈되지 않고, 포장이 파손되어 있지 않으며 표시사항이 정상적으로 표시되어 있는 제품과 선도가 유지되어 있는 제품 등을 말한다.

② **계량 단계**

1차 가공품 중 분말원료(식품첨가물 포함)와 액상원료는 제품별 배합률에 맞도록 각각 계량하여 용기에 담고 뚜껑을 덮어 냉장 또는 실온에 보관한다.

계량공정은 제과사가 직접 실시하는 작업으로 제과사의 부주의로 교차오염, 사용도구에 의한 이물 등의 혼입우려가 있으므로 철저히 관리한다.

③ **배합**

과자류 반죽의 종류에 따라 다양한 반죽법으로 재료들을 혼합하여 배합을 할 수 있다.

배합작업은 주로 믹서를 이용하여 작업이 이루어지며 믹서 노후 및 파손으로 인해 금속이물의 파편이 제품에 혼입될 수 있으므로 믹서는 매일 노후 상태나 파손된 부위가 없는지 확인하고 관리한다.

④ **분할→성형→패닝**

반죽의 종류에 따라서는 데포지터로 분할과 성형을 바로 하기도 하고 패닝을 하면서 분할과 성형을 하기도 하고 분할→둥글리기→성형→패닝을 진행하면서 반죽정형을 한다.

정형공정 역시 데포지터, 다양한 팬류, 몰더 등의 노후 및 파손으로 인해 금속 파편이 제품에 혼입될 수 있으므로 정형공정 기기들을 매일 노후 상태나 파손된 부위가 없는지 확인하고 관리한다.

⑤ **굽기 전 충전물 주입 및 토핑**

과자류 내부에 충전물이 들어가는 제품은 성형된 반죽에 내용물 주입기를 이용하여 크림을 주입하고 성형기를 이용하여 성형한다. 충전물 주입 및 성형 작업은 주로 주입기 등을 이용하여 작업이 이루어지기 때문에 이 역시 노후로 인한 이물질 혼입의 우려가 있으므로 파손된 부위가 없는지 확인하고 관리한다.

2. 가열 후 청결제조 공정

가열 후에는 CCP1 단계가 종료되었기 때문에 일반적인 위생관리로는 부족하고 반드시 청결구역에서 보다 더 청결하게 관리가 되어야 하는 공정으로 내포장 공정까지가 청결제조 공정이다.

일반 제조공정 작업장과 청결 제조공정 작업장은 분리된 구획을 원칙으로 하며, 부득이한 경우 교차오염의 방지를 위해 공정간 시간차를 두고 각 공정 사이 세척 및 소독을 실시하는 등의 조치를 취한다.

① 가열(굽기)공정

성형된 반죽을 오븐에 넣고 약 13분간 가열(굽기)공정을 실시한다. 이 때 오븐 온도는 상단부 200℃ ±10℃, 하단부 170℃±10℃가 유지한다.

가열(굽기)공정은 과자류에서 발생할 수 있는 식중독균을 관리하기 위한 중요관리지점(CCP1)으로 가열(굽기)공정은 가열(굽기)온도와 가열(굽기)시간을 통해 관리한다.

② 냉각

가열된 제품은 실온에서 천천히 냉각한다.

냉각공정은 가열(굽기)공정 이후의 과정으로 가장 청결한 상태로 관리하여야 하는 공정이다. 따라서 개인위생을 준수하지 않은 상태로 작업에 임할 경우 제과사로 인해 식중독균 등에 오염될 수 있으므로 제과사는 반드시 개인위생을 준수하고 수시로 손세척과 소독을 실시한다. 또한 제과사는 마스크를 착용하고 필요 시 1회용 장갑 등을 착용하고 작업한다.

③ 굽기 후 충전물 주입 및 토핑

과자류 내부에 충전물이 들어가는 제품은 구운 반죽에 내용물 주입기를 이용하여 크림류 등을 주입하여 제품을 완성한다. 충전물 주입 및 성형 작업은 주로 주입기 등을 이용하여 작업이 이루어지기 때문에 이 역시 노후로 인한 이물질 혼입의 우려가 있으므로 파손된 부위가 없는지 확인하고 관리한다.

④ 내포장

냉각된 제품은 낱개로 적절한 포장지를 이용하여 밀봉 포장한다.

내포장공정은 가열(굽기)공정 이후의 과정으로 가장 청결한 상태로 관리되어야 하는 공정이다. 그리고 청결공정의 마지막 공정으로 제과사는 개인위생에 각별히 유의한다.

3. 내포장 후 일반제조 공정

내포장 후 일반제조공정이란 포장된 상태로 제품을 취급하는 공정이기 때문에 일반적인 위생관리 수준으로 관리하는 공정을 말한다. 해당 공정 중 금속검출공정은 원재료와 부재료에서 유래될 수 있거나 제조공정 중에 혼입될 수 있는 금속이물을 관리하기 위한 중요관리지점(CCP2)에 해당한다.

① 금속검출

내포장 후 금속검출기를 통과하면서 Fe(철)과 SUS(스테인레스 스틸) 등을 검출한다.

② 외포장

금속검출기를 통과한 제품을 컨베이어를 통해 외포장실로 이송하여 외포장 상자(박스)에 포장한다.

③ 보관 및 출고

외포장이 완료된 완제품을 파렛트에 5단 이하로 적재하여 건조하고 차가운 창고에 보관한다.

Part 02

완전합격을 이루기 위한
제빵기능사

제빵기능사 실기시험품목 20가지는 식빵, 과자빵, 특수빵, 조리빵 등으로 분류되며, 빵 반죽을 만드는 여러 방법 중에서 실기시험에서는 표준스트레이트법과 비상스트레이트법을 사용한다. 스트레이트법은 반죽, 1차 발효, 분할, 둥글리기, 중간발효, 정형, 패닝, 2차 발효, 굽기 혹은 튀기기 등의 과정을 거쳐 빵을 만든다.

빵류제품 제조 능력단위별 수행준거

> 📋 **3수준 직무수준 정의**
> 제한된 권한 내에서 해당분야의 기초이론 및 일반지식을 사용하여 다소 복잡한 과업을 수행하는 수준
>
> 📋 **제빵 직무정의**
> 제빵은 고객가치에 부합하는 고품질의 빵류 제품을 제공하기 위해 효율적이고 체계적인 기술과 지식을 활용하여 생산, 위생관리, 판매 및 경영관련 업무를 수행하는 일이다.
>
> 📋 **3수준 능력단위별 수행준거**
> 1. 빵류제품 스트레이트 반죽이란 반죽을 한 번에 완성하는 능력이다.
> 2. 식빵류 만들기란 제품의 특성에 맞는 재료를 사용하여 반죽, 발효, 정형, 굽기를 하여 식사 대용의 빵을 제조하는 능력이다.
> 3. 냉동빵 가공이란 빵 반죽 또는 반가공품을 급속냉동하여 품질을 일정 기간 유지하고 필요한 시기에 해동·생산하는 능력이다.
> 4. 단과자빵류 만들기란 제품의 특성에 맞는 재료를 사용하여 반죽, 발효, 정형, 굽기를 하여 당과 유지의 비율이 높은 빵을 제조하는 능력이다.
> 5. 하드계열빵류 만들기란 제품의 특성에 맞는 재료를 사용하여 반죽, 발효, 정형, 스팀과 데치기를 포함한 굽기를 하여 당과 유지의 비율이 낮은 빵을 제조하는 능력이다.

1. 식빵류 만들기

식빵류 만들기란 제품의 특성에 맞는 재료를 사용하여 반죽, 발효, 정형, 굽기를 하여 식사 대용의 빵을 제조하는 능력이다.

❶ 식빵류 반죽하기

1. 작업지시서에 따라 배합표를 점검하고 필요한 도구를 준비할 수 있다.
2. 배합표에 따라 재료를 계량하고 필요한 전처리를 할 수 있다.
3. 작업지시서에 따라 식빵류의 반죽 온도를 조절할 수 있다.
4. 식빵류 반죽의 혼합 순서에 따라 재료를 투입하여 반죽할 수 있다.
5. 제품의 특성에 따라 식빵류 반죽 상태의 적절성과 완료점을 확인할 수 있다.

1. 사용수 온도 조절하기

① 마찰계수 = (결과온도 × 3) − (밀가루 온도 + 실내 온도 + 수돗물 온도)

② 계산된 사용수 온도 = (희망온도 × 3) − (밀가루 온도 + 실내 온도 + 마찰계수)

③ 얼음 사용량 = $\dfrac{\text{사용한 물의 양} \times (\text{수돗물 온도} - \text{계산된 사용수 온도})}{(80 + \text{수돗물 온도})}$

④ 조절하여 사용할 수돗물량 = 사용할 물량 − 얼음 사용량

2. 제품특성에 따라 반죽기의 속도를 조절하기

① 저속 믹싱으로 재료의 균일한 분산과 혼합을 한다.
② 중속 혹은 고속으로 반죽에 가소성, 신장성, 탄력성, 흐름성, 점탄성 등의 물리적 성질을 부여한다.
③ 중속 혹은 고속으로 표준스트레이트법의 반죽상태보다 120%정도 더 믹싱을 진행한다.

3. 제품특성에 따라 혼합정도의 적절성 점검하기

① 픽업 단계
  ㉠ 밀가루와 원재료에 물을 첨가하여 균일하게 대충 혼합하는 단계이다.
  ㉡ 글루텐이 생성되면 재료의 균일한 혼합이 이루어지지 않으므로 믹싱속도는 저속을 유지한다.
  ㉢ 저속으로 믹싱하기 때문에 반죽에 가해지는 힘이 약해 반죽은 축축하고 끈기가 없이 끈적거리는 상태이다.

② 클린업 단계
  ㉠ 믹싱속도는 중속을 유지하며 반죽이 한 덩어리가 되고 믹싱볼이 깨끗해진다.
  ㉡ Windowpane Test를 위해 반죽을 펼치면 글루텐의 결합이 적어 두꺼운 채로 끊어진다.
  ㉢ 글루텐이 형성되기 시작하는 단계로 이 시기 이후에 유지를 넣으면 믹싱시간이 단축된다.
  ㉣ 클린업 단계는 끈기가 생기는 단계로 흡수율을 높이기 위하여 이 시기 이후에 소금을 넣는다.

③ 발전 단계 : 곡류빵
  ㉠ 믹싱 중 생지 변화에 있어 탄력성이 최대로 증가하며 반죽이 강하고 단단해지는 단계이다.
  ㉡ 믹서의 최대 에너지가 요구되며 필름(얇은 막)이 형성되는 반죽형성 단계라고도 한다.
  ㉢ 중속 혹은 고속으로 표준스트레이트법의 반죽상태보다 20%정도 더 믹싱을 진행한다.

④ 최종 단계 : 식빵, 단과자빵
  ㉠ 믹서 볼을 두들기는 소리가 발전 단계보다 부드럽게 나며 글루텐이 결합하는 마지막 단계로 특별한 종류를 제외하고는 이 단계가 빵 반죽에서 최적의 상태이다.
  ㉡ 반죽을 떼어 windowpane test를 위해 반죽을 펼치면 찢어지지 않고 얇게 늘어난다.
  ㉢ 탄력성과 신장성이 가장 좋으며, 반죽이 부드럽고 윤이 나는 반죽형성 후기 단계라고도 한다.
  ㉣ 중속 혹은 고속으로 표준스트레이트법의 반죽상태보다 20%정도 더 믹싱을 진행한다.

⑤ 렛다운 단계 : 햄버거빵, 잉글리시 머핀
  ㉠ 생지가 탄력성을 잃으며 신장성이 커져 고무줄처럼 늘어지며 점성이 많아지는 단계이다.
  ㉡ 최종 단계를 지나 흐름성(퍼짐성)이 최대인 상태로 오버 믹싱, 과반죽이라고 한다.
  ㉢ 중속 혹은 고속으로 표준스트레이트법의 반죽상태보다 20%정도 더 믹싱을 진행한다.
  ㉣ 밀가루 기준 수분함량이 가장 많은 잉글리시 머핀 반죽을 수화시키려면 장시간 믹싱을 해야만 한다. 그래서 모든 빵 반죽에서 가장 오래 믹싱하는 제품이다.

⑥ 파괴 단계
  ㉠ 반죽이 푸석거리고 완전히 탄력을 잃어 빵을 만들 수 없는 단계를 말한다.
  ㉡ 탄력성과 신장성이 상실되고 반죽에 생기가 없어지면서 글루텐 조직이 흩어진다.
  ㉢ 이 반죽을 구우면 팽창이 일어나지 않고 제품이 거칠게 나온다.

❷ 식빵류 1차 발효하기

1. 식빵류 반죽의 특성에 따라 1차 발효 조건을 조절할 수 있다.
2. 반죽 온도, 반죽 상태에 따라 1차 발효 시간을 조절할 수 있다.
3. 반죽의 특성에 따라 1차 발효 완료점을 확인하고 조절할 수 있다.

 실무내용 | **식빵류 1차 발효하기**

1. **발효조건이 제품에 미치는 영향**

   제품별 발효조건의 3대 기준인 온도, 습도, 시간에 따라 적절하게 발효시켜 빵류 반죽의 가스 발생력과 가스 보유력이 평행과 균형이 이루어지게 하는 것을 발효관리라고 하며, 발효관리가 잘되면 완제품의 기공, 조직, 껍질색, 부피, 맛과 향 등이 개선된다.

2. **제빵법에 따른 발효조건의 기준을 정하기**

요소	스트레이트법	스펀지법
발효시간	1~3시간	3.5~4.5시간
발효실 조건	온도 27~28℃	온도 27℃
	상대습도 75~80%	상대습도 75~80%
발효 조건에 따른 제품에 미치는 영향	발효시간이 짧아 발효손실이 적다.	• 발효내구성이 강하다. • 부피가 크다. • 속결이 부드럽다. • 노화가 지연된다.

3. **발효완료시점을 이화학적 특성으로 확인하는 방법**
   ① 반죽에서 일어나는 물리적인 변화로 확인하는 방법
      ㉠ 반죽의 부피가 증가한 상태, 반죽 표면의 색 변화, 핀홀(바늘구멍) 등을 확인한다.
      ㉡ 반죽 내부에 글루텐에 의해 만들어진 망상조직 상태손가락으로 반죽을 찔렀을 때 손가락 자국이 수축하는 탄력성 정도 확인한다.
   ② 반죽에서 일어나는 생화학적인 변화로 확인하는 방법
      ㉠ 반죽 내부의 온도 변화를 확인한다.
      ㉡ 반죽 내부의 pH 변화를 확인한다.
   ③ 제빵법에 따른 1차 발효완료시점의 비교

요소	스펀지법
• 부피 : 3~3.5배 증가 • 직물구조(섬유질 상태) 생성을 확인 • 반죽을 손가락으로 찔렀을 때 자국이 약간 오므라드는 상태	• 부피 : 4~5배 증가 • 반죽 중앙이 오목하게 들어가는 현상(드롭 ; Drop)이 생길 때 • pH 4.8을 나타내고, 반죽온도는 28~30℃를 나타낼 때 • 반죽 표면은 유백색(우유의 흰색)을 띠며 핀홀(바늘구멍)생긴다.

❸ 식빵류 충전물·토핑물 만들기

1. 식빵류 제품의 특성에 따라 충전물·토핑물의 재료를 준비할 수 있다.
2. 재료의 특성에 따라 필요한 재료는 별도로 전처리할 수 있다.
3. 식빵류 제품의 특성을 고려하여 충전물·토핑물을 제조할 수 있다.

실무내용   **식빵류 충전물·토핑물 만들기**

① 아이싱의 종류와 특징

설탕을 중심으로 만든 장식 재료를 가리키는 명칭임과 동시에, 설탕을 위주로 한 재료를 빵·과자 제품에 덮거나 한 겹 씌우는 일을 말한다.

㉠ 단순 아이싱은 분설탕, 물, 물엿, 향료를 섞고 43℃로 데워 되직한 페이스트 상태로 만든다.

㉡ 크림 아이싱 : 크림 상태로 만든 아이싱으로 다음과 같은 종류가 있다.
  • 퍼지 아이싱 : 설탕, 버터, 초콜릿, 우유를 주재료로 크림화 시켜 만든다.
  • 퐁당 아이싱 : 설탕 시럽을 기포하여 만든다.
  • 마시멜로 아이싱 : 거품을 올린 흰자에 뜨거운 시럽을 첨가하여 만든다.

② 글레이즈의 종류와 사용법

과자류 표면에 광택을 내는 일 또는 표면이 마르지 않도록 젤라틴, 젤리, 시럽, 퐁당, 초콜릿 등을 바르는 일과 이런 모든 재료를 총칭한다. 도넛과 기타 빵류에 사용하는 글레이즈는 45~50℃, 도넛에 설탕으로 아이싱하면 40℃ 전·후, 퐁당으로 하면 38~44℃로 글레이즈 후 온도와 습도가 낮은 냉장진열장이나 통풍이 잘 되는 장소에서 판매한다.

③ 머랭의 종류와 특징
  ㉠ 냉제 머랭
    실온 상태의 흰자를 거품 내다가 설탕을 조금씩 넣으며 튼튼한 거품체를 만든다. 이때 흰자 100, 설탕 200의 비율로 넣으며, 거품 안정을 위해 소금 0.5%와 주석산 0.5%를 넣기도 한다.
  ㉡ 온제 머랭
    흰자와 설탕을 섞어 43℃로 데운 뒤 거품을 내다가 안정되면 분설탕을 섞는다. 이때 흰자 100, 설탕 200, 분설탕 20의 비율로 넣는다.
  ㉢ 스위스 머랭
    흰자(1/3)와 설탕(2/3)을 섞어 43℃로 데우고 거품내면서 레몬즙을 첨가한 후 나머지 흰자와 설탕을 섞어 거품을 낸 냉제 머랭을 섞는다. 이때 흰자 100, 설탕 180을 넣는다. 구웠을 때 표면에 광택이 나고 하루쯤 두었다가 사용해도 무방하다.
  ㉣ 이탈리안 머랭
    볼에 흰자와 설탕(흰자 양의 20%)을 넣고 거품내면서 뜨겁게 조린 시럽[나머지 설탕에 물(시럽용 설탕 양의 30%)을 넣고 114~118℃ 끓임]을 부어 만든 머랭으로, 무스나 냉과를 만들 때 크림으로 사용한다. 또는 케이크 위에 아이싱 크림과 장식으로 얹고 토치를 사용하여 강한 불에 구워 착색하는 제품을 만들 때 사용한다.

④ 퐁당
  설탕 100에 대하여 물 30을 넣고 114~118℃로 끓인 뒤 다시 희고 뿌연 상태로 재결정화시킨 것으로 38~44℃에서 사용한다. 물엿, 전화당 시럽을 첨가하면, 수분보유력을 높여 부드러운 식감을 만들 수 있다. 만약 보관 중에 굳으면 일반 시럽(설탕 : 물=2 : 1)을 소량 넣고 데워 되기를 맞추어 사용한다. 불어로 '흘러내린다'라는 뜻을 가진다.

⑤ 휘핑크림
  식물성 지방이 40% 이상인 크림을 거품 낸 것으로 4~6℃가 거품이 잘 일어난다. 교반 후 크림(생크림, 아이스크림)의 체적이(공기포집 정도) 증가한 상태를 나타내는 수치로 오버런(Over-run)을 사용한다.

⑥ 커스터드 크림
  우유, 계란, 설탕을 한데 섞고, 안정제로 옥수수 전분이나 박력분을 넣어 끓인 크림이다. 여기서 계란은 크림을 걸쭉하게 하는 농후화제, 크림에 점성을 부여하는 결합제의 역할을 한다. 계란은 흰자와 노른자를 함께 혹은 노른자만 사용한다.

⑦ 디플로메트 크림
  커스터드 크림과 무가당 생크림을 1 : 1의 비율로 혼합하는 조합형 크림이다.

⑧ 가나슈 크림
  초콜릿 크림의 하나로 끓인 생크림에 초콜릿을 섞어 만든다. 기본배합은 1 : 1이지만 6 : 4 정도의 부드러운 가나슈도 많이 사용된다.

⑨ 생크림

우유의 지방함량이 35~40% 정도의 진한 생크림을 휘핑하여 사용하고 생크림의 보관이나 작업 시 제품온도는 3~7℃가 좋으므로 0~5℃의 냉장온도에서 보관하는 것이 좋다. 휘핑 시 크림 100에 대하여 10~15%의 분설탕을 사용하여 단맛을 낸다. 휘핑시간이 적정시간보다 짧으면 기포가 너무 크게 되어 안정성이 약해지므로 휘핑 완료점을 잘 파악한다.

⑩ 버터크림

버터를 크림 상태로 만든 뒤 설탕(100), 물(25~30), 물엿, 주석산크림(주석산, 주석영) 등을 114~118℃로 끓여서 식힌 시럽을 조금씩 넣으면서 계속 젓는다. 마지막에 연유, 술, 향료를 넣고 고르게 섞는다. 버터크림에 사용하는 향료의 형태는 에센스 타입이 알맞다. 겨울철에 버터크림이 굳어버리면 식용유로 농도를 조절하여 부드럽게 유지되도록 만든다.

❹ 식빵류 정형하기

1. 반죽의 특성에 따라 신속한 분할과 둥글리기를 할 수 있다.
2. 반죽의 특성 및 둥글리기 정도에 따라 중간발효 상태를 확인할 수 있다.
3. 제품의 특성에 따라 성형할 수 있다.
4. 제품의 특성에 따라 충전물·토핑물을 사용할 수 있다.
5. 제품의 특성과 형태에 따라 적정 용량의 팬을 준비하여 팬닝할 수 있다.

실무내용   **식빵류 정형하기**

1. **반죽분할 시 주의사항**

   ① 한 덩어리의 반죽에서 분할을 했기 때문에 처음에는 반죽의 양과 성질이 동일하지만 분할하는 과정에도 반죽의 발효가 진행되므로 분할의 각 시점에 있어서 반죽의 양과 성질에 차이가 나게 된다. 그래서 제품의 종류에 따라 약간의 차이는 있지만 일반적으로 15~20분 이내에 분할을 완료해야 한다.

   ② 반죽분할 시 반죽의 끈적거림으로 인해 손에 달라붙는 것을 방지할 목적으로 사용하는 덧가루는 완제품 속에 줄무늬를 만들고 맛을 변질시키므로 가능한 적게 사용해야 한다.

   ③ 반죽분할 시 한 두 번의 가감으로 분할하여 반죽의 손상을 가능한 적게 해야 둥글리기 작업을 하는 시간과 중간 발효를 시키는 시간이 길어지는 것을 방지할 수 있다.

2. **반죽 둥글리기 시 주의사항**

   ① 지나치게 덧가루를 사용하면 제품의 맛과 향을 떨어뜨리므로 반죽의 점착성을 억제하는 정도만 사용한다.
   ② 둥글리기할 때 모양은 성형에 따라 둥글게도 혹은 길게도 하여 성형작업을 편리하게 한다.
   ③ 과발효 반죽(지친 반죽)은 느슨하게 둥글려서 벤치타임(중간 발효)을 짧게 한다.
   ④ 미발효 반죽(어린 반죽)은 단단하게 둥글려서 중간 발효(벤치타임)를 길게 한다.

> **큰 반죽 둥글리기 과정**
> 양손으로 반죽을 살짝 감싸고 손날은 작업대에 붙여 한 방향 원형으로 굴리면서 표피가 찢어지지 않도록 표면이 매끄럽고 일정한 모양으로 둥글리기를 한다.

 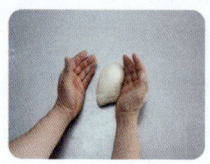  

3. 중간 발효하기

① 중간 발효실의 온도 27~29℃, 상대습도 75% 전후, 시간 10~20분이며, 반죽의 부피팽창 정도는 1.7~2.0배이다. 중간 발효실의 조건과 작업실의 온도와 습도의 조건은 같다.
② 발효온도가 너무 높거나 낮으면 반죽의 내부와 외부의 발효의 편차가 발생한다.
③ 발효습도가 너무 낮게 되면 껍질이 형성되어 빵 속에 단단한 심이 생성되고, 습도가 너무 높게 되면 표피가 너무 끈적거리게 되어 덧가루 사용량이 많아져 빵 속에 줄무늬가 생긴다.
④ 발효시간이 너무 길면 정형 시 일부 반죽에서 과발효가 발생하고 너무 짧으면 정형하기가 어렵다.

4. 성형 및 패닝하기

1) 반죽 성형하기

성형은 중간 발효가 끝난 생지의 가스를 고르게 뺀 다음 작업지시서에 따라 다양한 제품의 형태로 만들 수 있다.

> **식빵 성형과정**
> 1 바닥에 덧가루를 살짝 뿌리고 밀대로 반죽 가운데를 눌러준다.
> 2 앞으로 밀었다가 뒤로 밀어 가스를 빼준다.
> 3 반죽을 뒤집어 3겹 접기를 해준다.
> 4 3겹 접기 후 손바닥으로 가운데를 가볍게 눌러준다.
> 5 반죽을 90도 돌려서 반죽 끝을 잡고 손가락 끝으로 약간 당기면서 말아준다.
> 6 말기기 완성된 후에 끝부분을 손바닥 끝으로 꾹꾹 눌러 붙인다.
> 7 손가락으로 봉할 부분을 꼼꼼히 꼬집듯이 잘 봉한다.

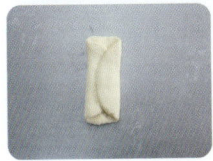

밤 식빵 성형과정

1. 반죽을 밀대로 두께가 일정하도록 타원형으로 밀어 펴면서 큰 가스를 빼준다.
2. 반죽의 가장자리 1cm를 남기고 80g의 밤을 고르게 뿌린다.
3. 크기를 일정하게 유지하며 반죽을 양손으로 위에서부터 아래로 단단히 말기를 하여 타원형으로 만든다.
4. 반죽의 매끄러운 면이 표면에 나타나게 말아준다.

버터 톱 식빵 성형과정

1. 반죽을 밀대로 두께가 일정하도록 타원형으로 밀어 펴면서 큰 가스를 빼준다.
2. 크기를 일정하게 유지하며 반죽을 양손으로 위에서부터 아래로 단단히 말기를 하여 타원형으로 만든다.
3. 반죽의 매끄러운 면이 표면에 나타나게 말아준다.
4. 이음매를 꼼꼼히 꼬집듯이 잘 봉한다.

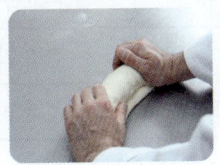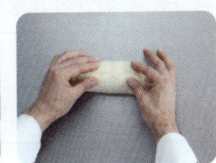

2) 반죽 패닝하기

① 틀(Tin)의 용적(부피)에 알맞은 반죽량을 산출한 후 일련의 정형공정을 거쳐 패닝을 한다. 그런데 만약에 제시된 틀과 비교해서 반죽량이 너무 많거나 적은 상태에서 구우면 만족스러운 빵이 나올 수 없다.

② 반죽의 적정 분할량 = 틀의 용적 ÷ 비용적

③ 틀 용적의 결정
  ㉠ 틀의 길이를 측정하여 용적을 계산할 수 있다.
  ㉡ 유채씨를 가득 채워 그 용적을 실린더로 잴 수 있다.
  ㉢ 물을 가득 채워서 그 용적을 실린더로 잴 수 있다.

④ 비용적 : 반죽 1g을 발효시켜 구웠을 때 제품이 차지하는 부피를 말하며, 단위는 cm^3/g이다. (예) 산형 식빵 : $3.2~3.4cm^3/g$, 풀먼형 식빵 : $3.3~4.0cm^3/g$)

> 반죽의 만 방향을 모두 맞추고 이음매를 식빵 팬의 바닥으로 향하게 패닝하여 반죽이 팬 바닥에 잘 밀착되도록 주먹으로 윗부분을 가볍게 눌러준다.

❺ 식빵류 2차 발효하기

1. 반죽의 특성에 따라 발효기의 온도, 습도를 조절할 수 있다.
2. 반죽의 분할량, 정형 상태에 따라 2차 발효 상태를 점검할 수 있다.
3. 제품의 특성과 팬 높이를 고려하여 2차 발효 완료점을 확인할 수 있다.

 실무내용   **식빵류 2차 발효하기**

1. 제품별 2차 발효조건인 온도, 습도의 기준을 정하기

제품	2차 발효조건	기준
식빵, 단과자빵 등 일반적인 빵류	고온고습 발효	평균 온도 35~38℃, 습도 75~90%
빵도너츠	건조 발효	온도 32℃, 습도 65~70%
데니시 페이스트리, 하스 브레드	저온저습 발효	온도 27~32℃, 습도 75%

2. 2차 발효조건인 시간의 기준을 정하기

① 빵의 종류, 이스트의 양, 제빵법, 반죽온도, 발효실의 온도, 습도, 반죽 숙성도, 단단함, 성형할 때 가스 빼기의 정도 등을 고려하여 2차 발효의 시간을 결정한다.

② 2차 발효시간은 통상 60분이 최적이지만, 발효상태를 보고 판단한다.
③ 2차 발효시간이 지나친 경우 제품에 나타나는 결과
  ㉠ 부피가 너무 크다.
  ㉡ 껍질색이 여리다.
  ㉢ 기공이 거칠다.
  ㉣ 조직과 저장성이 나쁘다.
  ㉤ 과다한 산의 생성으로 향이 나빠진다.
④ 2차 발효시간이 덜 된 경우 제품에 나타나는 결과
  ㉠ 부피가 작다.
  ㉡ 껍질색이 진한 적갈색이 된다.
  ㉢ 옆면이 터진다.

3. 2차 발효조건인 온도의 기준을 정하기

① 2차 발효온도는 통상 고온인 35~38℃가 최적이지만, 발효상태를 보고 판단한다.
② 2차 발효온도가 저온인 경우 제품에 나타나는 결과
  ㉠ 발효시간이 길어진다.
  ㉡ 제품의 겉면이 거칠다.
  ㉢ 풍미의 생성이 충분하지 않다.
  ㉣ 반죽의 기공막이 두껍고 오븐 팽창도 나쁘다.
③ 2차 발효온도가 고온인 경우 제품에 나타나는 결과
  ㉠ 속과 껍질이 분리된다.
  ㉡ 발효속도가 빨라진다.
  ㉢ 반죽이 산성이 되며, 반죽의 외피에 세균이 번식하기 쉽다.

4. 2차 발효조건인 습도의 기준을 정하기

① 2차 발효온도는 통상 고습인 75~90%가 최적이지만, 발효상태를 보고 판단한다.
② 2차 발효온도가 저습인 경우 제품에 나타나는 결과
  ㉠ 반죽에 껍질형성이 빠르게 일어난다.
  ㉡ 오븐에 넣었을 때 팽창이 저해된다.
  ㉢ 껍질색이 불균일하게 되기 쉽다.
  ㉣ 얼룩이 생기기 쉬우며 광택이 부족하다.
  ㉤ 제품의 윗면이 터지거나 갈라진다.
③ 2차 발효온도가 고습인 경우 제품에 나타나는 결과
  ㉠ 제품의 윗면이 납작해진다.
  ㉡ 껍질에 수포가 생긴다.

ⓒ 껍질에 반점이나 줄무늬가 생긴다.
ⓓ 껍질이 질겨진다.

5. 2차 발효완료시점의 기준을 정하기
    ① 제품의 특성을 나타낼 수 있는 부피와 식감을 기준으로 빵류 반죽의 2차 발효완료시점을 결정한다.
    ② 2차 발효완료시점이 부족한 경우 제품에 나타나는 결과
        ⓐ 껍질의 색은 짙고 붉은 기가 약간 생긴다.
        ⓑ 제품 내부의 속결은 조밀하고 조직은 가지런하지 않게 된다.
        ⓒ 글루텐의 신장성이 불충분하여 부피가 작다.
        ⓓ 껍질에 균열이 일어나기 쉽다.
    ③ 2차 발효완료시점이 지나친 경우 제품에 나타나는 결과
        ⓐ 부피(체적)가 너무 크다 혹은 주저앉아 작아진다.
        ⓑ 껍질색이 여리다.
        ⓒ 껍질이 두껍다.
        ⓓ 제품 내부의 기공이 거칠다.
        ⓔ 제품의 저장성(보존성)이 나쁘다.
        ⓕ 제품의 내부 조직이 불규칙하다.
        ⓖ 과다한 산의 생성으로 향이 강하다.

❻ 식빵류 굽기

1. 제품의 특성에 따라 오븐 온도와 시간을 조절할 수 있다.
2. 식빵류 반죽의 2차 발효상태 및 팬 높이 정도를 고려하여 굽기를 할 수 있다.
3. 제품의 특성에 따라 쿠프(coupe)와 토핑물을 사용할 수 있다.
4. 제품의 특성에 따라 옆면의 형태가 유지되도록 굽기를 완성할 수 있다.

1. 반죽 굽기에 적합한 시간과 온도를 정하기

   굽기는 반죽을 가열하여 가볍고 기공이 많은 조직으로 소화하기 쉽고 향이 있는 완성제품을 만들어 내는 것이다. 빵류 반죽에 따른 굽기조건인 온도, 습도, 시간 등의 기준을 정확히 관리하여 부피의 증가, 전분의 호화, 단백질의 변성, 효모와 효소의 불활성, 갈변반응, 껍질과 향의 생성 등을 조절한다. 굽기 시 반죽을 착색시키는 방식에는 복사(방사), 전도, 대류 등이 있으며, 복사(방사)는 반죽의 윗면에, 전도는 반죽의 밑면에, 대류는 반죽의 옆면에 착색을 유도하여 제품을 완성한다. 요즘 유럽의 천연발효 빵인 하스 브레드가 주목을 받으면서 오븐 내 스팀은 중요한 고려대상이 되고 있다.

2. 굽기 요령

① 저율배합과 발효 과다인 반죽은 고온단시간 굽기가 좋다.
② 고율배합과 발효 부족인 반죽은 저온장시간 굽기가 좋다.
③ 반죽의 중량은 같고 설탕, 유지, 분유량이 적은 경우 높은 온도, 많은 경우 낮은 온도에서 굽는다.
④ 과자빵은 식빵보다 설탕, 유지, 분유량이 많지만, 중량이 적으므로 높은 온도에서 굽는다.
⑤ 분할량이 적은 반죽은 높은 온도에서 짧게, 분할량이 많은 반죽은 낮은 온도에서 길게 굽는다.
⑥ 된 반죽은 굽는 시간이 정상 반죽과 같다면 낮은 온도로 굽는다.
⑦ 과자빵과 식빵의 일반적인 오븐의 사용 온도는 180~220℃이다.

짧은 시간 안에 반죽을 발효시켜 식빵틀에 넣어 구운 토스트 샌드위치용

식빵 _{비상스트레이트법}
(White Pan Bread)

시험 시간

2:40

다음 요구사항대로 식빵(비상스트레이트법)을 제조하여 제출하시오.

1. 배합표의 각 재료를 계량하여 재료별로 진열하시오(8분).

   - 재료계량(재료당 1분) → [감독위원 계량 확인] → 작품제조 및 정리정돈(전체시험시간–재료계량시간)
   - 재료계량시간 내에 계량을 완료하지 못하여 시간이 초과된 경우 및 계량을 잘못한 경우는 추가의 시간 부여 없이 작품제조 및 정리정돈 시간을 활용하여 요구사항의 무게대로 계량
   - 달걀의 계량은 감독위원이 지정하는 개수로 계량

2. 비상스트레이트법 공정에 의해 제조하시오(반죽온도는 30℃로 한다).
3. 표준분할무게는 170g으로 하고, 제시된 팬의 용량을 감안하여 결정하시오.
   (단, 분할무게×3을 1개의 식빵으로 함)
4. 반죽은 전량을 사용하여 성형하시오.

01 식빵(비상스트레이트법)

합격포인트

1. 비상스트레이트법은 1차 발효 시간을 30분 안에 진행해야하기 때문에 최종 단계 후기까지 믹싱하고 반죽온도는 30℃로 잘 맞춰야 한다.
2. 대강의 반죽무게를 짐작하여 한 두 번의 반죽 가감으로 정확한 무게가 되도록 분할한다. 이렇게 해야만 반죽과 발효과정에서 형성된 글루텐 막의 손상을 최소화할 수 있다.
3. 패닝 시 1팬에 들어가는 3개의 반죽덩어리 크기가 거의 같아야 하므로 둥글리기, 밀대로 밀기, 접기, 말기 등의 반죽정형공정 시 반죽에 가하는 힘의 정도를 일정하고 빠르게 진행시켜야 한다.
4. 둥글게 말려진 방향이 일치하도록 주의하면서 팬에 넣는다.
5. 식빵팬은 옆면의 높이가 비교적 높기 때문에 식빵의 옆면 및 바닥의 색을 확실하게 내주어야 구운 후 식빵의 옆면이 함몰되는 것을 방지할 수 있다.

배합표

비율(%)	재료명	무게(g)	비율(%)	재료명	무게(g)
100	강력분	1,200	63	물	756
5	이스트(생이스트)	60	2	제빵개량제	24
5	설탕	60	4	쇼트닝	48
3	탈지분유	36	1.8	소금	21.6(22)
			183.8	계	2,205.6(2,206)

채점기준표
(능력단위별 수행준거에 따른 체크리스트)

수행 순서	수행 항목	수행 순서	수행 항목
1	재료계량시간	14	팬 넣기
2	재료손실, 정확도	15	2차 발효관리
3	반죽혼합순서	16	2차 발효상태
4	반죽상태	17	굽기 관리
5	반죽온도	18	구운 상태
6	1차 발효관리	19	정리정돈, 청소
7	1차 발효상태	20	개인위생
8	분할시간	21	제품의 부피
9	분할 숙련도, 정확도	22	제품의 외부균형
10	둥글리기	23	제품의 껍질
11	중간발효	24	제품의 내상
12	정형의 숙련도	25	맛과 향
13	정형의 상태		

재료 및 기기 준비

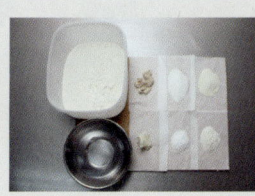

[실기시험 요구수량 : 4개]

수직형 믹서와 볼, 반죽날개(훅), 오븐, 저울, 행주, 온도계, 고무주걱, 비닐, 스크래퍼, 스테인리스 볼, 식빵 팬, 밀대

수행준거에 맞추어 만들어 볼까요!!

1

믹싱 완료점

2

1차 발효 완료점

3

둥글리기

4

중간발효

5

접기

6
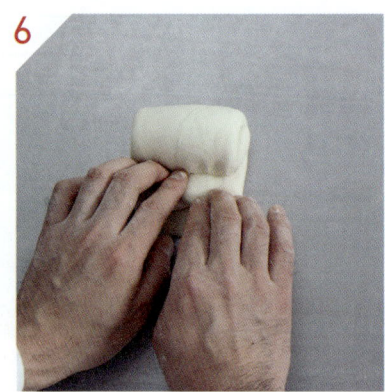
말기

7

봉하기

8

이음매의 위치 자리잡기

9
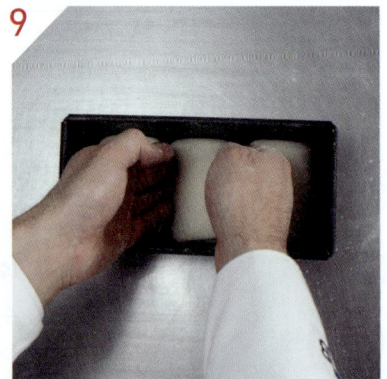
패닝하기

믹싱 최종 단계 후기(120%), 30℃

1. 가루재료를 믹서 볼에 투입한 후 1단으로 고루 혼합한다.
2. 계절에 따라 반죽온도를 맞출 수 있는 온도로 조절한 물에 이스트(생이스트)를 넣고 섞어 믹서 볼에 붓는다. 처음에는 1단으로 돌리다가 한 덩어리가 되면 2단으로 돌려 클린업 단계까지 믹싱한다.
3. 클린업 단계에서 유지를 넣고 1단으로 돌리다가 유지가 섞이면 2단 혹은 3단으로 돌려 최종 단계 후기까지 믹싱한다(비상 스트레이트는 짧게 발효하기 때문에 믹싱을 오래한다).

1차 발효 30℃, 75~80%, 15~30분

1. 발효실에 넣을 발효통에 덧가루를 충분히 뿌려 준비한다.
2. 믹서 볼 옆면에 덧가루를 뿌리고 플라스틱 곡면 스크래퍼를 이용해 반죽을 분리시켜 떼어낸 후 반죽의 외피가 손상되지 않게 잘 손질하여 매끄러운 한 덩어리반죽으로 만들어 발효통에 담는다.
3. 반죽을 넣은 발효통에 준비된 뚜껑 혹은 비닐을 공기가 통하게 덮어 발효실에 넣고 15~30분 발효한다.
4. 처음 반죽 부피의 2배 정도이다. 손가락에 강력분을 묻혀 반죽의 윗면을 찔렀을 때 손가락 자국이 약간 오므라드는 정도이다.

분할 무게 170g, 개수 12개 → 둥글리기 → 중간발효 10분

- 대강의 반죽 무게를 짐작하여 한두 번의 반죽 가감으로 정확한 무게가 되도록 한다(반죽과 발효 과정에서 형성된 글루텐 막의 손상이 최소화될 수 있도록 한다).
- 170g씩 스크래퍼를 이용하여 표피가 손상되지 않도록 최대한 유지하면서 신속하고 정확하게 분할한다.
- 양손으로 반죽을 살짝 감싸고 양손 날은 작업대에 붙인다. 그런 다음 한 방향 원형으로 굴리면서 표피가 찢어지지 않도록 하면서 표면이 매끄럽고 일정한 모양이 되도록 둥글리기를 한다.
- 작업대 발효 시 덮어놓은 비닐 위에 반죽온도 유지를 위해 계절에 따라 물수건의 온도를 맞추어 올려놓는다.

성형 밀어 펴기(가스 빼기) → 접기 → 말기 → 봉하기

1. 반죽을 밀대로 두께가 일정하도록 표면부분을 타원형으로 밀어 펴면서 큰 가스를 빼준다.
2. 매끄러운 부분을 바닥으로 놓고 3겹 접기를 한다.
3. 흡사 매트를 둥글게 말듯 일정한 크기와 두께를 유지하며 말기를 한다.
4. 이음매를 꼼꼼히 꼬집듯이 잘 봉한다. (※51쪽에 자세한 과정 사진이 있습니다.)

- 밀어 펴기 중에는 작업대 위에 최소한의 덧가루를 뿌려 작업대와 반죽이 붙지 않도록 하고, 반죽 윗면과 밀대에도 덧가루를 묻혀 반죽과 밀대가 붙지 않도록 한다.

패닝 1팬에 3덩어리씩, 4팬(※58쪽 반죽 패닝하기의 자세한 과정 사진 참고) → 2차 발효 38℃, 80~95%, 30~35분

- 반죽을 만 방향을 모두 맞추고 이음매를 식빵 팬의 바닥으로 향하게 패닝하여 반죽이 팬 바닥에 잘 밀착되도록 주먹으로 윗부분을 가볍게 눌러준다.
- 반죽이 팬 높이와 같은 시점이 될 때까지 발효시킨다.

굽기 윗불 170℃, 밑불 190℃, 30~35분

- 식빵 팬의 두께와 철판의 사용 유무, 오븐의 열전달 방식 등에 따라 온도와 시간이 달라지므로 실제로는 경험을 기초로 다양한 굽기 조건이 가능하다. 그렇다 할지라도 식빵은 교재에 제시된 시간을 맞추면서 착색을 유도하여 굽기를 마무리한다.
- 식빵 팬과 팬 사이는 일정한 간격을 유지하여 열전달이 쉬워야 한다.
- 오븐의 위치에 따라 차이가 생기므로, 25분 정도 경과 후 팬의 위치를 바꾸어 전체 제품의 색깔이 균일하게 유지되고 내부가 충분히 익도록 한다.
- 만약에 식빵의 옆면까지 충분히 잘 익었다면, 식빵의 터짐과 찢어짐이 있는 부위가 약간 착색된다.

02 반죽용 물의 일부분을 우유로 사용하여 빵에 고소함을 부여한 토스트 샌드위치용

우유 식빵
(Milk Pan Bread)

 시험 시간

3:40

다음 요구사항대로 우유 식빵을 제조하여 제출하시오.

1. 배합표의 각 재료를 계량하여 재료별로 진열하시오(8분).
   - 재료계량(재료당 1분) → [감독위원 계량 확인] → 작품제조 및 정리정돈(전체시험시간-재료계량시간)
   - 재료계량시간 내에 계량을 완료하지 못하여 시간이 초과된 경우 및 계량을 잘못한 경우는 추가의 시간 부여 없이 작품제조 및 정리정돈 시간을 활용하여 요구사항의 무게대로 계량
   - 달걀의 계량은 감독위원이 지정하는 개수로 계량

2. 반죽은 스트레이트법으로 제조하시오(단, 유지는 클린업 단계에서 첨가하시오).
3. 반죽온도는 27℃를 표준으로 하시오.
4. 표준분할무게는 180g으로 하고, 제시된 팬의 용량을 감안하여 결정하시오.
   (단, 분할무게×3을 1개의 식빵으로 함)
5. 반죽은 전량을 사용하여 성형하시오.

02 우유 식빵

 합격포인트

1. 우유에 함유되어 있는 우유 단백질이 믹싱시간과 발효시간을 약간 길어지게 만든다.
2. 믹싱이 완료되면 믹싱 볼 옆면에 덧가루를 살짝 뿌리고 곡면 플라스틱 스크래퍼를 사용해서 볼에서 반죽을 분리시켜 떼어낸 후 반죽의 외피가 손상되지 않게 잘 손질하면서 하나의 표피로 만든 다음 발효통에 담는다. 곡면 플라스틱 스크래퍼를 사용해야 믹싱 볼에 긁힘이 없다.
3. 제빵 시 모든 조건이 같다하더라도 믹서 훅의 형태와 믹싱 시 분당 회전속도에 따라 굽기 시 오븐 팽창이 달라진다. 그래서 이것을 고려하여 2차 발효 완료점을 결정한다.
4. 반죽의 윗부분이 팬 높이 기준 0.5cm 아래까지 2차 발효를 진행시킨다.
5. 우유에 함유된 유당으로 인해 탈지분유를 넣을 때보다는 껍질색이 조금 짙게 나올 가능성이 있으므로 오븐온도를 약간 낮추어 굽는다.
6. 제품의 옆면 색이 황금색으로 고르게 착색되도록 굽기시간 25분 정도 경과 후 식빵틀의 위치를 바꾸어 준다.

배합표

비율(%)	재료명	무게(g)	비율(%)	재료명	무게(g)
100	강력분	1,200	40	우유	480
29	물	348	4	이스트(생이스트)	48
1	제빵개량제	12	2	소금	24
5	설탕	60	4	쇼트닝	48
			185	계	2,220

 **채점기준표 (능력단위별 수행준거에 따른 체크리스트)**

수행 순서	수행 항목	수행 순서	수행 항목
1	재료계량시간	14	팬 넣기
2	재료손실, 정확도	15	2차 발효관리
3	반죽혼합순서	16	2차 발효상태
4	반죽상태	17	굽기 관리
5	반죽온도	18	구운 상태
6	1차 발효관리	19	정리정돈, 청소
7	1차 발효상태	20	개인위생
8	분할시간	21	제품의 부피
9	분할 숙련도, 정확도	22	제품의 외부균형
10	둥글리기	23	제품의 껍질
11	중간발효	24	제품의 내상
12	정형의 숙련도	25	맛과 향
13	정형의 상태		

 재료 및 기기 준비

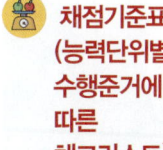

[실기시험 요구수량 : 4개]

수직형 믹서와 볼, 반죽날개(훅), 오븐, 저울, 행주, 온도계, 고무주걱, 비닐, 스크래퍼, 스테인리스 볼, 식빵 팬, 밀대

수행준거에 맞추어 만들어 볼까요!!

1. 쇼트닝 투입시기

2. 믹싱 완료점

3. 1차 발효 완료점

4. 둥글리기

5. 중간발효

6. 접기

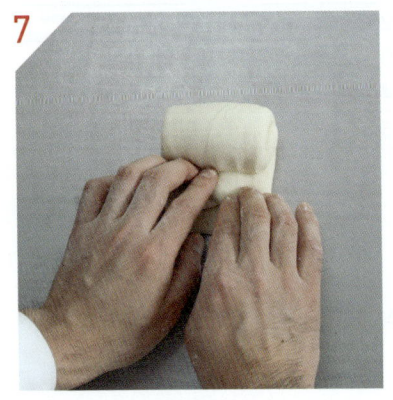
7. 말기

8. 봉하기

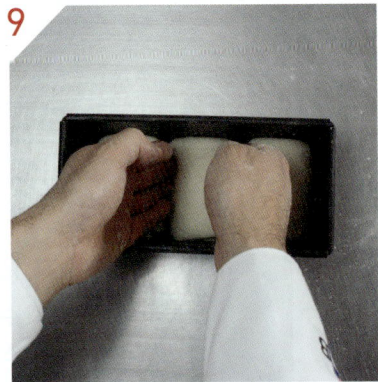
9. 패닝하기

믹싱 최종 단계(100%), 27℃
1. 가루재료를 믹서 볼에 투입한 후 1단으로 고루 혼합한다.
2. 계절에 따라 반죽온도를 맞출 수 있게 우유와 물을 스테인리스 볼에 붓고 직화로 온도를 조절하여 이스트와 함께 믹서 볼에 투입한다. 처음에는 1단으로 돌리다가 한 덩어리가 되면 2단으로 돌려 클린업 단계까지 믹싱한다.
3. 클린업 단계에서 유지를 넣고 1단으로 돌리다가 유지가 섞이면 2단 혹은 3단으로 돌려 최종 단계까지 믹싱한다.

- 믹싱 완료점 확인하기 : 반죽의 신장성이 가장 좋으며, 반죽이 부드럽고 윤이 난다.

1차 발효 27℃, 75~80%, 45분
1. 발효실에 넣을 발효통에 덧가루를 충분히 뿌려 준비한다.
2. 믹서 볼 옆면에 덧가루를 뿌리고 플라스틱 곡면 스크래퍼를 이용해 볼에서 반죽을 분리시켜 떼어낸 후 반죽의 외피가 손상되지 않게 잘 손질하여 매끄러운 한 덩어리 반죽으로 만들어 발효통에 담는다.
3. 반죽을 넣은 발효통에 준비된 뚜껑 혹은 비닐을 공기가 통하게 덮어 발효실에 넣고 45분 발효한다.
4. 처음 반죽 부피의 3배 정도이다. 손가락에 강력분을 묻혀 반죽의 윗면을 찔렀을 때 손가락 자국이 약간 오므라드는 정도이다.

- 발효통과 접촉한 반죽의 옆면에 섬유상 구조가 나타난다(발효통에 덧가루를 많이 뿌린 경우에는 반죽을 들어올렸을 때 반죽의 옆면에 망상 구조가 잘 나타나지 않는다).

분할 무게 180g, 개수 12개 → 둥글리기 → 중간발효 10분

- 대강의 반죽 무게를 짐작하여 한두 번의 반죽 가감으로 정확한 무게가 되도록 한다.
- 분할할 때 반죽이 약간 부족한 경우가 발생할 수 있으니 작업손실량을 철저히 관리한다.
- 작업대 발효 시 덮어놓은 비닐 위에 반죽온도 유지를 위해 계절에 따라 물수건의 온도를 맞추어 올려놓는다.

성형 밀어 펴기(가스 빼기) → 접기 → 말기 → 봉하기
1. 반죽을 밀대로 두께가 일정하도록 표면부분을 타원형으로 밀어 펴면서 큰 가스를 빼준다.
2. 매끄러운 부분을 바닥으로 놓고 3겹 접기를 한다.
3. 흡사 매트를 둥글게 말듯 일정한 크기와 두께를 유지하며 말기를 한다.
4. 이음매를 꼼꼼히 꼬집듯이 잘 봉한다. (※51쪽에 자세한 과정 사진이 있습니다.)

- 밀어 펴기 중에는 작업대 위에 최소한의 덧가루를 뿌려 작업대와 반죽이 붙지 않도록 하고, 반죽 윗면과 밀대에도 덧가루를 묻혀 반죽과 밀대가 붙지 않도록 한다. 우유 식빵 반죽은 다른 반죽에 비해 된 반죽이므로 덧가루를 줄인다.

패닝 1팬에 3덩어리씩, 4팬
1. 반죽의 만 방향을 모두 맞추고 이음매를 식빵 팬의 바닥으로 향하게 패닝하여 반죽이 팬 바닥에 잘 밀착되도록 주먹으로 윗부분을 가볍게 눌러준다.

2차 발효 35℃, 85%, 30~35분
1. 반죽이 팬 높이와 같거나 0.5cm 아래까지 발효시킨다.

굽기 윗불 170℃, 밑불 180℃, 30~35분

- 식빵 팬과 팬 사이는 일정한 간격을 유지하여 열전달이 쉬워야 한다.
- 제품의 옆면이 황금갈색으로 충분히 색깔이 나야 한다. 그렇지 않으면 틀에서 제품을 꺼낸 후 식히는 과정에서 주저앉게 된다.
- 오븐의 위치에 따라 온도차이가 생기므로, 25분 정도 경과 후 팬의 위치를 바꾸어 전체 제품의 색깔이 균일하게 유지되고 내부가 충분히 익도록 한다. 만약에 우유 식빵의 옆면까지 충분히 익었다면, 식빵의 터짐과 찢어짐이 있는 부위가 약간 착색이 된다.

미국의 풀만이라는 사람이 기차를 연상하여 만든
뚜껑 있는 식빵틀에 반죽을 넣어 구운 토스트 샌드위치용 식빵인

풀만 식빵(Pullman Bread)

 **시험 시간**

3:40

다음 요구사항대로 풀만 식빵을 제조하여 제출하시오.

1. 배합표의 각 재료를 계량하여 재료별로 진열하시오(9분).
   - 재료계량(재료당 1분) → [감독위원 계량 확인] → 작품제조 및 정리정돈(전체시험시간-재료계량시간)
   - 재료계량시간 내에 계량을 완료하지 못하여 시간이 초과된 경우 및 계량을 잘못한 경우는 추가의 시간 부여 없이 작품제조 및 정리정돈 시간을 활용하여 요구사항의 무게대로 계량
   - 달걀의 계량은 감독위원이 지정하는 개수로 계량
2. 반죽은 스트레이트법으로 제조하시오(단, 유지는 클린업 단계에서 첨가하시오).
3. 반죽온도는 27℃를 표준으로 하시오.
4. 표준 분할무게는 250g으로 하고, 제시된 팬의 용량을 감안하여 결정하시오.
   (단, 분할무게×2를 1개의 식빵으로 함)
5. 반죽은 전량을 사용하여 성형하시오.

03 풀만 식빵

합격포인트

1. 다양한 재료가 들어가는 식빵류의 반죽을 제조할 때 재료를 균일하게 혼합하기 위해 먼저 가루재료만 믹싱 볼에 투입한 후 저속으로 1분 정도 혼합한다. 이렇게 하는 것이 액체재료와 가루재료를 함께 넣는 것보다 짧은 시간 안에 균일하게 혼합할 수 있다. 왜냐하면 액체의 수분이 가루재료를 구성하는 성분 중 단백질과 가장 먼저 만나 결합하고 흡착하여 글루텐을 만들어 재료들의 이동을 방해하기 때문이다.
2. 풀만 식빵은 2차 발효 후 뚜껑을 덮어 구워야 하는 제품이므로 2차 발효 완료점을 식빵 틀 높이보다 1.5cm 낮게 발효를 시켜야 뚜껑을 덮을 때 반죽이 눌리지 않고 오븐팽창이 많이 일어나 뚜껑이 열리지 않는 현상을 방지할 수 있다.
3. 굽기 시간이 다 되어 뚜껑을 열려할 때 열리지 않는다면 약간 뜸이 부족한 상태이다. 그러므로 2분 정도 더 굽기를 한다.

배합표

비율(%)	재료명	무게(g)	비율(%)	재료명	무게(g)
100	강력분	1,400	58	물	812
4	이스트(생이스트)	56	1	제빵개량제	14
2	소금	28	6	설탕	84
4	쇼트닝	56	5	달걀	70
3	분유	42	183	계	2,562

채점기준표 (능력단위별 수행준거에 따른 체크리스트)

수행 순서	수행 항목	수행 순서	수행 항목
1	재료계량시간	14	팬 넣기
2	재료손실, 정확도	15	2차 발효관리
3	반죽혼합순서	16	2차 발효상태
4	반죽상태	17	굽기 관리
5	반죽온도	18	구운 상태
6	1차 발효관리	19	정리정돈, 청소
7	1차 발효상태	20	개인위생
8	분할시간	21	제품의 부피
9	분할 숙련도, 정확도	22	제품의 외부균형
10	둥글리기	23	제품의 껍질
11	중간발효	24	제품의 내상
12	정형의 숙련도	25	맛과 향
13	정형의 상태		

재료 및 기기 준비

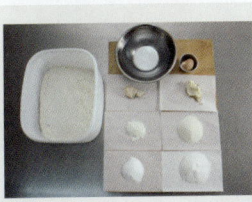

[실기시험 요구수량 : 5개]

수직형 믹서와 볼, 반죽날개(훅), 오븐, 저울, 행주, 온도계, 고무주걱, 비닐, 스크래퍼, 스테인리스 볼, 식빵 팬과 뚜껑, 밀대

수행준거에 맞추어 만들어 볼까요!!

1. 쇼트닝 투입시기

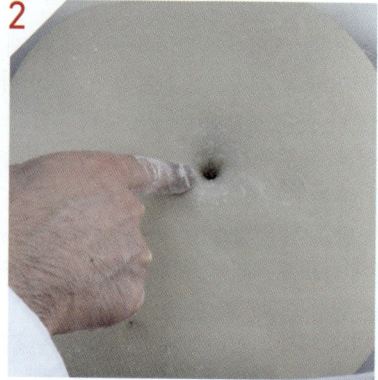
2. 1차 발효 완료점

3. 둥글리기

4. 중간발효

5. 밀어 펴기

6. 접기

7. 말기

8. 이음매의 위치 자리잡기

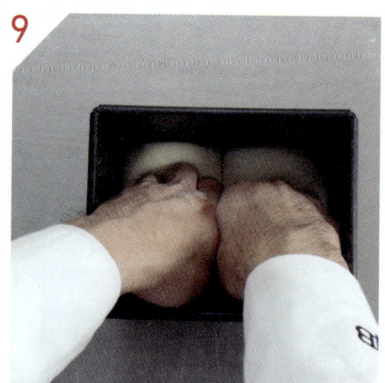
9. 팬닝하기

믹싱 최종 단계(100%), 27℃

1. 가루재료를 믹서 볼에 투입한 후 1단으로 고루 혼합한다.
2. 계절에 따라 반죽온도를 맞출 수 있는 온도로 조절한 물에 달걀, 생이스트 순으로 넣고 섞어 믹서 볼에 붓는다. 처음에는 1단으로 돌리다가 한 덩어리가 되면 2단으로 돌려 클린업 단계까지 믹싱한다.
3. 클린업 단계에서 유지를 넣고 1단으로 돌리다가 유지가 섞이면 2단 혹은 3단으로 돌려 최종 단계까지 믹싱한다.

1차 발효 27℃, 75~80%, 45분

1. 발효실에 넣을 발효통에 덧가루를 충분히 뿌려 준비한다.
2. 믹서 볼 옆면에 덧가루를 뿌리고 플라스틱 곡면 스크래퍼를 이용해 반죽을 분리시켜 떼어낸 후 반죽의 외피가 손상되지 않게 잘 손질하여 매끄러운 한 덩어리반죽으로 만들어 발효통에 담는다.
3. 반죽을 넣은 발효통에 준비된 뚜껑 혹은 비닐을 공기가 통하게 덮어 발효실에 넣고 45분 발효한다.
4. 처음 반죽 부피의 3배 정도로, 반죽의 속 부분을 약간 늘려보았을 때 유연한 섬유질 상태이다.

- 1차 발효의 완료점 확인하기 : 손가락에 강력분을 묻혀 반죽의 윗면을 찔렀을 때 손가락 자국이 약간 오므라드는 정도이다.

분할 무게 250g, 개수 10개 → 둥글리기 → 중간발효 10분

- 250g씩 스크래퍼를 이용하여 표피가 손상되지 않도록 최대한 유지하면서 신속하고 정확하게 분할한다.
- 양손으로 반죽을 살짝 감싸고 양손 날은 작업대에 붙인다. 그런 다음 한 방향 원형으로 굴리면서 표피가 찢어지지 않도록 하면서 표면이 매끄럽고 일정한 모양이 되도록 둥글리기를 한다.
- 작업대 발효 시 덮어놓은 비닐 위에 반죽온도 유지를 위해 계절에 따라 물수건의 온도를 맞추어 올려놓는다.

성형 밀어 펴기(가스 빼기) → 말기 → 봉하기

1. 반죽을 밀대로 두께가 일정하도록 표면부분을 타원형으로 밀어 펴면서 큰 가스를 빼준다.
2. 매끄러운 부분을 바닥으로 놓고 3겹 접기를 한다.
3. 흡사 매트를 둥글게 말듯 일정한 크기와 두께를 유지하며 말기를 한다.
4. 이음매를 꼼꼼히 꼬집듯이 잘 봉한다. (※51쪽에 자세한 과정 사진이 있습니다.)

- 밀어 펴기 중에는 작업대 위에 최소한의 덧가루를 뿌려 작업대와 반죽이 붙지 않도록 하고, 반죽 윗면과 밀대에도 덧가루를 묻혀 반죽과 밀대가 붙지 않도록 한다.

패닝 1팬에 2개씩 → 2차 발효 35℃, 85~90%, 23~26분 → 굽기 전 뚜껑을 덮는다.

- 반죽을 만 방향을 모두 맞추고 이음매를 식빵 팬의 바닥으로 향하게 패닝하여 반죽이 팬 바닥에 잘 밀착되도록 주먹으로 윗부분을 가볍게 눌러준다.
- 발효가 부족할 경우 : 팬에 반죽이 차지 않아, 구워낸 후 둥근 모서리를 형성한다.
- 발효가 지나칠 경우 : 팬 뚜껑을 닫을 때 반죽이 치일 수 있고, 조밀한 윗면 조직을 형성한다.
- 반죽이 풀만 팬 높이보다 1.5cm 적은 시점까지 발효시킨 후 팬 뚜껑을 덮는다.

굽기 윗불 190℃, 밑불 190℃, 30~35분

1. 기본 온도와 시간이므로 작업장의 오븐환경에 따라 온도와 시간을 조정하여 사용한다.
2. 풀만 브레드는 팬의 뚜껑이 닫혀 있으므로 색으로 판단하여 굽기는 어렵다.
3. 식빵같이 큰 빵은 껍질색만으로 판단하지 말고 굽는 시간도 반드시 고려해야 한다.

- 오븐의 위치에 따라 온도차이가 생기므로, 25분 정도 경과 후 팬의 위치를 바꾸어 전체 제품의 색깔이 균일하게 유지되고 내부가 충분히 익도록 한다. 만약에 풀만 식빵의 옆면까지 충분히 익었다면, 뚜껑을 살짝 열어볼 때 잘 열려 색의 확인이 가능하다.

04 유지, 달걀, 설탕의 비율이 높은 과자빵 반죽에
밤을 충전하고 식빵 모양으로 만든 후 비스킷을 씌운

밤 식빵 (Chestnut Pan Bread)

 **시험 시간**

3 : 40

다음 요구사항대로 밤 식빵을 제조하여 제출하시오.

1. 반죽 재료를 계량하여 재료별로 진열하시오(10분).
   - 재료계량(재료당 1분) → [감독위원 계량 확인] → 작품제조 및 정리정돈(전체시험시간-재료계량시간)
   - 재료계량시간 내에 계량을 완료하지 못하여 시간이 초과된 경우 및 계량을 잘못한 경우는 추가의 시간 부여 없이 작품제조 및 정리정돈 시간을 활용하여 요구사항의 무게대로 계량
   - 달걀의 계량은 감독위원이 지정하는 개수로 계량
2. 반죽은 스트레이트법으로 제조하시오.
3. 반죽온도는 27℃를 표준으로 하시오.
4. 분할무게는 450g으로 하고, 성형 시 450g의 반죽에 80g의 통조림 밤을 넣고 정형하시오(한 덩이 : One Loaf).
5. 토핑물을 제조하여 굽기 전에 토핑하고 아몬드를 뿌리시오.
6. 반죽은 전량을 사용하여 성형하시오.

※ 충전용 · 토핑용 재료는 계량시간에서 제외한다.

04 밤 식빵

합격포인트
1. 당조림한 밤 조각을 사용하기 30분 전에 체에 밭쳐서 수분을 제거한다. 밤 조각에 수분이 있으면 반죽을 구웠을 때 밤 주위부분이 익지 않는다.
2. 성형 시 촘촘히 말아주어야 굽기 후 가운데를 잘랐을 때 절단면에 구멍이 생기지 않는다. 그렇지만 너무 단단하게 말면 밤 조각의 단면에 반죽이 찢어지기도 한다.
3. 유지를 주재료로 만든 토핑물을 짜기 전에 반죽표면의 수분을 건조시킨 후 얇고 고르게 짠다.

배합표

반죽			토핑물		
비율(%)	재료명	무게(g)	비율(%)	재료명	무게(g)
80	강력분	960	100	마가린	100
20	중력분	240	60	설탕	60
52	물	624	2	베이킹파우더	2
4.5	생이스트	54	60	달걀	60
1	제빵개량제	12	100	중력분	100
2	소금	24	50	아몬드 슬라이스	50
12	설탕	144	372	계	372
8	버터	96			
3	탈지분유	36			
10	달걀	120			
192.5	계	2,310	35	밤다이스(시럽 제외)	420

채점기준표 (능력단위별 수행준거에 따른 체크리스트)

수행 순서	수행 항목	수행 순서	수행 항목	수행 순서	수행 항목
1	재료계량시간	10	둥글리기	19	구운 상태
2	재료손실, 정확도	11	중간발효	20	정리정돈, 청소
3	반죽혼합순서	12	반죽성형	21	개인위생
4	반죽상태	13	정형의 숙련도	22	제품의 부피
5	반죽온도	14	정형의 상태	23	제품의 외부균형
6	1차 발효관리	15	팬 넣기	24	제품의 껍질
7	1차 발효상태	16	2차 발효관리	25	제품의 내상
8	비스킷 제조	17	2차 발효상태	26	맛과 향
9	분할 숙련도, 정확도	18	굽기 관리		

재료 및 기기 준비

[실기시험 요구수량 : 5개]
수직형 믹서와 볼, 반죽날개(훅), 오븐, 저울, 행주, 온도계, 고무주걱, 비닐, 스크래퍼, 스테인리스 볼, 식빵 팬, 짤주머니, 물결모양 깍지, 거품기, 밀대, 체

수행준거에 맞추어 만들어 볼까요!!

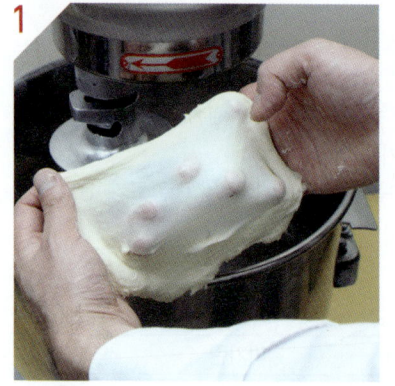
1. 믹싱 완료점

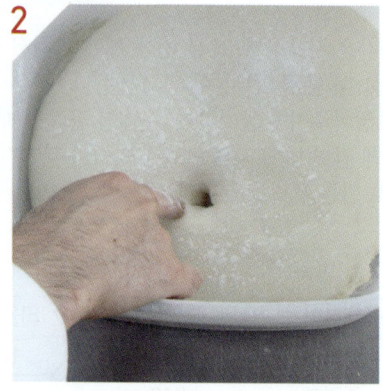
2. 1차 발효 완료점

3. 둥글리기

4. 밤 충전하기

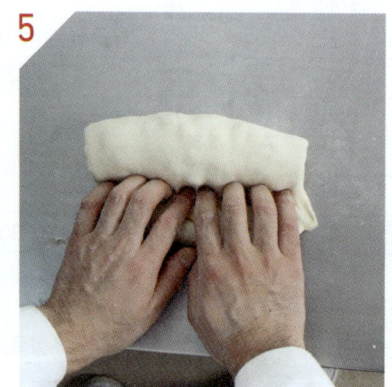
5. 말기

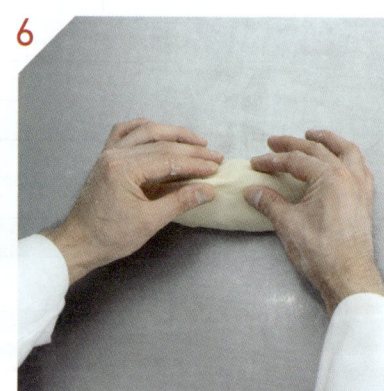
6. 봉하기

7. 패닝하기

8. 토핑물 만들기

9. 토핑물 짜기

믹싱 최종 단계(100%), 27℃

1. 가루재료를 믹서 볼에 투입한 후 1단으로 고루 혼합한다.
2. 계절에 따라 반죽온도를 맞출 수 있는 온도로 조절한 물에 달걀, 생이스트 순으로 넣고 섞어 믹서 볼에 붓는다. 처음에는 1단으로 돌리다가 한 덩어리가 되면 2단으로 돌려 클린업 단계까지 믹싱한다.
3. 클린업 단계에서 유지를 넣고 1단으로 돌리다가 유지가 섞이면 2단 혹은 3단으로 돌려 최종 단계까지 믹싱한다.

1차 발효 27℃, 75~80%, 45분

1. 처음 반죽 부피의 3배 정도이다. 손가락에 강력분을 묻혀 반죽의 윗면을 찔렀을 때 손가락 자국이 약간 오므라드는 정도이다.

분할 무게 450g, 개수 5개 → 둥글리기 → 중간발효 10분

성형 밀어 펴기(가스 빼기) → 밤 충전하기 → 말기 → 봉하기

1. 반죽을 밀대로 두께가 일정하도록 타원형으로 밀어 펴면서 가스를 빼준다.
2. 반죽의 가장자리 1cm를 남기고 80g의 밤을 고르게 뿌린다.
3. 크기를 일정하게 유지하며 반죽을 양손으로 아래에서부터(혹은 위에서부터) 안으로 단단히 말기를 하면서 위로 올라간다. 올라가면서 타원형으로 만든다.
4. 이음매를 꼼꼼히 꼬집듯이 잘 봉한다. (※57쪽에 자세한 과정 사진이 있습니다.)

> • 밀어 펴기 중에는 작업대 위에 최소한의 덧가루를 뿌려 작업대와 반죽이 붙지 않도록 하고, 반죽 윗면과 밀대에도 덧가루를 묻혀 반죽과 밀대가 붙지 않도록 한다.

패닝 1팬에 반죽 1개

1. 반죽의 이음매가 식빵 틀의 바닥으로 향하게 패닝하여 반죽이 팬 바닥에 잘 밀착되도록 주먹으로 윗부분을 가볍게 눌러준다.

2차 발효 35℃, 85%, 27~31분

1. 반죽이 팬 높이보다 1.5cm 아래인 시점까지 발효시킨다.

토핑물 만들기(수작업) → 토핑물 짜기 (반죽의 윗면을 충분히 덮을 수 있도록 짠다. 5줄 짤 것)

> • 마가린, 설탕을 용기에 넣고 핸드 거품기로 크림화한다.
> • 달걀을 넣고 설탕이 거의 녹을 때까지 잘 저어 부드러운 크림상태로 만든다.
> • 중력분, 베이킹파우더를 같이 섞어 체에 친다.
> • 부드러운 크림상태의 마가린에 체에 친 가루재료를 넣고 주걱으로 고르게 혼합한다.
> • 짤주머니에 물결모양 깍지를 끼우고 토핑물을 넣는다.
> • 토핑물을 반죽 윗면에 두께가 균일하도록 전체적으로 짠 후 아몬드 슬라이스를 뿌린다.

굽기 윗불 170℃, 밑불 170℃, 35분

1. 기본 온도와 시간이므로 작업장의 오븐환경에 따라 온도와 시간을 조정하여 사용한다.
2. 윗면의 색을 보고 팬을 돌려 준 후 마무리 굽기를 한다.
3. 식빵은 제시된 시간을 맞추면서 착색을 유도하여 굽기를 마무리 한다.

> • 오븐의 위치에 따라 차이가 생기므로, 25분 정도 경과 후 팬의 위치를 바꾸어 전체 제품의 색깔이 균일하게 유지되고 내부가 충분히 익도록 한다. 만약에 밤 식빵의 옆면까지 충분히 익었다면, 옆면의 윗부위까지 착색이 된다.

05 식빵 반죽에 버터와 달걀을 20% 정도 넣어 아주 가볍고 부드럽게 만든 콜드 샌드위치용

버터 톱 식빵(Butter Top Bread)

 시험 시간

3:30

다음 요구사항대로 버터 톱 식빵을 제조하여 제출하시오.

1. 배합표의 각 재료를 계량하여 재료별로 진열하시오(9분).
   - 재료계량(재료당 1분) → [감독위원 계량 확인] → 작품제조 및 정리정돈(전체시험시간−재료계량시간)
   - 재료계량시간 내에 계량을 완료하지 못하여 시간이 초과된 경우 및 계량을 잘못한 경우는 추가의 시간 부여 없이 작품제조 및 정리정돈 시간을 활용하여 요구사항의 무게대로 계량
   - 달걀의 계량은 감독위원이 지정하는 개수로 계량
2. 반죽은 스트레이트법으로 제조하시오(단, 유지는 클린업 단계에서 첨가하시오).
3. 반죽온도는 27℃를 표준으로 하시오.
4. 분할무게 460g짜리 5개를 만드시오(한 덩이 : One Loaf).
5. 윗면을 길이로 자르고 버터를 짜 넣는 형태로 만드시오.
6. 반죽은 전량을 사용하여 성형하시오.

※ 토핑용 재료는 계량시간에서 제외한다.

05 버터 톱 식빵

합격포인트

1. 믹서의 회전축에 장착하는 반죽날개인 훅의 형태에는 L자형과 나선형이 있는데 L자형은 상대적으로 믹싱시간이 단축이 되며 굽기 시 오븐팽창이 큰 반면에 나선형은 믹싱시간이 1.7배 정도 길어지며 굽기 시 오븐팽창이 작다. 이러한 현상이 버터가 많이 들어가는 버터 톱 식빵에서는 현저하게 나타나므로 각별한 주의가 필요하다.
2. 버터가 많이 들어가는 반죽이므로 믹싱할 때 글루텐을 어느 정도 발전시킨 후 버터를 넣어 믹싱시간을 단축한다.
3. 많은 양의 생이스트와 버터가 들어가므로 반죽의 발전은 최종 단계 초기까지 진행한다. 만약에 일반적인 식빵처럼 최종 단계까지 진행하면 지나친 오븐팽창으로 완제품이 주저앉는다.

배합표

비율(%)	재료명	무게(g)	비율(%)	재료명	무게(g)
100	강력분	1,200	40	물	480
4	생이스트	48	1	제빵개량제	12
1.8	소금	21.6(22)	6	설탕	72
20	버터	240	3	탈지분유	36
20	달걀	240	**195.8**	**계**	**2,349.6(2,350)**
	토핑물				
5	버터(바르기용)	60			

채점기준표 (능력단위별 수행준거에 따른 체크리스트)

수행 순서	수행 항목	수행 순서	수행 항목
1	재료계량시간	14	팬 넣기
2	재료손실, 정확도	15	2차 발효관리
3	반죽혼합순서	16	2차 발효상태
4	반죽상태	17	굽기 관리
5	반죽온도	18	구운 상태
6	1차 발효관리	19	정리정돈, 청소
7	1차 발효상태	20	개인위생
8	분할시간	21	제품의 부피
9	분할 숙련도, 정확도	22	제품의 외부균형
10	둥글리기	23	제품의 껍질
11	중간발효	24	제품의 내상
12	정형의 숙련도	25	맛과 향
13	정형의 상태		

재료 및 기기 준비

[실기시험 요구수량 : 5개]

수직형 믹서와 볼, 반죽날개(훅), 오븐, 저울, 행주, 온도계, 고무주걱, 비닐, 스크래퍼, 스테인리스 볼, 식빵 팬, 종이 짤주머니용 백 로지, 가위, 커트 칼

수행준거에 맞추어 만들어 볼까요!!

1. 버터 투입시기

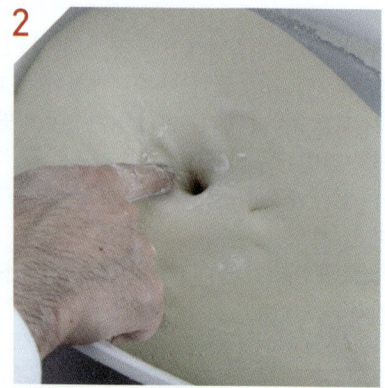
2. 1차 발효 완료점

3. 둥글리기

4. 말기

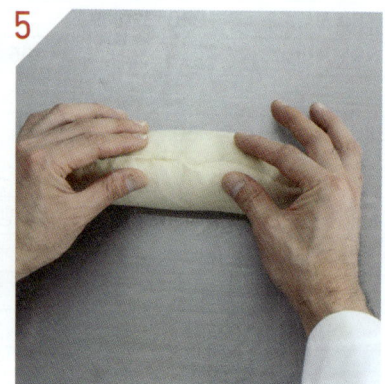
5. 봉하기

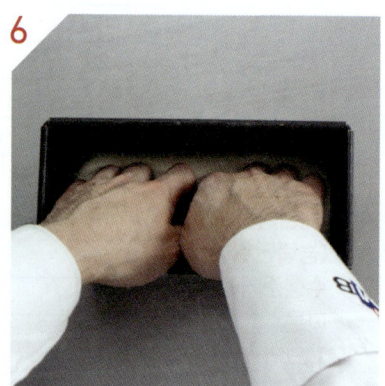
6. 패닝하기

7. 칼집 내기

8. 버터 짜기

9. 굽기 완료점

믹싱 최종 단계(100%), 27℃

1. 가루재료를 믹서 볼에 투입한 후 1단으로 고루 혼합한다.
2. 계절에 따라 반죽온도를 맞출 수 있는 온도로 조절한 물에 달걀, 생이스트 순으로 넣고 섞어 믹서 볼에 붓는다. 처음에는 1단으로 돌리다가 한 덩어리가 되면 2단으로 돌려 클린업 단계까지 믹싱한다.
3. 클린업 단계에서 유지를 넣고 1단으로 돌리다가 유지가 섞이면 2단 혹은 3단으로 돌려 최종 단계까지 믹싱한다.

1차 발효 27℃, 75~80%, 45분

1. 발효실에 넣을 발효통에 덧가루를 충분히 뿌려 준비한다.
2. 믹서 볼 옆면에 덧가루를 뿌리고 플라스틱 곡면 스크래퍼를 이용해 반죽을 분리시켜 떼어낸 후 반죽의 외피가 손상되지 않게 잘 손질하여 매끄러운 한 덩어리 반죽으로 만들어 발효통에 담는다.
3. 반죽을 넣은 발효통에 준비된 뚜껑 혹은 비닐을 공기가 통하게 덮어 발효실에 넣고 45분 발효한다.
4. 처음 반죽 부피의 2.5배 정도이다. 손가락에 강력분을 묻혀 반죽의 윗면을 찔렀을 때 손가락 자국이 약간 오므라드는 정도이다.

분할 무게 460g, 개수 5개 → 둥글리기 → 중간발효 10분

- 460g씩 스크래퍼를 이용하여 표피가 손상되지 않도록 최대한 유지하면서 신속하고 정확하게 분할한다.
- 작업대 발효 시 덮어놓은 비닐 위에 반죽온도 유지를 위해 계절에 따라 물수건의 온도를 맞추어 올려놓는다.

성형 밀어 펴기(가스 빼기) → 말기 → 봉하기

1. 반죽을 밀대로 두께가 일정하며 넓적한 타원형으로 밀어 펴면서 가스를 빼준다.
2. 크기를 일정하게 유지하며 반죽을 양손으로 아래에서부터 안으로 단단히 말기를 하면서 위로 올라간다. 올라가면서 타원형으로 만든다. 혹은 반죽을 양손으로 위에서부터 안으로 단단히 말아내려오면서 럭비공 모양으로 만들기도 한다.
3. 이음매를 꼼꼼히 꼬집듯이 잘 봉한다. (※57쪽에 자세한 과정 사진이 있습니다.)

- 밀어 펴기 중에는 작업대 위에 최소한의 덧가루를 뿌려 작업대와 반죽이 붙지 않도록 하고, 반죽 윗면과 밀대에도 덧가루를 묻혀 반죽과 밀대가 붙지 않도록 한다.
- 반죽의 매끄러운 면이 표면에 나타나게 말아준다.

패닝 1팬에 반죽 1개씩 → 2차 발효 35℃, 85%, 30~35분

- 반죽의 이음매가 식빵 틀의 바닥으로 향하게 패닝하여 반죽이 팬 바닥에 잘 밀착되도록 주먹으로 윗부분을 가볍게 눌러준다.
- 반죽이 팬 높이보다 1cm 아래인 시점까지 발효시킨다.

칼집 내기

1. 반죽 윗면 가운데를 0.5cm 깊이로 길게 잘라 칼집을 낸다.
2. 버터를 부드럽게 만들어 짤주머니에 담고 칼집 낸 부분에 적당량(4g)을 짜준다.
3. 식빵은 제시된 시간을 맞추면서 착색을 유도하여 굽기를 마무리 한다.

굽기 윗불 170℃, 밑불 180℃, 30~35분

- 제품의 옆면이 황금갈색으로 충분히 색깔이 나야 한다. 그렇지 않으면 틀에서 제품을 꺼낸 후 식히는 과정에서 주저앉게 된다.
- 오븐의 위치에 따라 차이가 생기므로, 25분 정도 경과 후 팬의 위치를 바꾸어 전체 제품의 색깔이 균일하게 유지되고 내부가 충분히 익도록 한다. 만약에 버터 톱 식빵의 옆면까지 충분히 익었다면, 옆면의 윗부위까지 착색이 된다.

옥수수 가루를 20% 사용하고 유지, 달걀, 설탕, 분유 등을
토스트 샌드위치용보다 많이 넣은 콜드 샌드위치용

옥수수 식빵 (Corn Pan Bread)

시험 시간

3:40

다음 요구사항대로 옥수수 식빵을 제조하여 제출하시오.

1. 배합표의 각 재료를 계량하여 재료별로 진열하시오(10분).
   - 재료계량(재료당 1분) → [감독위원 계량 확인] → 작품제조 및 정리정돈(전체시험시간-재료계량시간)
   - 재료계량시간 내에 계량을 완료하지 못하여 시간이 초과된 경우 및 계량을 잘못한 경우는 추가의 시간 부여 없이 작품제조 및 정리정돈 시간을 활용하여 요구사항의 무게대로 계량
   - 달걀의 계량은 감독위원이 지정하는 개수로 계량

2. 반죽은 스트레이트법으로 제조하시오(단, 유지는 클린업 단계에서 첨가하시오).
3. 반죽온도는 27℃를 표준으로 하시오.
4. 표준 분할무게는 180g으로 하고, 제시된 팬의 용량을 감안하여 결정하시오
   (단, 분할무게×3을 1개의 식빵으로 함).
5. 반죽은 전량을 사용하여 성형하시오.

17 옥수수 식빵

합격포인트

1. 옥수수 분말에는 글루텐을 만드는 단백질의 함량은 적고 전분의 함량은 많아 반죽을 만들 때는 수분을 많이 흡수하지 못하지만 반죽을 구울 때는 수분을 많이 흡수한다. 이러한 이유 때문에 반죽의 되기가 다른 시험품목의 식빵들보다 매우 질다.
2. 옥수수 분말에 의해 반죽정형공정 시 반죽이 매우 끈적거리므로 반죽표면을 매끄럽게 만들기가 어렵다. 그러므로 작업을 쉽게 진행할 수 있도록 덧가루를 적절히 사용한다.
3. 완제품 식빵의 밑면이 잘 나오도록 패닝을 할 때 반죽을 팬에 넣은 후 주먹으로 윗부분을 가볍게 눌러 반죽의 밑면이 팬의 바닥면에 밀착되도록 한다. – 모든 식빵 패닝 시 해당된다.

배합표

비율(%)	재료명	무게(g)	비율(%)	재료명	무게(g)
80	강력분	960	20	옥수수 분말	240
60	물	720	3	생이스트	36
1	제빵개량제	12	2	소금	24
8	설탕	96	7	쇼트닝	84
3	탈지분유	36	5	달걀	60
			189	계	2,268

채점기준표 (능력단위별 수행준거에 따른 체크리스트)

수행 순서	수행 항목	수행 순서	수행 항목
1	재료계량시간	14	팬 넣기
2	재료손실, 정확도	15	2차 발효관리
3	반죽혼합순서	16	2차 발효상태
4	반죽상태	17	굽기 관리
5	반죽온도	18	구운 상태
6	1차 발효관리	19	정리정돈, 청소
7	1차 발효상태	20	개인위생
8	분할시간	21	제품의 부피
9	분할 숙련도, 정확도	22	제품의 외부균형
10	둥글리기	23	제품의 껍질
11	중간발효	24	제품의 내상
12	정형의 숙련도	25	맛과 향
13	정형의 상태		

재료 및 기기 준비

[실기시험 요구수량 : 4개]

수직형 믹서와 볼, 반죽날개(훅), 오븐, 저울, 행주, 온도계, 고무주걱, 비닐, 스크래퍼, 스테인리스 볼, 식빵 팬, 밀대

수행준거에 맞추어 만들어 볼까요!!

1

쇼트닝 투입시기

2

1차 발효 완료점

3
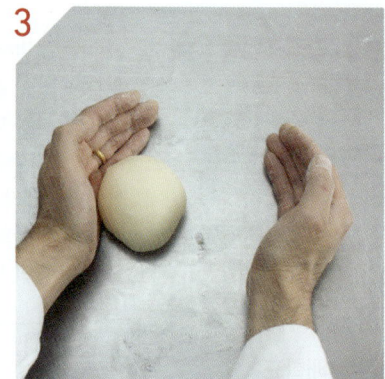
둥글리기

4

중간발효

5

밀기

6

접기

7

말기

8

팬닝하기

9

굽기 완료점

믹싱 발전 단계 후기(90%), 27℃

1. 가루재료를 믹서 볼에 투입한 후 1단으로 고루 혼합한다.
2. 계절에 따라 반죽온도를 맞출 수 있는 온도로 조절한 물에 달걀, 생이스트 순으로 넣고 섞어 믹서 볼에 붓는다. 처음에는 1단으로 돌리다가 한 덩어리가 되면 2단으로 돌려 클린업 단계까지 믹싱한다.
3. 클린업 단계에서 유지를 넣고 1단으로 돌리다가 유지가 섞이면 2단 혹은 3단으로 돌려 발전 단계 후기까지 믹싱한다.

1차 발효 27℃, 75~80%, 50분

1. 발효실에 넣을 발효통에 덧가루를 충분히 뿌려 준비한다.
2. 믹서 볼 옆면에 덧가루를 뿌리고 플라스틱 곡면 스크래퍼를 이용해 반죽을 분리시켜 떼어낸 후 반죽의 외피가 손상되지 않게 잘 손질하여 매끄러운 한 덩어리반죽으로 만들어 발효통에 담는다.
3. 반죽을 넣은 발효통에 준비된 뚜껑 혹은 비닐을 공기가 통하게 덮어 발효실에 넣고 50분 발효한다.
4. 처음 반죽 부피의 3배 정도로, 반죽의 속 부분을 약간 늘려보았을 때 유연한 섬유질 상태이다. 반죽상태와 반죽온도에 따라 발효시간을 조절한다.

- 옥수수 가루와 같이 점성이 있는 가루를 사용한 반죽은 발효를 과다하게 하면 손에 지나치게 달라붙는다.

분할 무게 180g, 개수 12개 → 둥글리기 → 중간발효 10분

- 180g씩 스크래퍼를 이용하여 표피가 손상되지 않도록 최대한 유지하면서 신속하고 정확하게 분할한다.
- 양손으로 반죽을 살짝 감싸고 양손 날은 작업대에 붙인다. 그런 다음 한 방향 원형으로 굴리면서 표피가 찢어지지 않도록 하면서 표면이 매끄럽고 일정한 모양이 되도록 둥글리기를 한다.
- 작업대 발효 시 덮어놓은 비닐 위에 반죽온도 유지를 위해 계절에 따라 물수건의 온도를 맞추어 올려놓는다.

성형 밀어 펴기(가스 빼기) → 말기 → 봉하기

1. 반죽을 밀대로 두께가 일정하도록 표면부분을 타원형으로 밀어 펴면서 큰 가스를 빼준다.
2. 매끄러운 부분을 바닥으로 놓고 3겹 접기를 한다.
3. 흡사 매트를 둥글게 말듯 일정한 크기와 두께를 유지하며 말기를 한다.
4. 이음매를 꼼꼼히 꼬집듯이 잘 봉한다. (※51쪽에 자세한 과정 사진이 있습니다.)

- 밀어 펴기 중에는 작업대 위에 최소한의 덧가루를 뿌려 작업대와 반죽이 붙지 않도록 하고, 반죽 윗면과 밀대에도 덧가루를 묻혀 반죽과 밀대가 붙지 않도록 한다.

패닝 1팬에 반죽 3개씩 → 2차 발효 35℃, 85%, 33~38분

- 반죽을 만 방향을 모두 맞추고 이음매를 식빵 팬의 바닥으로 향하게 패닝하여 반죽이 팬 바닥에 잘 밀착되도록 주먹으로 윗부분을 가볍게 눌러준다.
- 반죽이 팬 높이보다 0.5cm 높이 올라온 시점이 될 때까지 발효시킨다.

굽기 윗불 170℃, 밑불 180℃, 30~35분

- 오븐의 위치에 따라 반죽 윗면의 착색이 다르므로 윗면의 색을 보고 반죽을 180° 돌려 마무리 굽기를 한다.
- 굽기 시간 25분 정도 경과 후 팬의 위치를 바꾸면 제품의 착색이 균일하게 유지되고 내부가 충분히 익는다.
- 제품의 옆면이 황금갈색으로 충분히 색깔이 나야 한다. 그렇지 않으면 틀에서 제품을 꺼낸 후 식히는 과정에서 주저앉게 된다.
- 식빵의 터짐과 찌어짐이 있는 부위에 약간 착색이 일어나면 제품의 옆면이 황금갈색으로 충분히 착색되어 있다.
- 식빵은 제시된 시간을 맞추면서 착색을 유도하여 굽기를 마무리 한다.

콜드 샌드위치용 식빵 반죽에 쌀가루를 30% 정도 사용하여
가볍고 부드러우며 약간 쫄깃하게 만든

쌀 식빵 (Rice Pan Bread)

 시험 시간

4:00

다음 요구사항대로 쌀식빵을 제조하여 제출하시오.

1. 배합표의 각 재료를 계량하여 재료별로 진열하시오(9분).

   - 재료계량(재료당 1분) → [감독위원 계량 확인] → 작품제조 및 정리정돈(전체시험시간−재료계량시간)
   - 재료계량시간 내에 계량을 완료하지 못하여 시간이 초과된 경우 및 계량을 잘못한 경우는 추가의 시간 부여 없이 작품제조 및 정리정돈 시간을 활용하여 요구사항의 무게대로 계량
   - 달걀의 계량은 감독위원이 지정하는 개수로 계량

2. 반죽은 스트레이트법으로 제조하시오.(단, 유지는 클린업 단계에서 첨가하시오)
3. 반죽온도는 27℃를 표준으로 하시오.
4. 분할무게는 198g씩으로 하고, 제시된 팬의 용량을 감안하여 결정하시오.
   (단, 분할무게 × 3을 1개의 식빵으로 함)
5. 반죽은 전량을 사용하여 성형하시오.

160 완전합격 제과 · 제빵기능사 실기시험문제

17 쌀 식빵

합격포인트

- 쌀가루는 글루텐을 형성하는 단백질 함량이 적으므로 믹싱시간, 1차 발효시간은 밀가루 빵에 비교하여 약간 줄인다.
- 쌀가루는 반죽의 글루텐 함량을 떨어뜨리고 가스 보유력을 약화시키기 때문에 밀가루 빵에 비교하여 분할중량을 늘린다.
- 쌀가루의 단백질 함량에 따른 갈변반응속도와 분할중량을 고려하여 굽기 온도와 시간을 정한다.

배합표

비율(%)	재료명	무게(g)	비율(%)	재료명	무게(g)
70	강력분	910	7	설탕	91(90)
30	강력쌀가루	390	5	쇼트닝	65(66)
63	물	819(820)	4	탈지분유	52
3	생이스트	39(40)	2	제빵개량제	26
1.8	소금	23.4(24)	185.8	계	2,415.4(2,418)

※ 지급재료 : 이스트(생이스트)

채점기준표

순서	세부항목	순서	세부항목
1	재료계량시간	14	팬 넣기
2	재료손실, 정확도	15	2차 발효관리
3	반죽혼합순서	16	2차 발효상태
4	반죽상태	17	굽기 관리
5	반죽온도	18	구운 상태
6	1차 발효관리	19	정리정돈, 청소
7	1차 발효상태	20	개인위생
8	분할시간	21	제품의 부피
9	분할 숙련도, 정확도	22	제품의 외부균형
10	둥글리기	23	제품의 껍질
11	중간발효	24	제품의 내상
12	정형의 숙련도	25	맛과 향
13	정형의 상태		

[생산수량 : 식빵 팬 4개]

오븐, 저울, 행주, 온도계, 고무주걱, 비닐, 스크래퍼, 스테인리스 볼, 식빵 팬, 밀대

수행준거에 맞추어 만들어 볼까요!!

1
쇼트닝 투입시기

2
1차 발효 완료점

3
둥글리기

4
중간발효

5
밀기

6
접기

7
밀기

8
이음매의 위치 자리잡기

9
2차 발효 완료점

믹싱 발전 단계 후기(90%), 27℃

1. 가루재료를 믹서 볼에 투입한 후 1단으로 고루 혼합한다.
2. 계절에 따라 반죽온도를 맞출 수 있는 물 온도를 조절하여 이스트를 섞어 믹서볼에 넣어 1단으로 돌리다가 한 덩어리가 되면 2단으로 돌려 클린업 단계까지 믹싱한다.
3. 클린업 단계에서 유지를 넣고 1단으로 돌리다가 유지가 섞이면 2단 혹은 3단으로 돌려 발전 단계 후기까지 믹싱한다.

- 쌀가루는 글루텐을 형성하는 단백질 함량이 적으므로 믹싱시간, 1차 발효 시간은 밀가루 빵에 비교하여 약간 줄인다.

1차 발효 27℃, 75~80%, 50분

1. 발효실에 넣을 발효통에 덧가루를 충분히 뿌려 준비한다.
2. 믹서 볼 옆면에 덧가루를 뿌리고 플라스틱 곡면 스크래퍼를 이용해 반죽을 분리시켜 떼어낸 후 반죽의 외피가 손상되지 않게 잘 손질하여 매끄러운 한 덩어리 반죽으로 만들어 발효통에 담는다.
3. 반죽을 넣은 발효통에 준비된 뚜껑 혹은 비닐을 공기가 통하게 덮어 발효실에 넣고 50분 발효한다.
4. 처음 반죽 부피의 3배 정도로, 반죽의 속 부분을 약간 늘여보았을 때 유연한 섬유질 상태이다. 반죽 상태와 반죽온도에 따라 발효시간을 조절한다.

분할 198g → 둥글리기 → 중간발효 10분

- 반죽과 발효 과정에서 형성된 글루텐 막의 손상이 최소화될 수 있도록 대강의 반죽 무게를 짐작하여 한두 번의 반죽 가감으로 정확한 무게가 되도록 한다.
- 양손으로 반죽을 살짝 감싸고 양손 날을 작업대에 붙여 한 방향 원형으로 굴리면서 표피를 찢어지지 않도록 표면이 매끄럽고 일정한 모양으로 둥글리기를 한다.
- 작업대 발효 시 덮어놓은 비닐 위에 온도유지를 위해 계절에 따라 물수건의 온도를 맞추어 올려놓는다.
- 반죽을 말기 한 방향을 모두 맞추고 이음매를 식빵 팬의 바닥으로 향하게 패닝하여 반죽이 팬 바닥에 잘 밀착되도록 주먹으로 윗부분을 가볍게 눌러 준다.

성형 밀어 펴기(가스빼기) → 말기 → 봉하기

1. 반죽을 밀대로 두께가 일정하도록 표면부분을 타원형으로 밀어 펴면서 큰 가스를 빼준다.
2. 매끄러운 부분을 바닥으로 놓고 3겹 접기를 한다.
3. 흡사 매트를 둥글게 말듯 일정한 크기와 두께를 유지하며 말기를 한다.
4. 이음매를 꼼꼼히 꼬집듯이 잘 봉한다.

패닝 1팬에 3개 → 2차 발효 35℃, 85%, 40~45분

- 반죽이 팬 높이보다 1cm 아래 시점이 될 때까지 발효시킨다.

굽기 윗불 170℃, 밑불 180℃, 35분

- 식빵 팬의 두께와 철판의 사용 유무, 오븐의 열전달 방식 등에 따라 온도와 시간이 달라지므로 실제로는 경험을 기초로 다양한 굽기 조건이 가능하다.
- 식빵 팬과 팬 사이는 일정한 간격을 유지하여 열전달이 용이하게 하여야 한다.
- 제품의 옆면이 황금갈색으로 충분히 색깔이 나야 한다. 그렇지 않으면 틀에서 제품을 꺼낸 후 식히는 과정에서 주저앉게 된다.
- 오븐의 위치에 따라 차이가 생기므로, 25분 정도 경과 후 팬의 위치를 바꾸어 전체 제품의 색깔이 균일하게 유지되고 내부가 충분히 익도록 한다.

2. 단과자빵류 만들기

단과자빵류 만들기란 제품의 특성에 맞는 재료를 사용하여 반죽, 발효, 정형, 굽기를 하여 당과 유지의 비율이 높은 빵을 제조하는 능력이다.

❶ 단과자빵류 반죽하기

1. 작업지시서에 따라 배합표를 점검하고 필요한 도구를 준비할 수 있다.
2. 배합표에 따라 재료를 계량하고 필요한 전처리를 할 수 있다.
3. 단과자빵류 반죽 특성에 맞게 반죽기 속도, 온도를 조절할 수 있다.
4. 반죽 완료 시 반죽 정도의 적절성을 점검할 수 있다.

 실무내용 | 단과자빵류 반죽하기

제과기능사 실기시험품목 중 단과자빵 제조공정을 통해 반죽하기를 설명한다.

❷ 단과자빵류 1차 발효하기

1. 단과자빵류 반죽특성에 따라 반죽 발효 조건을 확인할 수 있다.
2. 반죽상태에 따라 반죽 발효 시간을 조절할 수 있다.
3. 반죽상태에 따라 발효 완료상태를 점검할 수 있다.

 실무내용 | 단과자빵류 1차 발효하기

제과기능사 실기시험품목 중 단과자빵 제조공정을 통해 1차 발효하기를 설명한다.

❸ 단과자빵류 충전물·토핑물 만들기

1. 작업지시서에 따라 필요한 재료를 준비하여 전처리할 수 있다.
2. 작업지시서에 따라 충전물·토핑물, 시럽을 만들 수 있다.

 실무내용 | 단과자빵류 충전물·토핑물 만들기

제과기능사 실기시험품목 중 단과자빵 제조공정을 통해 충전물·토핑물을 설명한다.

❹ 단과자빵류 정형하기

1. 덧가루 사용량을 조절하여 분할, 둥글리기, 중간발효를 할 수 있다.
2. 작업지시서에 따라 성형에 필요한 도구를 준비할 수 있다.
3. 제품특성에 따라 충전물과 토핑물을 사용하여 성형할 수 있다.
4. 제품특성에 따라 고유의 모양으로 성형하여 패닝할 수 있다.

 실무내용 | 단과자빵류 정형하기

제과기능사 실기시험품목 중 단과자빵 제조공정을 통해 정형하기를 설명한다.

여기서는 품목별 특징에 따른 세부적인 정형하기를 스냅사진으로 설명한다.

1. 반죽 둥글리기

   #### 작은 반죽 둥글리기 과정
   반죽을 손바닥 위에 올리고 다른 손의 손가락을 피아노 치듯이 모아 굽혀서 손가락 끝을 바닥에 밀착시켜 반죽을 감싸고, 한 방향 원형으로 굴리면서 표피가 찢어지지 않도록 표면이 매끄럽고 일정한 모양으로 둥글리기를 한다.

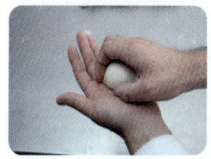 

   #### 큰 반죽 둥글리기 과정
   양손으로 반죽을 살짝 감싸고 손날은 작업대에 붙여 한 방향 원형으로 굴리면서 표피가 찢어지지 않도록 표면이 매끄럽고 일정한 모양으로 둥글리기를 한다.

 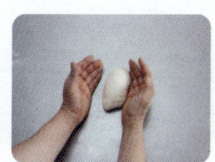  

2. 반죽 성형하기

   성형은 중간 발효가 끝난 생지의 가스를 고르게 뺀 다음 작업지시서에 따라 다양한 제품의 형태로 만들 수 있다.

   #### 빵도넛 성형과정
   꽈배기형
   1. 같은 방법으로 반죽을 30cm 길이로 밀어 늘인다.
   2. 양쪽 끝을 손바닥으로 누르고 서로 반대로 손바닥을 밀어 꼰 후 들어 올려 서로 꼬아지게 만든다.

   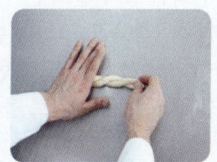 

단팥빵 성형과정

1. 반죽을 손바닥으로 되도록 원형으로 눌러 큰 가스가 빠지도록 하여 매끄러운 부분이 손바닥에 닿도록 손에 올린다.
2. 팥앙금 40g을 올리고 헤라를 이용해 앙금을 눌러주며 손으로 반죽을 돌려준다. 앙금이 가운데에 들어갈 수 있도록 싼 후 새어 나오지 않도록 동그랗게 돌리며 이음매를 잘 봉한다.

밀대(봉)형 성형과정

1. 매끄러운 부분을 위를 향하게 놓고 반죽의 가스를 완전히 제거하지 않기 위해 손바닥을 이용해 눌러 편다.
2. 매끄러운 부분을 바닥으로 놓고 긴 쪽으로 3겹 접기를 한다.
3. 한손 엄지와 검지를 이용해서 반죽을 접으면서 다른 손의 엄지 아래 손바닥을 이용해 접은 반죽을 따라가며 눌러 붙이는 방법으로 3~4번 정도 말고 이음매를 단단히 봉해 22~23cm 정도의 둥근 막대모양으로 만든다.

  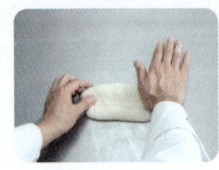 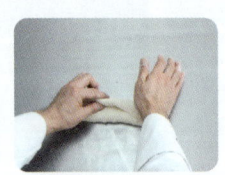 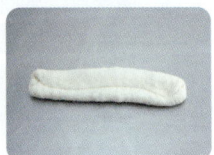
  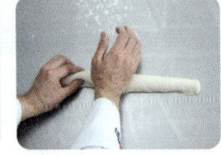 

단과자빵(트위스트형) 성형과정

반죽에 덧가루를 묻혀 손바닥을 이용해 눌러서 가스를 뺀다.

1. 8자형 : 반죽을 말아 밀고 손가락을 벌려 고르게 25cm 길이로 밀어 늘린 후 8자형으로 꼬아 만든다.
2. 2중 8자형 : 반죽을 말고 밀며 손가락을 벌려 고르게 35cm 길이로 밀어 늘려 2중 8자형으로 꼬아 만든다.
3. 달팽이형 : 반죽을 말아 밀며 한쪽을 비스듬히 얇게 하면서 30cm 길이로 비벼 늘린 후 굵은 쪽을 안쪽으로 중심을 잡고 반죽이 위로 올라타지 않도록 평평히 돌려 감는다.

[8자형]

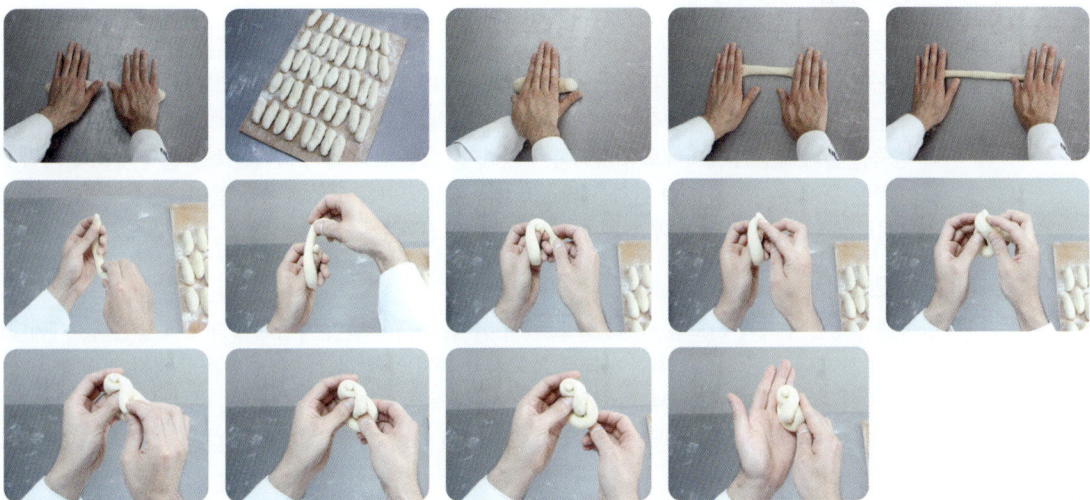

[2중 8자형]

[달팽이형]

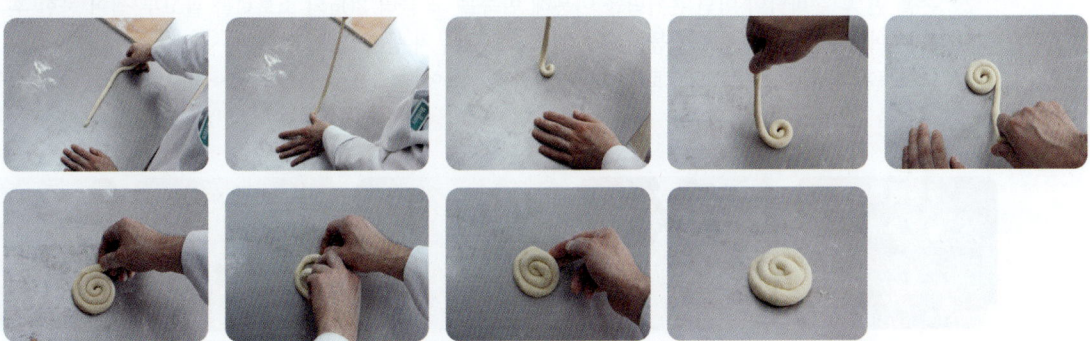

단과자빵(크림빵) 성형과정

충전형 만들기

1. 반죽을 일정한 두께가 되도록 타원형으로 밀어 편 후 매끈한 면이 손바닥에 닿도록 올려 놓는다.
2. 반죽을 반으로 접어 반원을 생각하며, 반원의 가운데에 오도록 해라로 커스터드크림 30g을 떠서 놓고 아래쪽 반죽을 올려 크림이 새어나오지 않도록 주의하며, 올린 반죽 끝이 아래반죽을 살짝 덮도록 씌워 붙인다.
3. 붙인 부분 위에 손가락을 벌려 간격을 맞추고, 꾹 눌러 옆면을 고르게 눌러 붙인다.
4. 스크래퍼로 손가락으로 누른 부분을 1cm 길이로 4~5군데를 자른다.

비충전형 만들기

1. 반죽을 일정한 두께가 되도록 타원형으로 밀어 편 후 매끈한 면이 작업대에 닿도록 놓는다. 차례대로 밀어 편 후 먼저 밀어둔 반죽 1/4 지점 아래로 차곡차곡 붙지 않게 적당히 덧가루를 묻혀서 겹쳐 놓는다.
2. 붓으로 기름을 찍어서 맨 위쪽부터 겹쳐지지 않아 보이는 반죽에 전체적으로 바른다.
3. 기름칠을 하지 않은 아래쪽 반죽을 올려 반으로 접어 끝이 기름칠한 반죽보다 살짝 위로 올라오도록 하여 반달모양을 만든다.

단과자빵(소보로빵) 성형과정

1. 소보로를 작업대에 펴놓고 다시 둥글리기 한 반죽 윗면에 물을 발라 물이 묻은 반죽을 소보로에 닿게 한다.
2. 손을 편 후 손바닥이 아닌 손가락을 이용해 반죽을 꾹 눌러 30g의 소보로를 골고루 찍어 묻힌 후 손가락을 떼어낸다.(이때 소보로가 뭉치거나 한 쪽으로 치우쳐 묻지 않도록 한다)
3. 소보로가 묻은 쪽을 손바닥으로 향하게 한 후 평철판에 놓고 둥글고 살짝 볼록하게 되도록 손을 살짝 쥐어 모양을 만든다.

럭비공 모양(타원형) 성형과정

1. 크기를 일정하게 유지하며 반죽을 양손으로 아래에서 부터 안으로 단단히 말기를 하여 럭비공 형태로 만든다.
2. 이음매를 꼼꼼히 꼬집듯이 잘 봉한다.

   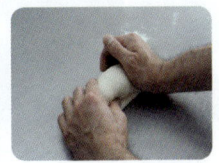

모카빵 성형과정

1. 반죽을 밀대로 두께가 일정하도록 타원형으로 밀어 펴면서 큰 가스를 빼준다.
2. 크기를 일정하게 유지하며, 반죽을 양손으로 위에서부터 아래로 단단히 말기를 하여, 건포도가 반죽 표면에 나오지 않도록 하여 타원형으로 만든다.
3. 이음매를 꼼꼼히 꼬집듯이 잘 봉한다.
4. 분할된 비스킷반죽을 한 손바닥으로 원통으로 만든 다음 작업대에 덧가루를 뿌린 후 성형된 빵 반죽 윗부분을 충분히 덮을 정도로 3~4mm의 두께가 되도록 고르게 밀어 편다.
5. 이음매가 바닥 정중앙에 오도록 주의하며 성형된 반죽 윗면에 비스킷반죽을 덮어씌운다.

   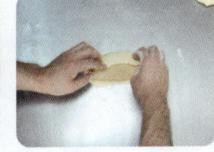 

버터 롤 성형과정

1. 반죽을 작업대 위에 놓고 손바닥을 이용하여 비벼서 꼬리를 빼고 올챙이 모양으로 만든다.
2. 반죽의 꼬리 부분을 잡고 둥근 모양 쪽으로 밀대를 이용해 긴 삼각형 모양으로 밀어 늘린 후 넓은 부분부터 말아 올린다.
3. 말아진 겹이 3~4겹 정도 보이게 만들어야 하며, 이음매는 반죽의 아랫부분에 오도록 말기를 한다.

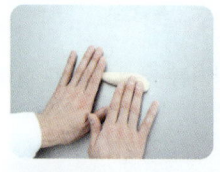    
 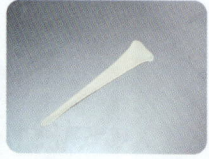   

밤 식빵 성형과정
1. 반죽을 밀대로 두께가 일정하도록 타원형으로 밀어 펴면서 큰 가스를 빼준다.
2. 반죽의 가장자리 1cm를 남기고 80g의 밤을 고르게 뿌린다.
3. 크기를 일정하게 유지하며 반죽을 양손으로 위에서부터 아래로 단단히 말기를 하여 타원형으로 만든다.
4. 반죽의 매끄러운 면이 표면에 나타나게 말아준다.

버터 톱 식빵 성형과정
1. 반죽을 밀대로 두께가 일정하도록 타원형으로 밀어 펴면서 큰 가스를 빼준다.
2. 크기를 일정하게 유지하며 반죽을 양손으로 위에서부터 아래로 단단히 말기를 하여 타원형으로 만든다.
3. 반죽의 매끄러운 면이 표면에 나타나게 말아준다.
4. 이음매를 꼼꼼히 꼬집듯이 잘 봉한다.

 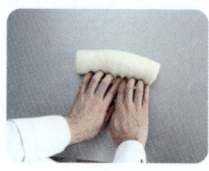 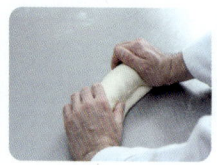 

스위트 롤 성형과정

1. 가로 80cm, 세로 30cm, 두께 0.5cm로 전 반죽에서 반을 직사각형으로 밀어 편다(두께를 맞춰 밀다보면 가로가 길거나 짧아질 수도 있다).
2. 반죽의 세로 부분 한 쪽 끝을 1cm 정도 남기고 녹인 버터를 바른다.
3. 충전용 설탕과 계피가루를 섞어 발라놓은 버터 위에 고르게 펴 바른다.
4. 남겨놓은 세로 부분 한 쪽 끝에 1cm 가량의 넓이로 물칠을 한다.
5. 원통형으로 두께가 같도록 조절하면서 단단하게 말기를 한다.

야자잎형
스크래퍼를 이용해 폭 4cm로 자른 후 가운데를 두 쪽으로 분리되지 않도록 2/3 정도 잘라 2등분 한 다음 평철판에 패닝 후 서로 벌려 하트처럼 놓는다.

트리플리프형(세잎사귀)
스크래퍼를 이용해 폭 5cm로 자른 후 같은 방법으로 3등분으로 자른다. 평철판에 패닝 후 같은 방향으로 부채처럼 벌려 놓는다.

❺ 단과자빵류 2차 발효하기

1. 제품의 특성에 따라 2차 발효의 온도, 습도를 고려하여 시간을 조절할 수 있다.
2. 제품특성에 따라 발효 완료점을 확인할 수 있다.

제과기능사 실기시험품목 중 단과자빵 제조공정을 통해 2차 발효하기를 설명한다.

❻ 단과자빵류 익히기

1. 제품특성에 따라 오븐 온도와 시간을 조절할 수 있다.
2. 제품특성에 따라 튀김 온도와 시간을 조절할 수 있다.
3. 제품특성에 따라 토핑, 충전하여 마무리 작업을 할 수 있다.

제과기능사 실기시험품목 중 단과자빵 제조공정을 통해 익히기를 설명한다.

08 짧은 시간 안에 발효시킨 단과자빵 반죽에 단팥을 충전물로 사용하여 만든

단팥빵 비상스트레이트법
(Redbean Bread)

 **시험 시간**

3:00

다음 요구사항대로 단팥빵(비상스트레이트법)을 제조하여 제출하시오.

1. 배합표의 각 재료를 계량하여 재료별로 진열하시오(9분).
   - 재료계량(재료당 1분) → [감독위원 계량 확인] → 작품제조 및 정리정돈(전체시험시간-재료계량시간)
   - 재료계량시간 내에 계량을 완료하지 못하여 시간이 초과된 경우 및 계량을 잘못한 경우는 추가의 시간 부여 없이 작품제조 및 정리정돈 시간을 활용하여 요구사항의 무게대로 계량
   - 달걀의 계량은 감독위원이 지정하는 개수로 계량

2. 반죽은 비상스트레이트법으로 제조하시오(단, 유지는 클린업 단계에서 첨가하고, 반죽온도는 30℃로 한다).
3. 반죽 1개의 분할무게는 50g, 팥앙금 무게는 40g으로 제조하시오.
4. 반죽은 24개를 성형하여 제조하고, 남은 반죽은 감독위원의 지시에 따라 별도로 제출하시오.

※ 충전용 재료는 계량시간에서 제외한다.

08 단팥빵(비상스트레이트법)

합격포인트

1. 팥앙금의 온도는 반죽온도와 같게 하며, 팥앙금이 반죽 가운데 골고루 충전되도록 한다.
2. 성형작업의 숙련도가 낮으면 성형 시간이 길어져 먼저 성형한 반죽이 과발효되어 완제품에 기포가 생길 수 있으므로 숙련도를 높여 성형 시간 단축에 노력해야 한다.
3. 패닝한 후 달걀물을 바르고, 팬을 흔들었을 때 반죽의 윗면이 살짝 흔들릴 정도까지 2차 발효한다.

배합표

반죽

비율(%)	재료명	무게(g)	비율(%)	재료명	무게(g)
100	강력분	900	48	물	432
7	이스트(생이스트)	63(64)	1	제빵개량제	9(8)
2	소금	18	16	설탕	144
12	마가린	108	3	탈지분유	27(28)
15	달걀	135(136)	204	계	1,836(1,838)
	충전물				
160	통팥앙금	960			

※ 지급재료 : 통팥앙금 1,000g

채점기준표 (능력단위별 수행준거에 따른 체크리스트)

수행 순서	수행 항목	수행 순서	수행 항목
1	재료계량시간	14	팬 넣기
2	재료손실, 정확도	15	2차 발효관리
3	반죽혼합순서	16	2차 발효상태
4	반죽상태	17	굽기 관리
5	반죽온도	18	구운 상태
6	1차 발효관리	19	정리정돈, 청소
7	1차 발효상태	20	개인위생
8	분할시간	21	제품의 부피
9	분할 숙련도, 정확도	22	제품의 외부균형
10	둥글리기	23	제품의 껍질
11	중간발효	24	제품의 내상
12	정형의 숙련도	25	맛과 향
13	정형의 상태		

재료 및 기기 준비

[실기시험 요구수량 : 36개, 분할수량 : 36개]

수직형 믹서와 볼, 반죽날개(훅), 오븐, 저울, 행주, 온도계, 고무주걱, 비닐, 스크래퍼, 스테인리스 볼, 평철판, 해라, 붓

수행준거에 맞추어 만들어 볼까요!!

1. 마가린 투입시기

2. 1차 발효 완료점

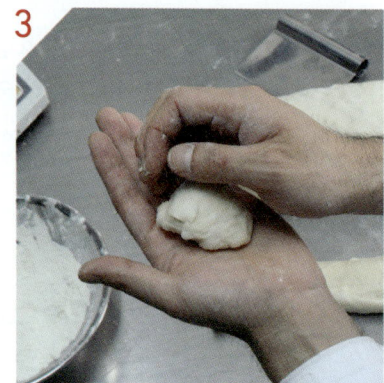
3. 둥글리기

4. 중간발효

5. 팥소 싸기

6. 가운데 뚫기

7. 달걀물 칠하기

8. 2차 발효 완료점

9. 굽기 완료점

믹싱 최종 단계 후기(120%), 30℃

1. 가루재료를 믹서 볼에 투입한 후 1단으로 고루 혼합한다.
2. 계절에 따라 반죽온도를 맞출 수 있게 온도를 조절한 물에 달걀, 생이스트 순으로 섞어 믹서 볼에 붓는다. 처음에는 1단으로 돌리다가 한 덩어리가 되면 2단으로 돌려 클린업 단계까지 믹싱한다.
3. 클린업 단계에서 유지를 넣고 1단으로 돌리다가 유지가 섞이면 2단 혹은 3단으로 돌려 최종 단계까지 믹싱한다(비상스트레이트는 짧게 발효하기 때문에 믹싱을 오래 한다).

1차 발효 30℃, 75~80%, 25분

1. 발효실에 넣을 발효통에 덧가루를 충분히 뿌려 준비한다.
2. 믹서 볼 옆면에 덧가루를 뿌리고 플라스틱 곡면 스크래퍼를 이용해 반죽을 분리시켜 떼어낸 후 반죽의 외피가 손상되지 않게 잘 손질하여 매끄러운 한 덩어리반죽으로 만들어 발효통에 담는다.
3. 반죽을 넣은 발효통에 뚜껑을 공기가 통하게 덮어 발효실에 넣고 25분 발효한다.
4. 처음 반죽 부피의 2배 정도이다. 손가락에 강력분을 묻혀 반죽의 윗면을 찔렀을 때 손가락 자국이 약간 오므라드는 정도이다.

분할 무게 50g, 개수 36개 → 둥글리기 → 중간발효 10분

- 대강의 반죽 무게를 짐작하여 한두 번의 반죽 가감으로 정확한 무게가 되도록 한다(반죽과 발효 과정에서 형성된 글루텐 막의 손상이 최소화될 수 있도록 한다).
- 40g씩 스크래퍼를 이용하여 표피가 손상되지 않도록 최대한 유지하면서 신속하고 정확하게 분할한다.
- 반죽을 손바닥 위에 올리고 다른 손의 손가락을 피아노 치듯 모아 굽혀 손가락 끝을 손바닥에 밀착시켜 반죽을 감싼다. 그런 다음 한 방향 원형으로 굴리면서 표피가 찢어지지 않도록 하면서 표면이 매끄럽고 일정한 모양이 되도록 둥글리기를 한다.
- 작업대 발효 시 덮어놓은 비닐 위에 반죽온도 유지를 위해 계절에 따라 물수건의 온도를 맞추어 올려놓는다.
- 중간발효 시간을 이용하여 40g씩 팥앙금을 분할하여 둔다.

성형 반죽을 눌러 가스 빼기 → 앙금 넣기 → 봉하기 → 뚫기(지시가 있을 경우) → 36개 전부 성형하기

1. 반죽을 손바닥으로 되도록 원형으로 눌러 큰 가스가 빠지도록 한 후 매끄러운 부분이 손바닥에 닿도록 손에 올린다.
2. 반죽 위에 분할해 놓은 팥앙금 40g을 올리고 헤라를 이용해 앙금을 눌러주며 반대편 손으로 반죽을 돌려주어 앙금이 가운데에 들어갈 수 있도록 싼 후 팥앙금이 새어 나오지 않도록 동그랗게 돌리면서 이음매를 잘 봉한다.
3. 앙금을 싼 이음매가 아래로 가도록 철판에 놓고 엄지 아래 손바닥을 이용하여 가운데가 움푹해지도록 눌러 준다.
4. 시험 감독관의 지시가 있는 경우 기구를 이용하여 제품 가운데를 1cm 이내로 뚫어준다(이때 위의 반죽이 아래 반죽과 합해져서 빵이 구워졌을 때 밑면에 팥이 보이지 않도록 구멍을 뚫어준다).
(※ 52쪽에 자세한 과정 사진이 있습니다.)

패닝 1개의 평철판에 9개씩 → 2차 발효 38℃, 85%, 30분

- 달걀 노른자와 물을 제시된 양에 맞도록 노른자 1 : 물 4의 비율로 맞추어 노른자를 체에 걸러 물과 섞어 달걀물을 만든다.
- 만들어 놓은 달걀물을 붓으로 반죽 위에 고이지 않도록 고르게 바른다.
- 2차 발효가 지나치면 모양이 흐트러진다.
- 정해진 발효시간을 기준으로 발효상태를 살펴보며 2차 발효를 한다.
- 중량이 50g으로 늘어 9개씩 패닝해야 한다.

굽기 윗불 190℃, 밑불 150℃, 15분~17분

- 오븐의 위치에 따라 차이가 생기므로, 12분 정도 경과 후 팬의 위치를 바꾸어 전체 제품의 색깔이 균일하게 유지되고 내부가 충분히 익도록 한다. 일반적으로 이렇게 중량이 적은 빵은 15분 전·후에 착색만 균일하면 굽기를 완료한다.

계피와 설탕을 충전물로 사용하여 말기를 한 후 적당한 크기로 잘라
다양한 모양을 만드는 미국식 단과자빵인

스위트 롤(Sweet Roll)

시험 시간

3:30

다음 요구사항대로 스위트 롤을 제조하여 제출하시오.

1. 배합표의 각 재료를 계량하여 재료별로 진열하시오(9분).
   - 재료계량(재료당 1분) → [감독위원 계량 확인] → 작품제조 및 정리정돈(전체시험시간-재료계량시간)
   - 재료계량시간 내에 계량을 완료하지 못하여 시간이 초과된 경우 및 계량을 잘못한 경우는 추가의 시간 부여 없이 작품제조 및 정리정돈 시간을 활용하여 요구사항의 무게대로 계량
   - 달걀의 계량은 감독위원이 지정하는 개수로 계량
2. 반죽은 스트레이트법으로 제조하시오(단, 유지는 클린업 단계에서 첨가하시오).
3. 반죽온도는 27℃를 표준으로 사용하시오.
4. 야자잎형 12개, 트리플리프(세잎새형) 9개를 만드시오.
5. 계피설탕은 각자가 제조하여 사용하시오.
6. 성형 후 남은 반죽은 감독위원의 지시에 따라 별도로 제출하시오.

※ 충전용 재료는 계량시간에서 제외한다.

09 스위트 롤

합격포인트

1. 밀어서 펴기와 마는 작업을 신속하게 하지 않으면 반죽이 계속 발효되어 좋은 제품을 만들기가 어려워지므로 동일한 두께로 신속하게 밀어 펴서 적당한 강도로 말아주도록 한다.
2. 용해 버터를 칠할 때 용해 버터 윗면만을 사용하여 고루 펴 바른다(밑에는 물이 있어 반죽에 뿌린 계피설탕을 녹일 수 있다).
3. 말기를 할 때 너무 단단히 말거나 너무 느슨하지 않도록 한다.
4. 균형 잡힌 제품이 되도록 제시된 성형 방법대로 반죽을 잘라 성형을 한다.

배합표

비율(%)	재료명	무게(g)	비율(%)	재료명	무게(g)
	반죽				
100	강력분	900	46	물	414
5	이스트(생이스트)	45(46)	1	제빵개량제	9(10)
2	소금	18	20	설탕	180
20	쇼트닝	180	3	탈지분유	27(28)
15	달걀	135(136)	212	계	1,908(1,912)
	충전물				
15	충전용 설탕	135(136)			
1.5	충전용 계피가루	13.5(14)			

채점기준표
(능력단위별 수행준거에 따른 체크리스트)

수행 순서	수행 항목	수행 순서	수행 항목
1	재료계량시간	13	팬 넣기
2	계량의 재료손실	14	2차 발효관리
3	계량의 정확도	15	2차 발효상태
4	반죽혼합순서	16	굽기 관리
5	반죽상태	17	구운 상태
6	반죽온도	18	정리정돈, 청소
7	1차 발효관리	19	개인위생
8	1차 발효상태	20	제품의 부피
9	밀어 펴기	21	제품의 외부균형
10	충전물 뿌리기	22	제품의 껍질
11	말기 및 분할	23	제품의 내상
12	정형의 상태	24	맛과 향

재료 및 기기 준비

[실기시험 요구수량 : 2팬, 야자잎형 12개, 트리플프 9개]

수직형 믹서와 볼, 반죽날개(훅), 오븐, 저울, 행주, 온도계, 고무주걱, 비닐, 스크래퍼, 스테인리스 볼, 평철판, 붓, 밀대

수행준거에 맞추어 만들어 볼까요!!

1. 쇼트닝 투입시기

2. 표피 만들기

3. 1차 발효 완료점

4. 용해버터 칠하기

5. 말기

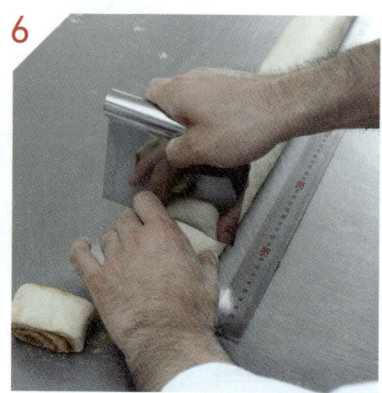

6. 모양 만들기

7. 야자잎형

8. 트리플리프형

9. 야자잎, 트리플리프형의 착색

믹싱 최종 단계(100%), 27°C

1. 가루재료를 믹서 볼에 투입한 후 1단으로 고루 혼합한다.
2. 계절에 따라 반죽온도를 맞출 수 있게 온도를 조절한 물에 달걀, 이스트(생이스트) 순으로 넣고 섞어 믹서 볼에 붓는다. 처음에는 1단으로 돌리다가 한 덩어리가 되면 2단으로 돌려 클린업 단계까지 믹싱한다.
3. 클린업 단계에서 유지를 넣고 1단으로 돌리다가 유지가 섞이면 2단 혹은 3단으로 돌려 최종 단계까지 믹싱한다.

1차 발효 27°C, 75~80%, 50분

1. 발효실에 넣을 발효통에 덧가루를 충분히 뿌려 준비한다.
2. 믹서 볼 옆면에 덧가루를 뿌리고 플라스틱 곡면 스크래퍼를 이용해 반죽을 분리시켜 떼어낸 후 반죽의 외피가 손상되지 않게 잘 손질하여 매끄러운 한 덩어리반죽으로 만들어 발효통에 담는다.
3. 반죽을 넣은 발효통에 준비된 뚜껑 혹은 비닐을 공기가 통하게 덮어 발효실에 넣고 50분 발효한다.
4. 처음 반죽 부피의 3배 정도이다. 손가락에 강력분을 묻혀 반죽의 윗면을 찔렀을 때 손가락 자국이 약간 오므라드는 정도이다.

> • 발효통과 접촉한 반죽의 옆면에 섬유상 구조가 나타난다(발효통에 덧가루를 많이 뿌린 경우에는 반죽을 들어올렸을 때 반죽의 옆면에 망상구조가 잘 나타나지 않는다).

성형 밀어 펴기(가스 빼기) → 계피설탕 충전하여 말기 → 자르기(야자잎형 12개씩, 트리플리프형 9개씩)

1. 전 반죽에서 반(950g)을 스크래퍼로 자른 후 밀대로 밀어 가로 60cm, 세로 30cm, 두께 0.5cm의 직사각형으로 밀어 편다(두께를 맞춰 밀다보면 가로가 길거나 짧아질 수도 있다).
2. 반죽의 가로 부분 한쪽 끝을 0.5cm 정도 남기고 녹인 버터를 바른다.
3. 충전용 설탕과 계피가루를 섞어 발라놓은 버터 위에 고르게 펴 바른다.
4. 남겨놓은 가로 부분 한쪽 끝에 0.5cm 가량의 넓이로 물칠을 한다.
5. 원통형으로 두께가 같도록 조절하면서 단단하게 말기를 한다.
6. 성형할 때 야자잎과 트리플리프형의 크기가 너무 커지면 각각 1팬에 놓기가 어렵게 된다. 왜냐하면 2차 발효 시 부피가 커지는 것도 고려해야 하기 때문이다. (※58쪽에 자세한 과정 사진이 있습니다.)

> • 야자잎형 : 스크래퍼를 이용해 폭 4cm로 잘라 12개를 만든 후 가운데를 두 쪽으로 분리되지 않도록 4/5 정도 잘라 2등분한 다음 1개의 평철판에 패닝 후 서로 벌려 하트처럼 놓는다. 성형 후 남은 반죽은 감독위원의 지시에 따라 별도로 제출한다.
> • 트리플리프형(세잎새형) : 스크래퍼를 이용해 6cm로 잘라 9개를 만든 후 같은 방법으로 3등분으로 자르고, 1개의 평철판에 패닝 후 같은 방향으로 부채처럼 벌려 놓는다. 성형 후 남은 반죽은 감독위원의 지시에 따라 별도로 제출한다.

패닝 1팬에 야자잎형 12개씩, 트리플리프형 9개씩

> • 평철판에 같은 모양끼리 2차 발효 후의 크기를 생각하여 간격을 맞추어 놓는다.
> • 달걀노른자와 물을 제시된 양에 맞도록 노른자 1 : 물 4의 비율로 맞추어 노른자를 체에 걸러 물과 섞어 달걀물을 만든다.
> • 만들어 놓은 달걀물을 붓으로 고이거나 흐르지 않도록 주의하며 설탕이 없는 반죽 부위에만 고르게 바른다.

2차 발효 38°C, 85%, 30분

1. 정해진 발효시간을 기준으로 발효상태를 살펴보며 2차 발효를 한다.

굽기 윗불 190°C, 밑불 140°C, 15~17분

1. 기본 온도와 시간이므로 작업장의 오븐환경에 따라 온도를 조정하고 성형한 크기에 따라 시간은 달라진다.
2. 일반적으로 굽기시간이 15분 전·후인 빵들은 시간을 참고하면서 윗면의 색을 보고 굽기 완료점을 결정한다.

> • 오븐의 위치에 따라 차이가 생기므로, 12분 정도 경과 후 팬의 위치를 바꾸어 전체 제품의 색깔이 균일하게 유지되고 내부가 충분히 익도록 한다.

유지, 달걀, 설탕 등이 10% 이상인 단과자 반죽으로 여러 형태의 꼬기 모양으로 만든

단과자빵 _{트위스트형}
(Twist Bread)

시험 시간
3:30

다음 요구사항대로 단과자빵(트위스트형)을 제조하여 제출하시오.

1. 배합표의 각 재료를 계량하여 재료별로 진열하시오(9분).
   - 재료계량(재료당 1분) → [감독위원 계량 확인] → 작품제조 및 정리정돈(전체시험시간-재료계량시간)
   - 재료계량시간 내에 계량을 완료하지 못하여 시간이 초과된 경우 및 계량을 잘못한 경우는 추가의 시간 부여 없이 작품제조 및 정리정돈 시간을 활용하여 요구사항의 무게대로 계량
   - 달걀의 계량은 감독위원이 지정하는 개수로 계량
2. 반죽은 스트레이트법으로 제조하시오(단, 유지는 클린업 단계에서 첨가하시오).
3. 반죽온도는 27℃를 표준으로 하시오.
4. 반죽 분할무게는 50g이 되도록 하시오.
5. 모양은 8자형 12개, 달팽이형 12개로 2가지 모양으로 만드시오.
6. 완제품 24개를 성형하여 제출하고, 남은 반죽은 감독위원의 지시에 따라 별도로 제출하시오.

10 단과자빵(트위스트형)

합격포인트

1. 중간발효가 부족하면 반죽 글루텐의 탄력성(저항성)은 약화되지 않고 신장성은 회복되지 못한 상태이므로 반죽은 긴장(Tension)되어 자꾸 수축하게 된다. 이러한 경우에는 무리하게 성형하지 말고 중간발효를 조금 더 진행한다.
2. 달팽이형은 길이 30cm, 8자형은 길이 25cm로 늘려 모양을 만들 때 필요한 길이보다 5cm 정도 더 늘린 후 수축시켜 달팽이형과 8자형 모양을 만든다. 이렇게 더 늘린 후 수축시켜 모양을 만들어야 반죽과 반죽 이 겹쳐 만들어지는 경계면이 반죽을 구운 후에도 선명하게 나타나게 된다.
3. 2차 발효상태가 너무 지나쳐도 트위스트형의 모양을 만드는 경계면이 없어져 굽기 후 달팽이는 원반형, 8자형은 유선형의 빵이 된다.

배합표

비율(%)	재료명	무게(g)	비율(%)	재료명	무게(g)
100	강력분	900	47	물	422
4	이스트(생이스트)	36	1	제빵개량제	8
2	소금	18	12	설탕	108
10	쇼트닝	90	3	분유	26
20	달걀	180	199	계	1,788

채점기준표
(능력단위별 수행준거에 따른 체크리스트)

수행 순서	수행 항목	수행 순서	수행 항목
1	재료계량시간	14	팬 넣기
2	재료손실, 정확도	15	2차 발효관리
3	반죽혼합순서	16	2차 발효상태
4	반죽상태	17	굽기 관리
5	반죽온도	18	구운 상태
6	1차 발효관리	19	정리정돈, 청소
7	1차 발효상태	20	개인위생
8	분할시간	21	제품의 부피
9	분할 숙련도, 정확도	22	제품의 외부균형
10	둥글리기	23	제품의 껍질
11	중간발효	24	제품의 내상
12	정형의 숙련도	25	맛과 향
13	정형의 상태		

재료 및 기기 준비

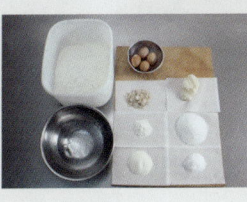

[실기시험 요구수량 : 24개, 분할수량 : 35개]
수직형 믹서와 볼, 반죽날개(훅), 오븐, 저울, 행주, 온도계, 고무주걱, 비닐, 스크래퍼, 스테인리스 볼, 평철판, 붓

수행준거에 맞추어 만들어 볼까요!!

1. 쇼트닝 투입시기

2. 믹싱 완료점

3. 1차 발효 완료점

4. 중간발효

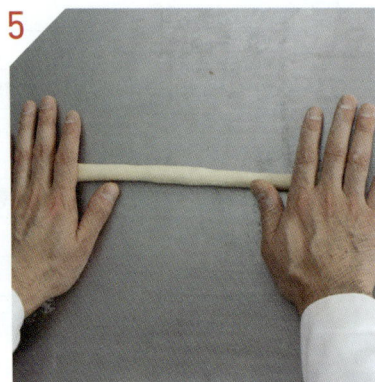

5. 늘이기

6. 꼬기

7. 달팽이형

8. 달걀물 칠하기

9. 8자형, 달팽이형의 착색

믹싱 최종 단계(100%), 27℃

1. 가루재료를 믹서 볼에 투입한 후 1단으로 고루 혼합한다.
2. 계절에 따라 반죽온도를 맞출 수 있는 온도로 조절한 물에 달걀, 이스트(생이스트) 순으로 넣고 섞어 믹서 볼에 붓는다. 처음에는 1단으로 돌리다가 한 덩어리가 되면 2단으로 돌려 클린업 단계까지 믹싱한다.
3. 클린업 단계에서 유지를 넣고 1단으로 돌리다가 유지가 섞이면 2단 혹은 3단으로 돌려 최종 단계까지 믹싱한다.

1차 발효 27℃, 75~80%, 45분

1. 믹서 볼 옆면에 덧가루를 뿌리고 플라스틱 곡면 스크래퍼를 이용해 반죽을 분리시켜 떼어낸 후 반죽의 외피가 손상되지 않게 잘 손질하여 매끄러운 한 덩어리반죽으로 만들어 발효통에 담는다. 그리고 나서 발효실에 넣는다.
2. 처음 반죽 부피의 3배 정도이다. 손가락에 강력분을 묻혀 반죽의 윗면을 찔렀을 때 손가락 자국이 약간 오므라드는 정도이다.

- 발효통과 접촉한 반죽의 옆면에 섬유상 구조가 나타난다(발효통에 덧가루를 많이 뿌린 경우에는 반죽을 들어올렸을 때 반죽 옆면에 망상구조가 잘 나타나지 않는다).

분할 무게 50g, 개수 35개 → 둥글리기 → 중간발효 15분

- 대강의 반죽 무게를 짐작하여 한두 번의 반죽 가감으로 정확한 무게가 되도록 한다(반죽과 발효 과정에서 형성된 글루텐 막의 손상이 최소화될 수 있도록 한다).
- 50g씩 스크래퍼를 이용하여 표피가 손상되지 않도록 최대한 유지하면서 신속하고 정확하게 분할한다.
- 반죽을 손바닥 위에 올리고 다른 손의 손가락을 피아노 치듯 모아 굽혀 손가락 끝을 손바닥에 밀착시켜 반죽을 감싼다. 그런 다음, 한 방향 원형으로 굴리면서 표피가 찢어지지 않도록 하면서 표면이 매끄럽고 일정한 모양이 되도록 둥글리기를 한다.
- 작업대 발효 시 덮어놓은 비닐 위에 반죽온도 유지를 위해 계절에 따라 물수건의 온도를 맞추어 올려놓는다.

성형 눌러 펴기(가스 빼기) → 말아 늘이기 → 꼬기

달팽이형으로 12개 만들기
1. 반죽에 덧가루를 묻혀 손바닥을 이용하여 눌러 가스를 뺀다.
2. 반죽을 말아 작업대 위에서 비비면서 굴려가며 한쪽을 비스듬히 얇게 하면서 30cm 길이로 늘인다.
3. 굵은 쪽을 안쪽으로 중심을 잡고 반죽이 위로 올라타지 않도록 평평히 돌려 감는다.
(※ 53쪽에 자세한 과정 사진이 있습니다.)

8자형으로 12개 만들기
1. 반죽에 덧가루를 묻혀 손바닥을 이용하여 눌러 가스를 뺀다.
2. 반죽을 말아 밀며 손가락을 벌려 30cm 길이로 고르게 밀어 늘인 후 25cm로 수축시켜 8자형으로 꼬아 만든다.
(※ 54쪽에 자세한 과정 사진이 있습니다.)

패닝 1개의 평철판에 12개씩 → 2차 발효 38℃, 85%, 30~35분

- 달걀노른자와 물을 제시된 양에 맞도록 노른자 1 : 물 4의 비율로 맞추어 노른자를 체에 걸러 물과 섞어 달걀물을 만든다.
- 만들어 놓은 달걀물을 붓으로 반죽 위에 고이지 않도록 고르게 바른다.
- 정해진 발효시간을 기준으로 발효상태를 살펴보며 2차 발효한다.
- 2차 발효를 너무 많이 시키면 모양이 흐트러진다.

굽기 윗불 190℃, 밑불 140℃, 15~17분

- 오븐의 위치에 따라 차이가 생기므로, 12분 정도 경과 후 팬의 위치를 바꾸어 전체 제품의 색깔이 균일하게 유지되고 내부가 충분히 익도록 한다. 이 책에 제시된 온도와 시간은 작업장의 오븐환경에 따라 약간 달라질 수도 있다.
- 일반적으로 이렇게 중량이 적은 빵들은 15분 전·후에 착색만 균일하면 오븐에서 꺼내어 제출한다.

유지, 달걀, 설탕의 비율이 10% 이상인 단과자 반죽에 커스터드 크림을 충전한

단과자빵 크림빵
(Cream Bread)

 **시험 시간**

3:30

다음 요구사항대로 단과자빵(크림빵)을 제조하여 제출하시오.

1. 배합표의 각 재료를 계량하여 재료별로 진열하시오(9분).
   - 재료계량(재료당 1분) → [감독위원 계량 확인] → 작품제조 및 정리정돈(전체시험시간-재료계량시간)
   - 재료계량시간 내에 계량을 완료하지 못하여 시간이 초과된 경우 및 계량을 잘못한 경우는 추가의 시간 부여 없이 작품제조 및 정리정돈 시간을 활용하여 요구사항의 무게대로 계량
   - 달걀의 계량은 감독위원이 지정하는 개수로 계량

2. 반죽은 스트레이트법으로 제조하시오(단, 유지는 클린업 단계에서 첨가하시오).
3. 반죽온도는 27℃를 표준으로 하시오.
4. 반죽 1개의 분할무게는 45g, 1개당 크림 사용량은 30g으로 제조하시오.
5. 제품 중 12개는 크림을 넣은 후 굽고, 12개는 반달형으로 크림을 충전하지 말고 제조하시오.
6. 남은 반죽은 감독위원의 지시에 따라 별도로 제출하시오.

※ 충전용 재료는 계량시간에서 제외한다.

11 단과자빵(크림빵)

합격포인트

1. 반죽을 45g씩 분할, 둥글리기, 성형할 때 12개를 단위로 작업을 하면 효율적으로 정형공정을 수행할 수 있다.
2. 충전형 크림빵은 크림을 넣고 이음매를 단단히 봉하며, 비충전형 크림빵은 타원형으로 반죽의 반에 기름칠하여 접고 2차 발효시킨다.
3. 정형공정 시 반죽을 포개어 놓을 때는 윗면이 아랫면을 덮을 수 있도록 윗면을 조금 길게 한다.
4. 크림을 넣은 것은 넣지 않은 것보다 밑불을 10~20℃ 높여 굽는다.

배합표

반죽

비율(%)	재료명	무게(g)	비율(%)	재료명	무게(g)
100	강력분	800	53	물	424
4	이스트(생이스트)	32	2	제빵개량제	16
2	소금	16	16	설탕	128
12	쇼트닝	96	2	분유	16
10	달걀	80	**201**	**계**	**1,608**

충전물

1개당 30g	커스터드 크림	360

채점기준표 (능력단위별 수행준거에 따른 체크리스트)

수행 순서	수행 항목	수행 순서	수행 항목
1	재료계량시간	14	팬 넣기
2	재료손실, 정확도	15	2차 발효관리
3	반죽혼합순서	16	2차 발효상태
4	반죽상태	17	굽기 관리
5	반죽온도	18	구운 상태
6	1차 발효관리	19	정리정돈, 청소
7	1차 발효상태	20	개인위생
8	분할시간	21	제품의 부피
9	분할 숙련도, 정확도	22	제품의 외부균형
10	둥글리기	23	제품의 껍질
11	중간발효	24	제품의 내상
12	정형의 숙련도	25	맛과 향
13	정형의 상태		

재료 및 기기 준비

[실기시험 요구수량 : 24개, 분할수량 : 35개]

수직형 믹서와 볼, 반죽날개(훅), 오븐, 저울, 행주, 온도계, 고무주걱, 비닐, 스크래퍼, 스테인리스 볼, 평철판, 붓, 해라, 식용유(비충전용 크림빵 반죽에 사용함)

수행준거에 맞추어 만들어 볼까요!!

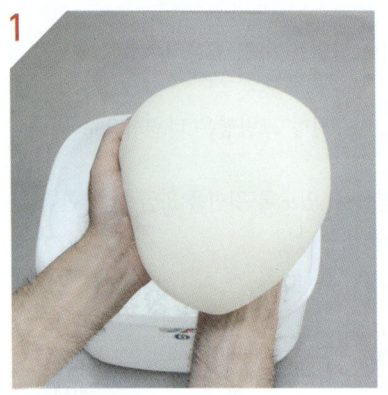
1. 표피 만들기

2. 1차 발효 완료점

3. 둥글리기

4. 밀어 펴기(가스 빼기)

5. 비충전형 만들기 – 기름칠 하기

6. 충전형 만들기 – 크림 넣기

7. 충전형 – 가장자리 자르기

8. 패닝하기

9. 비충전형 – 굽기 후 크림 넣기

믹싱 최종 단계(100%), 27℃

1. 가루재료를 믹서 볼에 투입한 후 1단으로 고루 혼합한다.
2. 계절에 따라 반죽온도를 맞출 수 있게 온도를 조절한 물에 달걀, 생이스트 순으로 넣고 섞어 믹서 볼에 붓는다. 처음에는 1단으로 돌리다가 한 덩어리가 되면 2단으로 돌려 클린업 단계까지 믹싱한다.
3. 클린업 단계에서 유지를 넣고 1단으로 돌리다가 유지가 섞이면 2단 혹은 3단으로 돌려 최종 단계까지 믹싱한다.

1차 발효 27℃, 75~80%, 45분

1. 처음 반죽 부피의 3배 정도이다. 손가락에 강력분을 묻혀 반죽의 윗면을 찔렀을 때 손가락 자국이 약간 오므라드는 정도이다.

분할 무게 45g, 개수 35개 → 둥글리기 → 중간발효 10분

- 45g씩 스크래퍼를 이용하여 표피가 손상되지 않도록 최대한 유지하면서 신속하고 정확하게 분할한다.
- 반죽을 손바닥 위에 올리고 다른 손의 손가락을 피아노 치듯 모아 굽혀 손가락 끝을 손바닥에 밀착시켜 반죽을 감싼다. 그런 다음, 한 방향 원형으로 굴리면서 표피가 찢어지지 않도록 하면서 표면이 매끄럽고 일정한 모양이 되도록 둥글리기를 한다.
- 작업대 발효 시 덮어놓은 비닐 위에 반죽온도 유지를 위해 계절에 따라 물수건의 온도를 맞추어 올려놓는다.

성형 (※ 55쪽에 자세한 과정 사진이 있습니다.)

충전형으로 12개 만들기 : 밀어 펴기(가스 빼기) → 크림충전 → 봉한 후 자르기

1. 반죽을 일정한 두께가 되도록 타원형(길이 10cm, 폭 7cm)으로 밀어 편 후 매끈한 면이 손바닥에 닿도록 올려 놓는다.
2. 반죽을 반으로 접어 반원의 가운데에 오도록 해라로 커스터드 크림 30g을 떠서 놓고 아래쪽 반죽을 올려 크림이 새어나오지 않도록 주의하며 올린 반죽 끝이 아래 반죽을 살짝 덮도록 당기면서 씌워 붙인다.
3. 붙인 부분 위에 손가락을 벌려 간격을 맞춰 꾹 눌러 옆면을 고르게 눌러 붙인다.
4. 스크래퍼로 손가락으로 누른 부분을 길이 2cm 깊이로 4~5군데를 자른다.

비충전형으로 12개 만들기 : 밀어 펴기(가스 빼기) → 기름칠하기 → 접기

1. 반죽을 일정한 두께가 되도록 타원형(길이 12cm, 폭 7.5cm)으로 밀어 편 후 매끈한 면이 작업대에 닿도록 놓는다. 차례대로 밀어 편 후 먼저 밀어둔 반죽 1/2 지점 아래로 적당히 덧가루를 묻혀 붙지 않게 차곡차곡 겹쳐 놓는다.
2. 붓으로 기름을 찍어 맨 아래에서 위쪽 방향으로 겹쳐 있는 반죽을 전체적으로 바른다.
3. 기름칠하지 않은 아래쪽 반죽을 올려 반으로 가볍게 접어 끝이 기름칠한 반죽보다 살짝 위로 올라오도록 하여 반달모양을 만든다.

패닝 1개의 평철판에 12개씩 → 2차 발효 38℃, 85%, 30~35분

- 달걀노른자와 물을 제시된 양에 맞도록 노른자 1 : 물 4의 비율로 맞추어 노른자를 체에 걸러 물과 섞어 달걀물을 만든다.
- 만들어 놓은 달걀물을 붓으로 반죽 위에 고이지 않도록 고르게 바른다.
- 정해진 발효시간을 기준으로 발효상태를 살펴보며 2차 발효를 한다. 너무 많이 발효되면 모양이 흐트러진다.

굽기 윗불 190℃, 밑불 140℃, 15~17분

- 기본 온도와 시간이므로 작업장의 오븐환경에 따라 온도와 시간을 약간 조정하여 사용한다.
- 제시된 시간을 참고하면서 윗면에 착색된 색을 보고 팬을 돌려 준 후 마무리 굽기를 한다.
- 오븐의 위치에 따라 차이가 생기므로 12분 정도 경과 후 팬의 위치를 바꾸어 전체 제품의 색깔이 균일하게 유지되고 내부가 충분히 익도록 한다.

비충전용 크림넣기

- 비충전용으로 만들어 구운 제품을 식힌 후 가장자리로 흐르지 않도록 가운데를 벌려 커스터드 크림 30g을 해라를 사용하여 충전한다.

12 유지, 달걀, 설탕의 비율이 높은 단과자 반죽에 파슬파슬한 쿠키 반죽을 토핑물로 얹은

단과자빵 `소보로빵`
(Streusel Bread)

 시험 시간

3:30

다음 요구사항대로 단과자빵(소보로빵)을 제조하여 제출하시오.

1. 빵반죽 재료를 계량하여 재료별로 진열하시오(9분).
   - 재료계량(재료당 1분) → [감독위원 계량 확인] → 작품제조 및 정리정돈(전체시험시간-재료계량시간)
   - 재료계량시간 내에 계량을 완료하지 못하여 시간이 초과된 경우 및 계량을 잘못한 경우는 추가의 시간 부여 없이 작품제조 및 정리정돈 시간을 활용하여 요구사항의 무게대로 계량
   - 달걀의 계량은 감독위원이 지정하는 개수로 계량
2. 반죽은 스트레이트법으로 제조하시오(단, 유지는 클린업 단계에서 첨가하시오).
3. 반죽온도는 27℃를 표준으로 하시오.
4. 반죽 1개의 분할무게는 50g씩, 1개당 소보로 사용량은 약 30g씩으로 제조하시오.
5. 토핑용 소보로는 배합표에 따라 직접 제조하여 사용하시오.
6. 반죽은 24개를 성형하여 제조하고, 남은 반죽과 토핑용 소보로는 감독위원의 지시에 따라 별도로 제출하시오.

※ 토핑용 소보로는 계량시간에서 제외한다.

12 단과자빵(소보로빵)

합격포인트
1. 분할 및 둥글리기는 가급적 짧은 시간 내에 완료하여 처음과 마지막 반죽의 발효편차를 줄인다.
2. 소보로 제조는 반죽을 1차 발효실에 넣고 바로 한다. 소보로는 파슬파슬하게 만든다.
3. 소보로 토핑 반죽의 크림화가 지나치면 굽기 후 제품의 소보로가 갈라지지 않는다.
4. 소보로를 묻히기 전에 반죽 윗면에 물칠을 하고, 반죽 밑면을 위로 향하게 하여 놓고 윗면에 소보로를 묻힌다. 소보로를 묻힌 24개의 반죽을 3팬에 나누어 놓는다.

배합표

	빵반죽			토핑용 소보로	
비율(%)	재료명	무게(g)	비율(%)	재료명	무게(g)
100	강력분	900	100	중력분	300
47	물	423(422)	60	설탕	180
4	이스트	36	50	마가린	150
1	제빵개량제	9(8)	15	땅콩버터	45(46)
2	소금	18	10	달걀	30
18	마가린	162	10	물엿	30
2	탈지분유	18	3	탈지분유	9(10)
15	달걀	135(136)	2	베이킹파우더	6
16	설탕	144	1	소금	3
205	계	1,845(1,844)	251	계	753

채점기준표
(능력단위별 수행준거에 따른 체크리스트)

수행 순서	수행 항목	수행 순서	수행 항목
1	재료계량시간	13	정형의 상태
2	재료손실, 정확도	14	팬 넣기
3	반죽혼합순서	15	2차 발효관리, 상태
4	반죽상태	16	굽기 관리
5	반죽온도	17	구운 상태
6	1차 발효관리	18	정리정돈, 청소
7	1차 발효상태	19	개인위생
8	분할시간	20	제품의 부피
9	분할 숙련도, 정확도	21	제품의 외부균형
10	둥글리기	22	제품의 껍질
11	중간발효	23	제품의 내상
12	정형의 숙련도	24	맛과 향

재료 및 기기 준비

[실기시험 요구수량 : 25개, 분할수량 : 36개]
수직형 믹서와 볼, 반죽날개(훅), 오븐, 저울, 행주, 온도계, 고무주걱, 비닐, 스크래퍼, 스테인리스 볼, 평철판, 붓, 거품기, 체

수행준거에 맞추어 만들어 볼까요!!

1. 마가린 투입시기

2. 믹싱 완료점

3. 1차 발효 완료점

4. 소보로 계량하기

5. 달걀 넣고 크림화

6. 소보로 만들기

7. 둥글리기

8. 성형하기

9. 패닝하기

믹싱 최종 단계(100%), 27℃

1. 가루재료를 믹서 볼에 투입한 후 1단으로 고루 혼합한다.
2. 계절에 따라 반죽온도를 맞출 수 있게 온도를 조절한 물에 달걀, 생이스트 순으로 넣고 섞어 믹서 볼에 붓는다. 처음에는 1단으로 돌리다가 한 덩어리가 되면 2단으로 돌려 클린업 단계까지 믹싱한다.
3. 클린업 단계에서 유지를 넣고 1단으로 돌리다가 유지가 섞이면 2단 혹은 3단으로 돌려 최종 단계까지 믹싱한다.

1차 발효 27℃, 75~80%, 45분

1. 발효실에 넣을 발효통에 덧가루를 충분히 뿌려 준비한다.
2. 믹서 볼 옆면에 덧가루를 뿌리고 플라스틱 곡면 스크래퍼를 이용해 반죽을 분리시켜 떼어낸 후 반죽의 외피가 손상되지 않게 잘 손질하여 매끄러운 한 덩어리반죽으로 만들어 발효통에 담는다.
3. 반죽을 넣은 발효통에 준비된 뚜껑 혹은 비닐을 공기가 통하게 덮어 발효실에 넣고 45분 발효한다.
4. 처음 반죽 부피의 3배 정도이다. 손가락에 강력분을 묻혀 반죽의 윗면을 찔렀을 때 손가락 자국이 약간 오므라드는 정도이다.

소보로 만들기(수작업)

- 마가린을 유연해지도록 거품기로 믹싱한 후 땅콩버터를 넣고 다시 믹싱한다.
- 부드럽게 만든 마가린과 땅콩버터에 설탕, 소금, 물엿을 넣고 크림화한다.
- 달걀을 넣고 연한 미색이 될 때까지 거품기로 휘핑하여 부드러운 크림화를 시킨다. 단, 지나친 크림화가 되지 않도록 주의한다.
- 중력분, 탈지분유, 베이킹파우더를 균일하게 혼합한 후 체에 친다.
- 체질한 가루재료를 넣고 가루가 거의 보이지 않고, 덩어리가 생기지 않도록 손가락을 벌려 그 사이로 크림이 가루에 싸여 떨어지도록 한다.
- 파슬파슬한 상태가 될 때까지 두 손을 가볍게 비비기를 반복하여 소보로를 완성한다.
- 만약에 소보로가 파슬파슬하지 않고 페이스트 상태(떡진 상태)가 되면 냉장고에 넣어 차갑게 한 뒤 사용하거나, 덧가루를 30g 정도 넣고 스크래퍼로 잘게 다진다.
- 소보로가 떡지는 상태가 되는 이유는 지나친 크림화 혹은 가루재료를 넣고 너무 오래 비볐기 때문이다.

분할 무게 50g, 개수 36개 → 둥글리기 → 중간발효 5분

- 대강의 반죽 무게를 짐작하여 한두 번의 반죽 가감으로 정확한 무게가 되도록 한다(반죽과 발효 과정에서 형성된 글루텐 막의 손상이 최소화될 수 있도록 한다).

성형 아주 가볍게 재둥글리기(가스 빼기) → 물(32℃) 바르기 → 소보로 묻히기 → 25개 만들기

1. 소보로를 작업대에 펴놓고 반죽 윗면에 물을 발라 물이 묻은 부분이 소보로에 닿게 한다.
2. 손을 편 후 손바닥이 아닌 손가락을 이용해 반죽을 꾹 눌러 30g의 소보로를 골고루 찍어 묻힌 후 소보로가 묻은 쪽을 반대편 손바닥에 놓고 손가락을 떼어낸다(이때 소보로가 뭉치거나 한 쪽으로 치우쳐 묻지 않도록 한다).
3. 반대편 손바닥에 놓인 반죽을 평철판에 놓고 둥글면서 살짝 볼록하게 되도록 손을 살짝 쥐어 모양을 만든다.
(※ 55쪽에 자세한 과정 사진이 있습니다.)

- 성형할 때에 달걀이나 물을 칠한 후 소보로를 묻힌다.

패닝 1개의 평철판에 7~8개씩 → 2차 발효 35℃, 85%, 30~35분

- 2차 발효를 너무 많이 시키면 모양이 흐트러진다.

굽기 윗불 185℃, 밑불 150℃, 15~17분

- 오븐의 위치에 따라 온도차이가 생기므로, 12분 정도 경과 후 팬의 위치를 바꾸어 전체 제품의 색깔이 균일하게 유지되고 내부가 충분히 익도록 한다. 이 책에 제시된 온도와 시간은 작업장의 오븐환경에 따라 약간씩 달라질 수도 있다.

아라비아 남부의 도시 예멘에 있는 '알 모카(Al Mukha)'란 항구의 이름을 딴
커피를 첨가하고 반죽에 비스킷을 씌운

모카빵(Mocha Bread)

 **시험 시간**

3:30

다음 요구사항대로 모카빵을 제조하여 제출하시오.

1. 배합표의 빵 반죽 재료를 계량하여 재료별로 진열하시오(11분).
   - 재료계량(재료당 1분) → [감독위원 계량 확인] → 작품제조 및 정리정돈(전체시험시간-재료계량시간)
   - 재료계량시간 내에 계량을 완료하지 못하여 시간이 초과된 경우 및 계량을 잘못한 경우는 추가의 시간 부여 없이 작품제조 및 정리정돈 시간을 활용하여 요구사항의 무게대로 계량
   - 달걀의 계량은 감독위원이 지정하는 개수로 계량
2. 반죽은 스트레이트법으로 제조하시오(단, 유지는 클린업 단계에서 첨가하시오).
3. 반죽온도는 27℃를 표준으로 하시오.
4. 반죽 1개의 분할무게는 250g, 1개당 비스킷은 100g씩으로 제조하시오.
5. 제품의 형태는 타원형(럭비공 모양)으로 제조하시오.
6. 토핑용 비스킷은 주어진 배합표에 의거 직접 제조하시오.
7. 완제품 6개를 제출하고 남은 반죽은 감독위원의 지시에 따라 별도로 제출하시오.

※ 토핑용 비스킷은 계량시간에서 제외한다.

13 모카빵

합격포인트

1. 토핑용 비스킷 반죽은 1차 발효 중에 크림법으로 제조하여 비닐에 싸서 냉장휴지를 시킨다. 그래야 토핑용 반죽을 구성하는 유지가 어느 정도 굳어 반죽정형 시 효율적으로 작업할 수 있다.
2. 커피는 사용할 물 일부에 미리 녹여 반죽에 넣는 것이 가장 확실한 방법이다. 혹시나 찬물에 용해성이 떨어지는 믹스 커피가 제공될 수도 있기 때문이다.
3. 굽기 시 제품의 착색만 보고 판단하면 빵 속이 익지 않을 수도 있으므로 구운 시간도 확인한다.

배합표

빵 반죽

비율(%)	재료명	무게(g)
100	강력분	850
45	물	382.5(382)
5	생이스트	42.5(42)
1	제빵개량제	8.5(8)
2	소금	17(16)
15	설탕	127.5(128)
12	버터	102
3	탈지분유	25.5(26)
10	달걀	85(86)
1.5	커피	12.75(12)
15	건포도	127.5(128)
209.5	계	1,780.75(1,780)

토핑용 비스킷

비율(%)	재료명	무게(g)
100	박력분	350
20	버터	70
40	설탕	140
24	달걀	84
1.5	베이킹파우더	5.25(5)
12	우유	42
0.6	소금	2.1(2)
198.1	계	693.35(693)

채점기준표 (능력단위별 수행준거에 따른 체크리스트)

수행 순서	수행 항목	수행 순서	수행 항목	수행 순서	수행 항목
1	재료계량시간	10	둥글리기	19	구운 상태
2	재료손실, 정확도	11	중간발효	20	정리정돈, 청소
3	반죽혼합순서	12	반죽성형	21	개인위생
4	반죽상태	13	정형의 숙련도	22	제품의 부피
5	반죽온도	14	정형의 상태	23	제품의 외부균형
6	1차 발효관리	15	팬 넣기	24	제품의 껍질
7	1차 발효상태	16	2차 발효관리	25	제품의 내상
8	비스킷 제조	17	2차 발효상태	26	맛과 향
9	분할 숙련도, 정확도	18	굽기 관리		

재료 및 기기 준비

[실기시험 요구수량 : 요구수량 : 6개, 분할수량 : 7개]

수직형 믹서와 볼, 반죽날개(훅), 오븐, 저울, 행주, 온도계, 고무주걱, 비닐, 스크래퍼, 스테인리스 볼, 평철판, 거품기, 밀대, 체

수행준거에 맞추어 만들어 볼까요!!

1. 믹싱 완료점

2. 1차 발효 준비하기

3. 분할하기

4. 타원형으로 만들기

5. 토핑용 비스킷 만들기

6. 토핑용 비스킷 밀기

7. 토핑용 비스킷 감싸기

8. 패닝하기

9. 2차 발효 완료점

믹싱 최종 단계(100%), 27℃

1. 가루재료를 믹서 볼에 투입한 후 1단으로 고루 혼합한다.
2. 계절에 따라 반죽온도를 맞출 수 있게 온도를 조절한 물에 달걀, 생이스트 순으로 넣고 섞어 믹서 볼에 붓는다. 처음에는 1단으로 돌리다가 한 덩어리가 되면 2단으로 돌려 클린업 단계까지 믹싱한다.
3. 클린업 단계에서 유지를 넣고 1단으로 돌리다가 유지가 섞이면 2단 혹은 3단으로 돌려 최종 단계까지 믹싱한다.
4. 믹싱하는 사이 건포도를 27℃의 물에 씻어 체에 건져내어 전처리를 한다.
5. 전처리한 건포도의 표면 물기를 제거하기 위해 10g의 계량 외 강력분을 넣고 버무려 믹싱 마지막 단계에 투입한다.

1차 발효 27℃, 75~80%, 45분

1. 처음 반죽 부피의 3배 정도이다. 손가락에 강력분을 묻혀 반죽의 윗면을 찔렀을 때 손가락 자국이 약간 오므라드는 정도이다.

토핑용 비스킷 만들기(수작업)

- 스테인리스 볼에 버터를 넣고 거품기로 휘저어 유연하게 만든다.
- 설탕, 소금을 넣고 계속해서 휘저어 크림상태로 만든다.
- 계란을 2~3회 나누어 넣어 휘저으면서 부드러운 상태가 되도록 한다.
- 체질한 박력분과 베이킹파우더를 넣고 주걱으로 가볍게 섞다가 40% 정도의 생가루가 남으면 멈춘다.
- 우유를 넣어 섞어 글루텐이 형성되지 않도록 주의하여 한 덩어리로 만든다.
- 비닐에 싸서 냉장고에 넣어 냉장 휴지시킨다.

분할 무게 250g, 개수 7개 → 둥글리기 → 중간발효 10분

- 250g씩 스크래퍼를 이용하여 표피가 손상되지 않도록 최대한 유지하면서 신속하고 정확하게 분할한다.
- 손으로 반죽을 살짝 감싸고 양손 날은 작업대에 붙인다. 그런 다음 한 방향 원형으로 굴리면서 표피가 찢어지지 않도록 하면서 표면이 매끄럽고 일정한 모양이 되도록 둥글리기를 한다.
- 작업대 발효 시 덮어놓은 비닐 위에 반죽온도 유지를 위해 계절에 따라 물수건의 온도를 맞추어 올려놓는다.

성형 밀어 펴기(가스 빼기) → 말기 → 봉하기 → 6개 만들기

1. 반죽을 밀대로 두께가 일정하며 넓적한 타원형으로 밀어 펴면서 가스를 빼준다.
2. 크기를 일정하게 유지하며 반죽을 양손으로 아래에서부터 안으로 단단히 말기를 하면서 위로 올라간다. 건포도가 반죽 표면에 나오지 않도록 하며 17cm 정도의 타원형으로 만든다. 혹은 위에서부터 안으로 말아 내려오면서 만들기도 한다.
3. 이음매를 꼼꼼히 꼬집듯이 잘 봉한다. (※56쪽에 자세한 과정 사진이 있습니다.)

토핑용 비스킷 성형

- 냉장휴지시킨 비스킷 반죽을 100g씩 분할하여 둥글리기를 한다. 실기시험에서는 6덩어리가 필요하다.
- 분할된 비스킷 반죽을 한 손바닥으로 원통으로 만든 다음 작업대에 충분히 덧가루를 뿌린 후 성형된 빵 반죽 윗부분을 충분히 덮을 정도로 3mm 정도의 두께가 되도록 고르게 밀어 편다.
- 이음매가 바닥 정중앙에 오도록 주의하고 성형된 반죽 윗면에 비스킷 반죽을 덮어씌운다.

패닝 평철판에 반죽 3개씩 → 2차 발효 35℃, 85%, 30분

- 반죽의 이음매가 평철판의 바닥으로 향하게 하여 3개씩 놓는다.
- 정해진 발효시간을 기준으로 발효상태를 살펴보며 2차 발효를 한다.

굽기 윗불 180℃, 밑불 160℃, 25~30분

- 오븐의 위치에 따라 반죽의 착색이 다르므로 착색의 상태를 보고 평철판을 180° 돌려 굽기를 마무리한다.
- 굽기 시간 20분 정도 경과 후 팬의 위치를 바꾸면 제품의 착색이 균일하게 유지되고 내부가 충분히 익는다.

14 큰 덩어리 빵을 소분해서 판매하던 방식에서
반죽을 소분하여 모양을 만들어 팔기 시작한 대표적인 테이블 브레드

버터 롤 (Butter Roll)

 시험 시간

3:30

다음 요구사항대로 버터 롤을 제조하여 제출하시오.

1. 배합표의 각 재료를 계량하여 재료별로 진열하시오(9분).
   - 재료계량(재료당 1분) → [감독위원 계량 확인] → 작품제조 및 정리정돈(전체시험시간−재료계량시간)
   - 재료계량시간 내에 계량을 완료하지 못하여 시간이 초과된 경우 및 계량을 잘못한 경우는 추가의 시간 부여 없이 작품제조 및 정리정돈 시간을 활용하여 요구사항의 무게대로 계량
   - 달걀의 계량은 감독위원이 지정하는 개수로 계량
2. 반죽은 스트레이트법으로 제조하시오(단, 유지는 클린업 단계에서 첨가하시오).
3. 반죽온도는 27℃를 표준으로 하시오.
4. 반죽 1개의 분할무게는 50g으로 제조하시오.
5. 제품의 형태는 번데기 모양으로 제조하시오.
6. 24개를 성형하고, 남은 반죽은 감독위원의 지시에 따라 별도로 제출하시오.

14 버터 롤

합격포인트

1. 중간발효를 시킨 버터 롤 반죽으로 모양을 만들 때는 6개를 한 묶음으로 작업을 진행한다. 그래야 반죽에 힘을 가할 때 생기는 반죽의 탄력성을 약화시켜 제시된 모양을 만들 수 있다.
2. 성형 시 넓은 윗부분에서 뾰족한 아랫부분으로 말아서 번데기 모양이 되도록 한다. 성형이 완료된 후 말린 뾰족한 끝부분은 바닥으로 가도록 주의하면서 철판에 놓는다.
3. 버터 롤처럼 덧가루를 사용하여 표면이 건조되는 제품들은 계란물을 칠하는 것이 좋으나 만약 실기시험장에서 계란물 칠을 생략하면 물칠이라도 하길 권한다. 그래야 덧가루 때문에 건조된 표면을 습하게 만들어 굽기 시 착색이 잘 이루어진다. 계란물을 칠할 때는 평철판 바닥으로 흘러내리지 않도록 주의하며 붓으로 골고루 바른다.

배합표

비율(%)	재료명	무게(g)	비율(%)	재료명	무게(g)
100	강력분	900	10	설탕	90
2	소금	18	15	버터	135(134)
3	탈지분유	27(26)	8	달걀	72
4	생이스트	36	1	제빵개량제	9(8)
53	물	477(476)	196	계	1,764

채점기준표 (능력단위별 수행준거에 따른 체크리스트)

수행 순서	수행 항목	수행 순서	수행 항목
1	재료계량시간	14	팬 넣기
2	재료손실, 정확도	15	2차 발효관리
3	반죽혼합순서	16	2차 발효상태
4	반죽상태	17	굽기 관리
5	반죽온도	18	구운 상태
6	1차 발효관리	19	정리정돈, 청소
7	1차 발효상태	20	개인위생
8	분할시간	21	제품의 부피
9	분할 숙련도, 정확도	22	제품의 외부균형
10	둥글리기	23	제품의 껍질
11	중간발효	24	제품의 내상
12	정형의 숙련도	25	맛과 향
13	정형의 상태		

재료 및 기기 준비

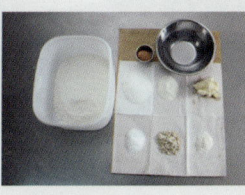

[실기시험 요구수량 : 24개, 분할수량 : 35개]

수직형 믹서와 볼, 반죽날개(훅), 오븐, 저울, 행주, 온도계, 고무주걱, 비닐, 스크래퍼, 스테인리스 볼, 평철판, 밀대, 붓

수행준거에 맞추어 만들어 볼까요!!

1. 버터 투입시기

2. 믹싱 완료점

3. 1차 발효 완료점

4. 둥글리기

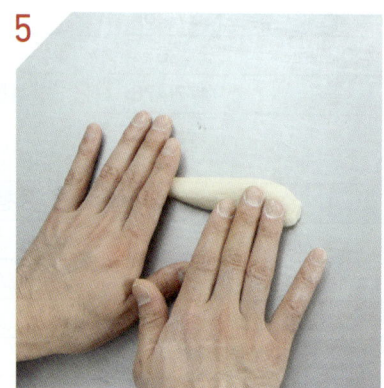
5. 늘이기

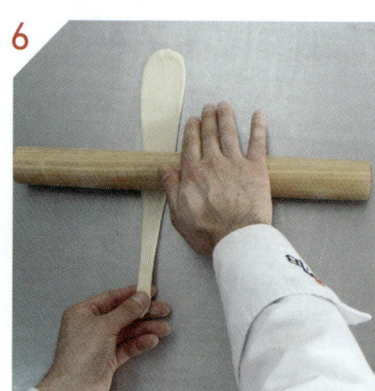
6. 밀어 펴기(가스 빼기)

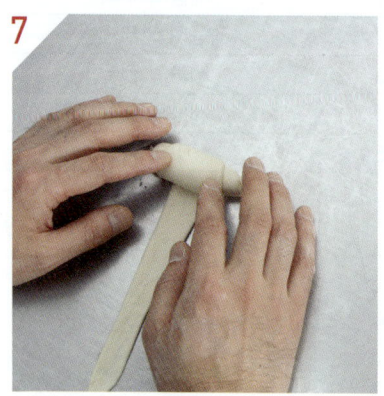
7. 말기

8. 계란물 칠하기

9. 팬 돌려주기

믹싱 최종 단계(100%), 27℃

1. 가루재료를 믹서 볼에 투입한 후 1단으로 고루 혼합한다.
2. 계절에 따라 반죽온도를 맞출 수 있게 온도를 조절한 물에 달걀, 생이스트 순으로 넣고 섞어 믹서 볼에 붓는다. 처음에는 1단으로 돌리다가 한 덩어리가 되면 2단으로 돌려 클린업 단계까지 믹싱한다.
3. 클린업 단계에서 유지를 넣고 1단으로 돌리다가 유지가 섞이면 2단 혹은 3단으로 돌려 최종 단계까지 믹싱한다.

1차 발효 27℃, 75~80%, 45분

1. 처음 반죽 부피의 3배 정도이다. 손가락에 강력분을 묻혀 반죽의 윗면을 찔렀을 때 손가락 자국이 약간 오므라드는 정도이다.

- 발효통과 접촉한 반죽의 옆면에 섬유상 구조가 나타난다(발효통에 덧가루를 많이 뿌린 경우에는 반죽을 들어올렸을 때 반죽의 옆면에 망상 구조가 잘 나타나지 않는다).

분할 무게 50g, 개수 35개 → 둥글리기 → 중간발효 10분

- 대강의 반죽 무게를 짐작하여 한두 번의 반죽 가감으로 정확한 무게가 되도록 한다(반죽과 발효 과정에서 형성된 글루텐 막의 손상이 최소화될 수 있도록 한다).
- 40g씩 스크래퍼를 이용하여 표피가 손상되지 않도록 최대한 유지하면서 신속하고 정확하게 분할한다.
- 반죽을 손바닥 위에 올리고 다른 손의 손가락을 피아노 치듯 모아 굽혀 손가락 끝을 손바닥에 밀착시켜 반죽을 감싼다. 그런 다음 한 방향 원형으로 굴리면서 표피가 찢어지지 않도록 하면서 표면이 매끄럽고 일정한 모양이 되도록 둥글리기를 한다.
- 작업대 발효 시 덮어놓은 비닐 위에 반죽온도 유지를 위해 계절에 따라 물수건의 온도를 맞추어 올려놓는다.

성형 밀어 펴기(가스 빼기) → 말기 → 24개 만들기

1. 반죽을 작업대 위에 놓고 손바닥을 이용하여 비벼 꼬리를 빼 올챙이 모양으로 만든다.
2. 반죽의 꼬리 부분을 잡고 둥근 모양 쪽으로 밀대를 이용해 긴 삼각형 모양으로 밀어 늘인 후 넓적한 부분부터 말아 내려온다.
3. 말아진 겹이 3~4겹 정도 보이게 하고 이음매는 반죽의 아랫부분에 오도록 말기를 한다.
4. 반죽의 형태는 번데기 모양으로 만든다. (※56쪽에 자세한 과정 사진이 있습니다.)

패닝 1개의 평철판에 반죽 12개씩

1. 시험 감독관의 지시에 따라 평철판에 12개씩 패닝한다.
2. 달걀노른자와 물을 제시된 양에 맞도록 노른자 1 : 물 4의 비율로 맞추어 노른자를 체에 걸러 물과 섞어 계란 물을 만든다.
3. 만들어 놓은 달걀물을 붓으로 반죽 위에 고이지 않도록 고르게 바른다.

2차 발효 35~38℃, 80~85%, 30~35분

- 가스 보유력이 최대인 상태까지 발효시킨다. 만약 2차 발효가 지나치면 모양이 흐트러질 수 있다.
- 정해진 발효시간을 기준으로 발효상태를 살펴보며 2차 발효를 한다.

굽기 윗불 190℃, 밑불 140℃, 15~17분

1. 기본 온도와 시간이므로 작업장의 오븐환경에 따라 온도와 시간을 약간 조정하여 사용한다.
2. 제시된 시간을 참고하면서 윗면에 착색된 색을 보고 팬을 돌려 준 후 마무리 굽기를 한다.
3. 일반적으로 이렇게 중량이 적은 빵들은 15분 전·후에 착색의 정도와 착색이 균일하면 오븐에서 꺼내어 제출한다.

- 오븐의 위치에 따라 차이가 생기므로, 10분 정도 경과 후 팬의 위치를 바꾸어 전체 제품의 색깔이 균일하게 유지되고 내부가 충분히 익도록 한다.

15

이스트를 넣어 발효시킨 반죽으로 8자형과 꽈배기형 모양을 만들어 튀린

빵도넛
(Yeast Doughnut)

 시험 시간

3:00

다음 요구사항대로 빵도넛을 제조하여 제출하시오.

1. 배합표의 각 재료를 계량하여 재료별로 진열하시오(12분).
   - 재료계량(재료당 1분) → [감독위원 계량 확인] → 작품제조 및 정리정돈(전체시험시간−재료계량시간)
   - 재료계량시간 내에 계량을 완료하지 못하여 시간이 초과된 경우 및 계량을 잘못한 경우는 추가의 시간 부여 없이 작품제조 및 정리정돈 시간을 활용하여 요구사항의 무게대로 계량
   - 달걀의 계량은 감독위원이 지정하는 개수로 계량
2. 반죽은 스트레이트법으로 제조하시오(단, 유지는 클린업 단계에서 첨가하시오).
3. 반죽온도는 27℃를 표준으로 하시오.
4. 분할무게는 46g씩으로 하시오.
5. 모양은 8자형 22개, 트위스트형(꽈배기형) 22개로 만드시오.
   (남은 반죽은 감독위원의 지시에 따라 별도로 제출하시오.)

19 빵도넛

합격포인트

1. 중간발효가 부족하면 빵 반죽의 글루텐 신장성이 회복되지 못한 상태가 되므로 반죽을 말아 늘릴 때 반죽 자체가 긴장되어 자꾸 수축하게 된다. 이때는 그대로 성형하지 말고 중간발효를 조금 더 시킨다. 그러면 반죽의 Tension(긴장)은 감소하고 Relaxation(이완)이 증가한다.
2. 반죽익힘 공정 시 튀길 때 제품 표면에 수포가 생기지 않도록 2차 발효 후 반죽의 표면을 말려 수분을 제거한 다음 튀긴다.
3. 강력분 기준 이스트의 비율이 5%이므로 튀길 때 반죽이 많이 팽창한다. 그러므로 다른 단과자빵에 비하여 2차 발효를 조금 짧게 하며, 제품을 튀길 때 적절한 시기에 한 번만 뒤집어 준다.
4. 튀기는 동안 자주 뒤집거나 기름 온도가 낮으면 완제품에 기름이 많이 흡수된다.

배합표

비율(%)	재료명	무게(g)	비율(%)	재료명	무게(g)
80	강력분	880	20	박력분	220
10	설탕	110	12	쇼트닝	132
1.5	소금	16.5(16)	3	탈지분유	33(32)
5	이스트(생이스트)	55(56)	1	제빵개량제	11(10)
0.2	바닐라 향	2.2(2)	15	달걀	165(164)
46	물	506	0.2	넛메그	2.2(2)
			194	계	2,132.9(2,130)

채점기준표 (능력단위별 수행준거에 따른 체크리스트)

수행 순서	수행 항목	수행 순서	수행 항목
1	재료계량시간	14	팬 넣기
2	재료손실, 정확도	15	2차 발효관리
3	반죽혼합순서	16	2차 발효상태
4	반죽상태	17	굽기 관리
5	반죽온도	18	구운 상태
6	1차 발효관리	19	정리정돈, 청소
7	1차 발효상태	20	개인위생
8	분할시간	21	제품의 부피
9	분할 숙련도, 정확도	22	제품의 외부균형
10	둥글리기	23	제품의 껍질
11	중간발효	24	제품의 내상
12	정형의 숙련도	25	맛과 향
13	정형의 상태		

재료 및 기기 준비

[실기시험 요구수량 : 46개, 분할수량 : 46개]

수직형 믹서와 볼, 반죽날개(훅), 오븐, 저울, 행주, 온도계, 고무주걱, 비닐, 스크래퍼, 스테인리스 볼, 가스버너, 튀김용 체, 집게, 평철판, 백로지

수행준거에 맞추어 만들어 볼까요!!

1. 쇼트닝 투입시기

2. 믹싱 완료점

3. 1차 발효 완료점

4. 둥글리기

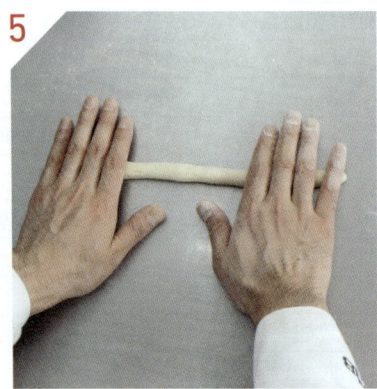

5. 늘이기

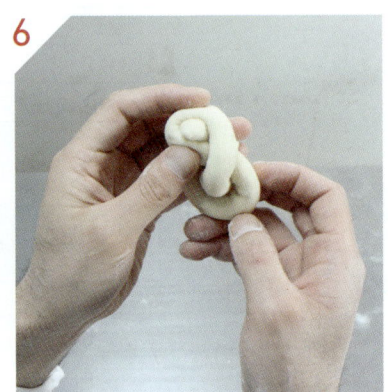

6. 꼬기

7. 8자형, 꽈배기형

8. 기름에 넣기

9. 뒤집기

믹싱 발전 단계(80%), 27℃

1. 가루재료를 믹서 볼에 투입한 후 1단으로 고루 혼합한다.
2. 계절에 따라 반죽온도를 맞출 수 있게 온도를 조절한 물에 달걀, 이스트(생이스트) 순으로 넣고 섞어 믹서 볼에 붓는다. 처음에는 1단으로 돌리다가 한 덩어리가 되면 2단으로 돌려 클린업 단계까지 믹싱한다.
3. 클린업 단계에서 유지를 넣고 1단으로 돌리다가 유지가 섞이면 2단 혹은 3단으로 돌려 발전 단계까지 믹싱한다.

1차 발효 27℃, 75~80%, 40분

1. 발효실에 넣을 발효통에 덧가루를 충분히 뿌려 준비한다.
2. 믹서 볼 옆면에 덧가루를 뿌리고 플라스틱 곡면 스크래퍼를 이용해 반죽을 분리시켜 떼어낸 후 반죽의 외피가 손상되지 않게 잘 손질하여 매끄러운 한 덩어리 반죽으로 만들어 발효통에 담는다.
3. 반죽을 넣은 발효통에 준비된 뚜껑 혹은 비닐을 공기가 통하게 덮어 발효실에 넣고 40분 발효한다.
4. 처음 반죽 부피의 3배 정도이다.

- 발효통과 접촉한 반죽의 옆면에 섬유상 구조가 나타난다(발효통에 덧가루를 많이 뿌린 경우에는 반죽을 들어올렸을 때 반죽의 옆면에 망상 구조가 잘 나타나지 않는다).
- 1차 발효의 완료점 확인하기 : 손가락에 강력분을 묻혀 반죽의 윗면을 찔렀을 때 손가락 자국이 약간 오므라드는 정도이다.

분할 무게 46g, 개수 46개 → 둥글리기 → 중간발효 15분

- 46g씩 스크래퍼를 이용하여 표피가 손상되지 않도록 최대한 유지하면서 신속하고 정확하게 분할한다.
- 반죽을 손바닥 위에 올리고 다른 손의 손가락을 피아노 치듯 모아 굽혀 손가락 끝을 손바닥에 밀착시켜 반죽을 감싼다. 그런 다음, 한 방향 원형으로 굴리면서 표피가 찢어지지 않도록 하면서 표면이 매끄럽고 일정한 모양이 되도록 둥글리기를 한다.
- 작업대 발효 시 덮어놓은 비닐 위에 반죽온도 유지를 위해 계절에 따라 물수건의 온도를 맞추어 올려놓는다.

성형 눌러 펴기(가스 빼기) → 말아 늘이기 → 꼬기 (※ 52~53쪽에 자세한 과정 사진이 있습니다.) → 46개 전부 성형하기

8자형
1. 반죽에 덧가루를 묻혀 손바닥으로 눌러 가스를 뺀다.
2. 반죽을 말아 작업대에서 비비고 굴리면서 손가락을 벌려 30cm로 늘린 후 25cm로 수축시킨다.
3. 8자형으로 꼬아 23개를 만들고 나머지는 꽈배기형으로 23개를 만든다.

- 8자형을 만들 때 30cm로 늘린 후 25cm로 수축시켜 모양을 만들면, 8자형의 형태가 분명해진다.

꽈배기형
1. 8자형과 같은 방법으로 반죽을 30cm 길이로 밀어 늘인다.
2. 양쪽 끝을 손바닥으로 누르고 손바닥을 서로 반대로 밀어 꼰 후 들어 올려 서로 꼬아지게 만든다.

패닝 1개의 평철판에 11~12개씩

- 2차 발효 시 서로 붙지 않도록 간격을 잘 맞추어 기름칠한 철판에 놓거나, 혹은 면포를 깐 철판에 놓는다.
- 동일한 모양끼리 패닝하여 발효 완료시점이 일치하도록 관리한다.

2차 발효 35℃, 75~85%, 20~25분 → 튀기기 185~190℃, 2~3분 → 설탕 묻히기

- 2차 발효 후 반죽의 껍질이 마르지 않을 정도로 표면을 건조시켜 윗면이 기름 쪽을 향하도록 투입한다.
- 튀겨지는 면이 원하는 색이 나면 뒤집어 튀긴다(이때 가운데 흰줄이 생기게 된다).
- 설탕(95g) : 계피가루(5g)로 고루 섞어 계피 설탕을 제조한다.
- 제조된 계피설탕에 튀긴 빵도넛을 36℃ 정도로 식혀 앞뒤로 과하지 않게 고루 묻힌다.

16

단과자빵 반죽에 소시지를 충전하고 모양을 만들어 토핑물을 얹은

소시지빵
(Sausage Bread)

시험 시간

3:30

다음 요구사항대로 소시지빵을 제조하여 제출하시오.

1. 반죽 재료를 계량하여 재료별로 진열하시오(10분).
   (토핑 및 충전물 재료의 계량은 휴지시간을 활용하시오.)
   - 재료계량(재료당 1분) → [감독위원 계량 확인] → 작품제조 및 정리정돈(전체시험시간-재료계량시간)
   - 재료계량시간 내에 계량을 완료하지 못하여 시간이 초과된 경우 및 계량을 잘못한 경우는 추가의 시간 부여 없이 작품제조 및 정리정돈 시간을 활용하여 요구사항의 무게대로 계량
   - 달걀의 계량은 감독위원이 지정하는 개수로 계량

2. 반죽은 스트레이트법으로 제조하시오.
3. 반죽온도는 27℃를 표준으로 하시오.
4. 반죽 분할무게는 70g씩 분할하시오.
5. 완제품(토핑 및 충전물 완성)은 12개 제조하여 제출하고 남은 반죽은 감독위원이 지정하는 장소에 따로 제출하시오.
6. 충전물은 발효시간을 활용하여 제조하시오.
7. 정형 모양은 낙엽 모양 6개와 꽃잎 모양 6개씩 2가지로 만들어서 제출하시오.

※ 충전용 재료는 계량시간에서 제외한다.

20 소시지빵

합격포인트

1. 반죽을 70g씩 분할하고 둥글리기할 때 9개를 단위로 분할 후 둥글리기를 하면 보다 효율적으로 정형공정을 수행할 수 있다.
2. 정형 시 소시지를 감싸기 위해 반죽을 밀어 펼 때 밀대로 12개를 한꺼번에 밀어 편 후 소시지를 얹어 반죽으로 감싸는 것이 효율적이다.
3. 완제품의 균형감을 위해서는 손으로 반죽을 눌러 소시지를 얹기보다는 반죽을 밀대로 밀어 펴서 소시지를 얹는 것이 좋다.
4. 충전물과 토핑물은 1차 발효 때에 준비하는 것이 좋다.

배합표

반죽			토핑 및 충전물		
비율(%)	재료명	무게(g)	비율(%)	재료명	무게(g)
80	강력분	560	100	프랑크소시지	(480)
20	중력분	140	72	양파	336
4	이스트(생이스트)	28	34	마요네즈	158
1	제빵개량제	6	22	피자치즈	102
2	소금	14	24	케첩	112
11	설탕	76	252	계	1,188
9	마가린	62			
5	탈지분유	34			
5	달걀	34			
52	물	364			
189	계	1,318			

채점기준표
(능력단위별 수행준거에 따른 체크리스트)

수행 순서	수행 항목	수행 순서	수행 항목
1	재료계량시간	13	팬 넣기
2	재료손실, 정확도	14	기타재료준비
3	반죽혼합순서	15	토핑물 얹기
4	반죽상태	16	굽기 관리
5	반죽온도	17	구운 상태
6	1차 발효관리	18	정리정돈, 청소
7	1차 발효상태	19	개인 위생
8	분할시간	20	제품의 부피
9	분할 숙련도, 정확도	21	제품의 외부균형
10	둥글리기	22	껍질과 토핑
11	중간발효	23	맛과 향
12	반죽성형		

재료 및 기기 준비

[실기시험 요구수량 : 12개, 분할수량 : 18개]

수직형 믹서와 볼, 반죽날개(훅), 오븐, 저울, 행주, 온도계, 고무주걱, 비닐, 스크래퍼, 스테인리스 볼, 평철판, 밀대, 가위

수행준거에 맞추어 만들어 볼까요!!

1. 마가린 넣기

2. 믹싱 완료점

3. 1차 발효 완료점

4. 밀어 펴기

5. 소시지 감싸기

6. 꽃잎 모양

7. 낙엽 모양

8. 토핑하기

9. 굽기 하기

믹싱 최종 단계(100%), 27℃

1. 가루재료를 믹서 볼에 투입한 후 1단으로 고루 혼합한다.
2. 계절에 따라 반죽온도를 맞출 수 있게 온도를 조절한 물에 달걀, 이스트(생이스트) 순으로 넣고 섞어 믹서 볼에 붓는다. 처음에는 1단으로 돌리다가 한 덩어리가 되면 2단으로 돌려 클린업 단계까지 믹싱한다.
3. 클린업 단계에서 마가린을 넣고 1단으로 돌리다가 유지가 섞이면 2단 혹은 3단으로 돌려 최종 단계까지 믹싱한다.

1차 발효 27℃, 75~80%, 45분

1. 처음 반죽 부피의 3배 정도이다. 손가락에 강력분을 묻혀 반죽의 윗면을 찔렀을 때 손가락 자국이 약간 오므라드는 정도이다.

분할 무게 70g, 개수 18개 → 둥글리기 → 중간발효 10~15분

- 반죽을 70g씩 분할하고 둥글리기할 때 12개를 단위로 분할 후 둥글리기를 하면 보다 효율적으로 정형공정을 수행할 수 있다.
- 중간 발효시간은 계절과 작업장의 온도를 감안하며 발효시간과 발효장소(즉, 작업대에서 혹은 발효실에서)를 결정한다.

성형 꽃잎 모양 6개 만들기, 낙엽 모양 6개 만들기

1. 반죽을 밀대로 밀어 가스를 빼주며 소시지보다 크게 밀어 펴서 12개의 반죽을 준비한다.
2. 반죽 위에 프랑크 소시지를 올려놓고 말아준다.
3. 반죽을 7~8등분하여 꽃잎 모양, 낙엽 모양으로 성형한 다음 패닝한다.
   ① 반죽을 소시지보다 크게 밀어 편 후 그 위에 소시지를 올려놓는다.
   ② 소시지가 보이지 않도록 반죽으로 감싼다.
   ③ 매끈한 면은 위로 오고 이음매는 아래로 향하도록 한 후, 0.5cm 간격을 유지하며 가위로 밑 반죽을 남겨두면서 소시지만 자른다.
   ④ 낙엽 모양은 8등분하여 모양을 만들고 꽃잎 모양은 7등분하여 모양을 만든다.
   ⑤ 낙엽 모양은 서로 엇갈려 펴서 팬에 놓는다.
   ⑥ 꽃잎 모양은 한쪽 방향으로 소시지가 보이도록 하며 원형으로 돌려놓는다.

- 성형 시 소시지를 감싸기 위해 반죽을 밀어 펼 때 밀대로 18개를 한꺼번에 밀어 편 후 소시지를 얹어 반죽으로 감싸는 것이 효율적이다.
- 완제품의 균형감을 위해서는 손으로 반죽을 눌러 소시지를 얹기보다는 반죽을 밀대로 밀어 펴서 소시지를 얹는 것이 좋다.
- 가위로 밑 반죽을 약간만 남겨두고 완벽하게 자른다.

패닝 1개의 평철판에 6개씩 → 2차 발효 38℃, 80%, 30~35분

- 낙엽 모양, 꽃잎 모양 각 1팬에 6개씩 패닝한다.
- 감독관의 지시에 따라가며 달걀물을 칠한다.

토핑물 얹기

1. 반죽 위에 다진 양파와 마요네즈를 섞어 올리고, 피자치즈를 올린 다음 종이 짤주머니에 케첩을 담아 지그재그로 짜준다.

- 충전물과 토핑물은 1차 발효 때 준비하는 것이 좋다.
- 야채 충전물을 계량한 후 양파를 잘게 잘라 마요네즈에 버무려 놓는다.
- 2차 발효가 완료되면 윗면에 마요네즈에 버무린 양파 다진 것을 얹고, 피자치즈를 뿌린다.
- 케첩을 지그재그로 짠다.

굽기 윗불 220℃, 밑불 160℃, 15분

3. 하드계열빵류 만들기

하드계열빵류 만들기란 제품의 특성에 맞는 재료를 사용하여 반죽, 발효, 정형, 스팀과 데치기를 포함한 굽기를 하여 당과 유지의 비율이 낮은 빵을 제조하는 능력이다.

❶ 하드계열빵류 반죽하기

1. 작업지시서에 따라 배합표를 점검하고 필요한 도구를 준비할 수 있다.
2. 배합표에 따라 재료를 계량하고 필요한 전처리를 할 수 있다.
3. 반죽특성에 따라 반죽기의 속도를 조절할 수 있다.
4. 반죽완료시 반죽 상태의 적정 완료 상태를 판단할 수 있다.

실무내용   하드계열빵류 반죽하기

제과기능사 실기시험품목 중 하드계열빵 제조공정을 통해 반죽하기를 설명한다.

❷ 하드계열빵류 1차 발효하기

1. 1차 발효 시 반죽 상태에 따라 발효시간을 조절할 수 있다.
2. 1차 발효 시 반죽상태에 따라 발효실 온도, 습도를 조절할 수 있다.
3. 1차 발효 시 제품 특성에 따라 1차 발효 완료점을 판단할 수 있다.

실무내용   하드계열빵류 1차 발효하기

제과기능사 실기시험품목 중 하드계열빵 제조공정을 통해 1차 발효하기를 설명한다.

❸ 하드계열빵류 정형하기

1. 반죽의 특성에 따라 신속한 분할과 둥글리기를 할 수 있다.
2. 반죽의 특성 및 둥글리기 정도에 따라 중간발효 상태를 확인할 수 있다.
3. 제품의 특성에 따라 성형할 수 있다.
4. 제품의 특성과 형태에 따라 패닝할 수 있다.

 **하드계열빵류 정형하기**

제과기능사 실기시험품목 중 하드계열빵 제조공정을 통해 정형하기를 설명한다.
여기서는 품목별 특징에 따른 세부적인 정형하기를 스냅사진으로 설명한다.

1. 반죽 둥글리기

작은 반죽 둥글리기 과정
반죽을 손바닥 위에 올리고 다른 손의 손가락을 피아노 치듯이 모아 굽혀서 손가락 끝을 바닥에 밀착시켜 반죽을 감싸고, 한 방향 원형으로 굴리면서 표피가 찢어지지 않도록 표면이 매끄럽고 일정한 모양으로 둥글리기를 한다.

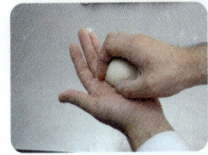 

큰 반죽 둥글리기 과정
양손으로 반죽을 살짝 감싸고 손날은 작업대에 붙여 한 방향 원형으로 굴리면서 표피가 찢어지지 않도록 표면이 매끄럽고 일정한 모양으로 둥글리기를 한다.

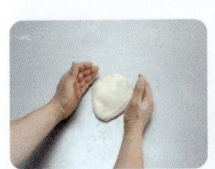   

2. 반죽 성형하기

성형은 중간 발효가 끝난 생지의 가스를 고르게 뺀 다음 작업지시서에 따라 다양한 제품의 형태로 만들 수 있다.

밀대(봉)형 성형과정
1. 매끄러운 부분을 위를 향하게 놓고 반죽의 가스를 완전히 제거하지 않기 위해 손바닥을 이용해 눌러 편다.
2. 매끄러운 부분을 바닥으로 놓고 긴 쪽으로 3겹 접기를 한다.
3. 한손 엄지와 검지를 이용해서 반죽을 접으면서 다른 손의 엄지 아래 손바닥을 이용해 접은 반죽을 따라가며 눌러 붙이는 방법으로 3~4번 정도 말고 이음매를 단단히 봉해 22~23cm 정도의 둥근 막대모양으로 만든다.

  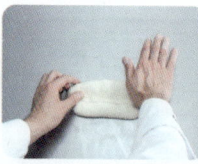 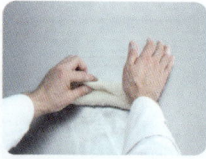 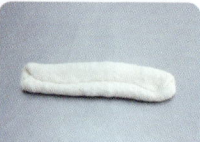

   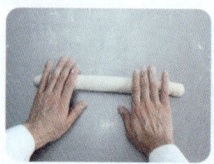

럭비공 모양(타원형) 성형과정
1. 크기를 일정하게 유지하며 반죽을 양손으로 아래에서 부터 안으로 단단히 말기를 하여 럭비공 형태로 만든다.
2. 이음매를 꼼꼼히 꼬집듯이 잘 봉한다.

❹ 하드계열빵류 2차 발효하기

1. 2차 발효 시 제품 특성에 따라 발효실 온도와 습도를 조절할 수 있다.
2. 2차 발효 시 반죽 분할량과 정형 모양에 따라 2차 발효 완료점을 판단할 수 있다.
3. 2차 발효 시 제품 특성에 따라 면포, 덧가루 등을 사용할 수 있다.
4. 제품 특성에 따라 데치기, 토핑하기, 칼집내기 등 작업을 할 수 있다.

실무내용　　**하드계열빵류 2차 발효하기**

제과기능사 실기시험품목 중 하드계열빵 제조공정을 통해 2차 발효하기를 설명한다.

❺ 하드계열빵류 굽기

1. 제품별 특성과 발효상태에 따라 굽는 시간과 온도를 조절 할 수 있다.
2. 오븐 종류와 제품 특성에 따라 팬이나 오븐 바닥에 구울 수 있다.
3. 제품 특성을 위해 오븐 온도와 압력을 고려하여 스팀을 사용할 수 있다.
4. 제품 특성에 따라 균일한 색상과 익힘 상태를 판단할 수 있다.

실무내용　　**하드계열빵류 굽기**

제과기능사 실기시험품목 중 하드계열빵 제조공정을 통해 굽기를 설명한다.

17

독일어로 '말의 등자'를 뜻하는 뷔글(Bugel)에서 유래한

베이글
(Bagel)

 **시험 시간**

3 : 30

다음 요구사항대로 베이글을 제조하여 제출하시오.

1. 배합표의 각 재료를 계량하여 재료별로 진열하시오(7분).
   - 재료계량(재료당 1분) → [감독위원 계량 확인] → 작품제조 및 정리정돈(전체시험시간-재료계량시간)
   - 재료계량시간 내에 계량을 완료하지 못하여 시간이 초과된 경우 및 계량을 잘못한 경우는 추가의 시간 부여 없이 작품제조 및 정리정돈 시간을 활용하여 요구사항의 무게대로 계량
   - 달걀의 계량은 감독위원이 지정하는 개수로 계량

2. 반죽은 스트레이트법으로 제조하시오.
3. 반죽 온도는 27℃를 표준으로 하시오.
4. 1개당 분할중량은 80g으로 하고 링모양으로 정형하시오.
5. 반죽은 전량을 사용하여 성형하시오.
6. 2차 발효 후 끓는물에 데쳐 팬닝하시오.
7. 팬 2개에 완제품 16개를 구워 제출하고 남은 반죽은 감독위원의 지시에 따라 별도로 제출하시오.

06 베이글

합격포인트

1. 성형 시 반죽을 손으로 눌러 평평하게 만든 후 바닥면이 안으로 들어가게 말기를 하면, 2차 발효 후 끓는 물에 데칠 때 표면에 수포가 많이 생긴다. 그래서 반죽을 밀대로 밀어펴서 평평하게 만든 후 말면 표면에 수포가 생기지 않는다.
2. 베이글을 데칠 때 이음매가 떨어지지 않도록 링의 이음매를 잘 꼬집어 마무리한다.
3. 손으로 직접 2차 발효가 완료된 반죽을 들어 끓는 물에 넣기에 숙련도가 부족할 경우 성형 시 가로와 세로가 10cm인 백로지에 놓은 후 평철판에 패닝을 한다.
4. 2차 발효 후 데치는 과정에서 베이글 반죽이 늘어나거나 찌그러지지 않도록 주의한다. 그러나 백로지에 놓은 경우에는 종이를 잡고 백로지가 위로 가도록 끓는 물에 넣는다.
5. 끓는 물에 너무 오래 데치면 반죽 속까지 익어 굽기 시 오븐팽창이 일어나지 않는다.

배합표

비율(%)	재료명	무게(g)	비율(%)	재료명	무게(g)
100	강력분	800	2	소금	16
55~60	물	440~480	2	설탕	16
3	이스트(생이스트)	24	3	식용유	24
1	제빵개량제	8	166~171	계	1,328~1,368

채점기준표
(능력단위별 수행준거에 따른 체크리스트)

수행 순서	수행 항목	수행 순서	수행 항목
1	재료계량시간	14	팬 넣기
2	재료손실, 정확도	15	2차 발효관리
3	반죽혼합순서	16	2차 발효상태
4	반죽상태	17	끓는 물에 데치기
5	반죽온도	18	굽기 관리
6	1차 발효관리	19	구운 상태
7	1차 발효상태	20	정리정돈, 청소
8	분할시간	21	개인 위생
9	분할 숙련도, 정확도	22	제품의 부피
10	둥글리기	23	제품의 외부균형
11	중간발효	24	제품의 껍질
12	정형의 숙련도	25	제품의 내상
13	정형의 상태	26	맛과 향

재료 및 기기 준비

[실기시험 요구수량 : 16개, 분할수량 : 17개]

수직형 믹서와 볼, 반죽날개(훅), 오븐, 저울, 행주, 온도계, 스크래퍼, 고무주걱, 비닐, 스테인리스 볼, 스크래퍼, 평철판, 가스버너, 나무주걱

수행준거에 맞추어 만들어 볼까요!!

1 전재료 넣기

2 믹싱 완료점

3 1차 발효 완료점

4 둥글리기

5 중간발효

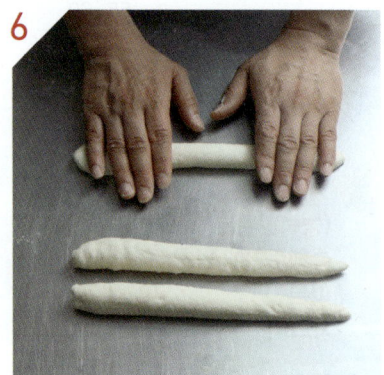

6 늘이기

7 링모양 만들기

8 데치기

9 굽기 하기

믹싱 발전 단계(80%), 27℃

1. 계절에 따라 반죽온도를 맞출 수 있게 물 온도를 조절하여 전 재료와 함께 믹서 볼에 붓는다. 처음에는 1단으로 모든 재료가 고루 혼합되도록 돌리다가 한 덩어리가 되면 2단으로 돌려 발전단계까지 믹싱한다.

1차 발효 27℃, 75~80%, 45분

1. 발효실에 넣을 발효통에 덧가루를 아주 약간 뿌려 준비한다.
2. 믹서 볼 옆면에 덧가루를 뿌리고 플라스틱 곡면 스크래퍼를 이용해 반죽을 분리시켜 떼어낸 후 반죽 외피가 손상되지 않게 잘 손질하여 매끄러운 한 덩어리 반죽으로 만들어 발효통에 담는다.
3. 반죽을 넣는 발효통에 준비된 뚜껑을 혹은 비닐을 공기가 통하게 덮어 발효실에 넣고 45분간 발효한다.
4. 처음 부피의 2.5배 정도이다. 손가락에 강력분을 묻혀 반죽의 윗면을 찔렀을 때 손가락 자국이 남아야 한다.

분할 무게 80g, 개수 17개 → 둥글리기 → 중간발효 10~15분

- 대강의 반죽 무게를 짐작하여 한두 번의 반죽 가감으로 정확한 무게가 되도록 한다.
- 능숙한 분할로 반죽과 발효 과정에서 형성된 글루텐 막의 손상이 최소화 될 수 있도록 한다.
- 반죽을 손바닥 위에 올리고 다른 손의 손가락을 피아노 치듯 모아 굽혀 손가락 끝을 손바닥에 밀착시켜 반죽을 감싼다. 그런 다음 한 방향 원형으로 굴리면서 표피를 찢지지 않도록 하면서 표면이 매끄럽고 일정한 모양이 되도록 둥글리기를 한다.

성형 밀어 펴기 → 3겹 접기 → 말기 → 봉하기 → 늘이기 → 링 모양 만들기 → 16개 만들기

1. 반죽을 밀대로 밀거나 손으로 눌러 바닥면이 안으로 들어가게 말기를 한다.
2. 양손으로 반죽을 30cm 정도 늘인다.
3. 링 형태를 만들고 이음매는 반죽과 반죽을 겹쳐 확실하게 눌러 붙인다.

- 베이글을 데칠 때 이음매가 떨어지지 않도록 링의 이음매를 잘 꼬집어 마무리한다.
- 17개 중 16개를 성형하여 제출한다.

패닝 1개의 평철판에 반죽 8개씩

- 17개 중 16개를 8개씩 2팬에 패닝하기는 요구사항이다.

2차 발효 33℃, 80%, 20분

끓는 물에 데치기

1. 베이글의 양면을 끓는 물에 데친 다음 다시 철판 위에 패닝한다.
2. 데치기 후 상온(또는 발효기) 방치할 경우 감점하지는 않습니다. - 한국산업인력관리공단 공지사항

- 베이글을 2차 발효 후 데치는 과정에서 반죽이 늘어나지 않도록 주의한다.
- 팔팔 끓는 물에 각 면을 5초 정도 데친다.
- 끓는 물에 너무 오래 데치면 반죽 속까지 익기 때문에 굽기 작업 시 오븐에서 부피팽창이 이루어지지 않는다.
- 만약에 데치기 후 크기가 작다고 생각된다면 상온(혹은 발효기)에 방치한다.

굽기 윗불 210℃, 밑불 190℃, 18~20분

1. 윗면에 색을 보고 팬을 돌려준 후 마무리 굽기를 한다.

- 오븐의 위치에 따라 온도차이가 생기므로, 10분 정도 경과 후 팬의 위치를 바꾸어 전체 제품의 색깔이 균일하게 유지되고 내부가 충분히 익도록 한다. 그리고 베이글의 착색을 유도하는 설탕이 적으므로 착색에도 신경써야 한다.

길고 가는 막대형으로 수분함량이 적어 딱딱하지만
담백하고 팝조롬한 맛의 이탈리아 빵인

그리시니(Grissini)

 시험 시간

2:30

다음 요구사항대로 그리시니를 제조하여 제출하시오.

1. 배합표의 각 재료를 계량하여 재료별로 진열하시오(8분).
   - 재료계량(재료당 1분) → [감독위원 계량 확인] → 작품제조 및 정리정돈(전체시험시간-재료계량시간)
   - 재료계량시간 내에 계량을 완료하지 못하여 시간이 초과된 경우 및 계량을 잘못한 경우는 추가의 시간 부여 없이 작품제조 및 정리정돈 시간을 활용하여 요구사항의 무게대로 계량
   - 달걀의 계량은 감독위원이 지정하는 개수로 계량
2. 전 재료를 동시에 투입하여 믹싱하시오(스트레이트법).
3. 반죽온도는 27℃를 표준으로 하시오.
4. 분할무게는 30g, 길이는 35~40cm로 성형하시오.
5. 반죽은 전량을 사용하여 성형하시오.

15 그리시니

 **합격포인트**

1. 요구사항에서 전 재료를 동시에 믹서 볼에 투입하여 믹싱하도록 제시하였으므로 그리시니 제조 시에는 유지를 클린업 단계에서 넣지 않고 처음부터 넣도록 한다.
2. 전체 시험시간이 2시간 30분이므로 이것을 감안하여 1차 발효시간을 30분 이내로 한다.
3. 완제품을 균형감 있게 만들기 위해서는 반죽정형 시 길이와 두께를 균일하게 만들어야 한다.
4. 2차 발효시간은 계절과 시험장의 온도를 감안하여 발효시간을 조절하며 시간범위 안에서 상태를 보면서 발효의 완료점을 결정한다. 그런데 그리시니는 딱딱 부러지는 식감의 상태를 표현하기 위해서 다른 빵들보다 2차 발효시간을 짧게 진행한다.
5. 굽기 후 완제품이 지나치게 휜다면 그것은 2차 발효가 부족하기 때문이다.

  배합표

비율(%)	재료명	무게(g)	비율(%)	재료명	무게(g)
100	강력분	700	12	버터	84
1	설탕	7(6)	2	올리브유	14
0.14	건조 로즈마리	1(2)	62	물	434
2	소금	14	182.14	계	1,275(1,276)
3	생이스트	21(22)			

 **채점기준표 (능력단위별 수행준거에 따른 체크리스트)**

수행 순서	수행 항목	수행 순서	수행 항목
1	재료계량시간	14	팬 넣기
2	재료손실, 정확도	15	2차 발효관리
3	반죽혼합순서	16	2차 발효상태
4	반죽상태	17	굽기 관리
5	반죽온도	18	구운 상태
6	1차 발효관리	19	정리정돈, 청소
7	1차 발효상태	20	개인위생
8	분할시간	21	제품의 부피
9	분할 숙련도, 정확도	22	제품의 외부균형
10	둥글리기	23	제품의 껍질
11	중간발효	24	제품의 내상
12	정형의 숙련도	25	맛과 향
13	정형의 상태		

  재료 및 기기 준비

[실기시험 요구수량 : 42개, 분할수량 : 42개]
수직형 믹서와 볼, 반죽날개(훅), 오븐, 저울, 행주, 온도계, 고무주걱, 비닐, 스크래퍼, 스테인리스 볼, 평철판

수행준거에 맞추어 만들어 볼까요!!

1. 전재료 넣기

2. 믹싱 완료점

3. 1차 발효 완료점

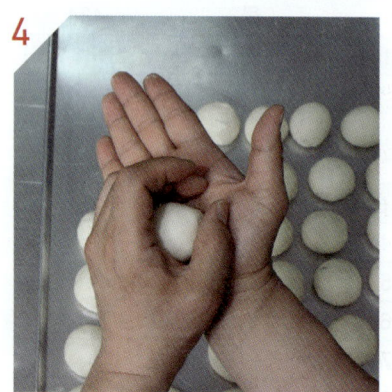
4. 둥글리기

5. 중간발효

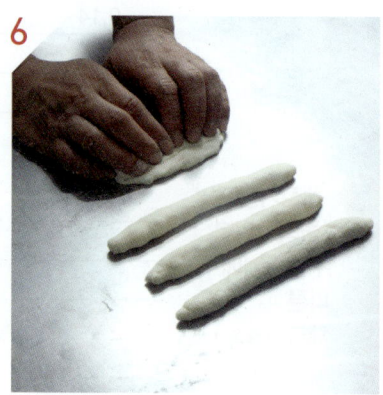
6. 늘리기

7. 잠시 휴지

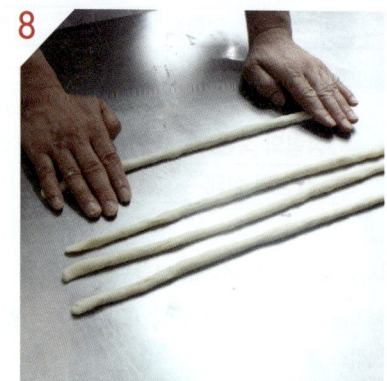
8. 재늘이기

9. 2차 발효 완료점

믹싱 발전 단계(80%), 27℃

1. 계절에 따라 반죽온도를 맞출 수 있게 물 온도를 조절한 후 모든 재료를 믹서 볼에 붓는다. 처음에는 1단으로 모든 재료가 고루 혼합되도록 돌리다가 한 덩어리가 되면 2단으로 5분 전후로 돌려 발전 단계까지 믹싱한다.

- 요구사항에서 전 재료를 동시에 투입하여 믹싱할 것을 제시한다. 항상 감독관님의 지시사항과 시험지의 요구사항을 숙지하고 반드시 실행해야 한다.
- 생이스트와 설탕, 소금이 직접 접촉되지 않도록 주의한다.

1차 발효 27℃, 70%, 30분

1. 발효실에 넣을 발효통에 덧가루를 아주 약간 뿌려 준비한다.
2. 믹서 볼에서 플라스틱 곡면 스크래퍼를 이용해 반죽을 분리시켜 떼어낸 후 반죽 표피가 손상되지 않게 잘 손질하여 용기에 담는다.
3. 반죽을 넣는 발효통에 준비된 뚜껑 혹은 비닐을 습기가 통하게 덮어 발효실에 넣고 30분간 발효한다.
4. 처음 부피의 2배 정도이다. 손가락에 강력분을 묻혀 반죽의 윗면을 찔렀을 때 손가락 자국이 남아야 한다.

분할 무게 30g, 개수 42개 → 둥글리기 → 중간발효 10~15분

성형 눌러 펴기(가스 빼기) → 말기 → 35~40cm 길이로 늘이기 → 42개 전부 성형하기

1. 둥글리기 한 모든 반죽을 먼저 둥글리기한 순서대로 하나씩 손바닥의 손가락 부분을 이용하여 굴려 20cm 길이로 늘여 놓는다.
2. 먼저 늘인 순서대로 다시 손바닥의 손가락 부분을 이용하여 원형 막대모양으로 35~40cm 길이로 늘이며 끝은 타원형처럼 되도록 마무리 한다.

- 완제품을 균형감 있게 만들기 위해서는 길이와 두께를 균일하게 만들어야 한다.

패닝 1개의 평철판에 반죽 10~11개씩

1. 팬에 가볍게 물을 분무하여 준비한다.
2. 양끝을 잡아 간격을 잘 맞추어 균일하게 패닝한다.

- 정형을 한 반죽을 팬에 놓을 때는 양끝을 잡아들어 철판에 간격을 잘 맞추어 놓는다.
- 총 42이이므로 4팬을 사용하는 것이 좋다.
- 팬에 가볍게 물을 분무 후 반죽을 놓으면 수축이나 구르는 것을 방지할 수 있다.

2차 발효 35℃, 85%, 20분

- 2차 발효시간은 계절과 시험장의 온도를 감안하여 발효시간의 범위를 조정해야 한다. 일반 빵보다 2차 발효시간은 짧게 한다.

굽기 윗불 200℃, 밑불 160℃, 18~20분

1. 기본 온도와 시간이므로 작업장의 오븐환경에 따라 온도와 시간을 약간 조정하여 사용한다.
2. 제시된 시간을 참고하면서 윗면에 착색된 색을 보고 팬을 돌려 준 후 마무리 굽기를 한다.

- 굽기 후 완제품을 바로 철판에서 빼내어 냉각팬에 옮겨 놓아야 제품이 휘는 것을 방지할 수 있다.
- 그리시니는 스틱이므로 딱딱 부러지는 질감을 띠어야 한다. 그래서 굽는 시간이 반죽의 중량에 비해 길다.

19

호밀가루를 30% 사용하고 황설탕, 분유, 몰트액, 쇼트닝 등을
부재료로 첨가하여 질감을 부드럽게 만든

호밀빵(Rye Bread)

시험 시간

3:30

다음 요구사항대로 호밀빵을 제조하여 제출하시오.

1. 배합표의 각 재료를 계량하여 재료별로 진열하시오(10분)
   - 재료계량(재료당 1분) → [감독위원 계량 확인] → 작품제조 및 정리정돈(전체시험시간–재료계량시간)
   - 재료계량시간 내에 계량을 완료하지 못하여 시간이 초과된 경우 및 계량을 잘못한 경우는 추가의 시간 부여 없이 작품제조 및 정리정돈 시간을 활용하여 요구사항의 무게대로 계량
   - 달걀의 계량은 감독위원이 지정하는 개수로 계량

2. 반죽은 스트레이트법으로 제조하시오.
3. 반죽온도는 25℃를 표준으로 하시오.
4. 표준 분할무게는 330g으로 하시오.
5. 제품의 형태는 타원형(럭비공 모양)으로 제조하고, 칼집 모양을 가운데 일자로 내시오.
6. 반죽의 전량을 사용하여 성형하시오.

16 호밀빵

합격포인트

1. 단백질인 글리아딘과 탄수화물인 펙틴은 많고 글루테닌이 적은 호밀가루 사용 시 반죽은 되고 온도는 낮아야 제품의 모양이 잘 유지되므로 물량은 적은 양을 선택한다.
2. 2차 발효 완료점은 약간 작게 설정한다. 왜냐하면 반죽의 윗면을 길게 일자로 칼집을 넣고 구워 반죽의 윗면이 크게 벌어지면서 오븐 팽창이 매우 커지기 때문이다.
3. 오븐 라이즈가 크게 일어나므로 반죽 윗면에 내는 칼집의 깊이는 0.6cm가 적당하다.
4. 일반적인 하드계열의 호밀빵과 다르게 착색을 유도하는 황설탕, 탈지분유, 쇼트닝, 몰트 등의 부재료가 들어가므로 굽는 온도가 낮아야 한다.

배합표

비율(%)	재료명	무게(g)	비율(%)	재료명	무게(g)
70	강력분	770	1	제빵개량제	11(12)
3	생이스트	33	2	소금	22
60~65	물	660~715	5	쇼트닝	55(56)
3	황설탕	33(34)	2	몰트액	22
2	탈지분유	22	30	호밀가루	330
(반죽 제조 시 반죽상태에 따라 물의 양 조정)			178~183	계	1,958~2,016

채점기준표
(능력단위별 수행준거에 따른 체크리스트)

수행 순서	수행 항목	수행 순서	수행 항목
1	재료계량시간	14	팬 넣기
2	재료손실, 정확도	15	2차 발효관리
3	반죽혼합순서	16	2차 발효상태
4	반죽상태	17	굽기 관리
5	반죽온도	18	구운 상태
6	1차 발효관리	19	정리정돈, 청소
7	1차 발효상태	20	개인위생
8	분할시간	21	제품의 부피
9	분할 숙련도, 정확도	22	제품의 외부균형
10	둥글리기	23	제품의 껍질
11	중간발효	24	제품의 내상
12	정형의 숙련도	25	맛과 향
13	정형의 상태		

재료 및 기기 준비

[실기시험 요구수량 : 요구수량 : 6개, 분할수량 : 6개]

수직형 믹서와 볼, 반죽날개(훅), 오븐, 저울, 행주, 온도계, 고무주걱, 비닐, 스크래퍼, 스테인리스 볼, 평철판 2장, 밀대, 커트 칼, 분무기

수행준거에 맞추어 만들어 볼까요!!

1. 쇼트닝 투입시기

2. 믹싱 완료점

3. 둥글리기

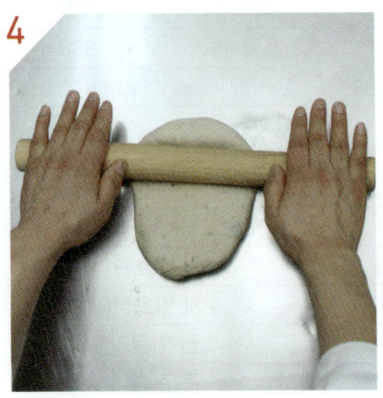

4. 밀기

5. 말기

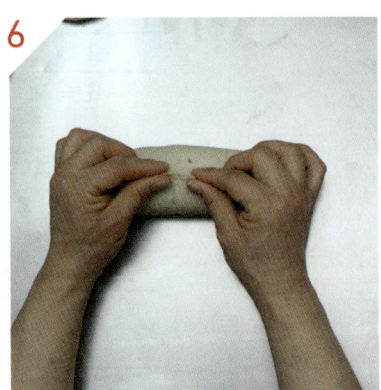

6. 봉하기

7. 패닝하기

8. 2차 발효 완료점

9. 칼집 내기

믹싱 발전 단계(80%), 25℃

1. 가루재료를 믹서 볼에 투입한 후 1단으로 고루 혼합한다.
2. 계절에 따라 반죽온도를 맞출 수 있는 온도로 조절한 물에 생이스트와 몰트액을 넣고 섞어 믹서 볼에 붓는다. 처음에는 1단으로 돌리다가 한 덩어리가 되면 2단으로 돌려 클린업 단계까지 믹싱한다.
3. 클린업 단계에서 유지를 넣고 1단으로 돌리다가 유지가 섞이면 2단 혹은 3단으로 돌려 발전 단계까지 믹싱을 하여 고루 섞이게 한다.

1차 발효 27℃, 75~80% 40분

1. 일반 식빵 반죽보다 발효를 약간 적게 시킨다. 반죽상태와 반죽온도에 따라 발효시간을 조절한다.
2. 발효실에 넣을 발효통에 덧가루를 충분히 뿌려 준비한다.
3. 믹서 볼 옆면에 덧가루를 뿌리고 플라스틱 곡면 스크래퍼를 이용해 반죽을 분리시켜 떼어낸 후 반죽의 표피가 손상되지 않게 잘 손질하여 매끄러운 한 덩어리반죽으로 만들어 발효통에 담는다.
4. 반죽을 넣은 발효통에 준비된 뚜껑 혹은 비닐을 공기가 통하게 덮어 발효실에 넣고 40분 발효한다.

> • 1차 발효의 완료점 확인하기 : 손가락에 강력분을 묻혀 반죽의 윗면을 찔렀을 때 손가락 자국이 약간 오므라드는 정도이다.

분할 무게 330g, 개수 6개 → 둥글리기 → 중간발효 10분

> • 대강의 반죽 무게를 짐작하여 한두 번의 반죽 가감으로 정확한 무게가 되도록 한다(반죽과 발효 과정에서 형성된 글루텐 막의 손상이 최소화될 수 있도록 한다).
> • 330g씩 스크래퍼를 이용하여 표피가 손상되지 않도록 최대한 유지하면서 신속하고 정확하게 분할한다.
> • 손으로 반죽을 살짝 감싸고 양손 날은 작업대에 붙인다. 그런 다음 한 방향 원형으로 굴리면서 표피가 찢어지지 않도록 하면서 표면이 매끄럽고 일정한 모양이 되도록 둥글리기를 한다.
> • 작업대 발효 시 덮어놓은 비닐 위에 반죽온도 유지를 위해 계절에 따라 물수건의 온도를 맞추어 올려놓는다.

성형 밀어 펴기(가스 빼기) → 말기 → 봉하기 → 6개 전부 성형하기

1. 반죽을 밀대로 두께가 일정하도록 타원형으로 밀어 펴면서 큰 가스를 빼준다.
2. 크기를 일정하게 유지하며 반죽을 양손으로 위에서부터 안으로 단단히 말아 내려오면서 23cm 정도의 크기인 럭비공 모양으로 만든다. 혹은 반죽을 양손으로 아래에서부터 안으로 단단히 말아 올라가면서 럭비공 모양으로 만들기도 한다.
3. 이음매를 꼼꼼히 꼬집듯이 잘 봉한다. (※55쪽에 자세한 과정 사진이 있습니다.)

> • 밀어 펴기 중에는 작업대 위에 최소한의 덧가루를 뿌려 작업대와 반죽이 붙지 않도록 하고, 반죽 윗면과 밀대에도 덧가루를 묻혀 반죽과 밀대가 붙지 않도록 한다.
> • 반죽의 매끄러운 면이 표면에 나타나게 말아준다.

패닝 1팬에 3개씩 → 2차 발효 35℃, 85%, 27~30분 → 굽기 전 칼집 내기 후 분무를 한다.

> • 정형한 반죽의 이음매가 팬의 바닥으로 향하게 하여 간격을 일정하게 잘 맞추어 놓는다.
> • 발효된 호밀빵의 표면을 약간 건조시킨 후 윗면 가운데에 1cm 깊이의 일자로 칼집을 넣는다.
> • 오븐의 위치에 따라 온도 차가 생기므로, 20분 정도 경과 후 팬의 위치를 바꾸어 전체 제품의 색깔이 균일하게 유지되고 내부가 충분히 익도록 한다.

굽기 윗불 220℃, 밑불 200℃로 예열 후 반죽을 넣고 오븐 안에 스팀을 분무한 다음 윗불 185℃, 밑불 150℃로 조절, 28~30분

1. 기본 온도와 시간이므로 작업장의 오븐환경에 따라 온도와 시간을 조정하여 사용한다.
2. 큰 빵은 제시된 시간을 맞추면서 윗면에 착색된 색을 보고 팬을 돌려 준 후 마무리 굽기를 한다.

> • 오븐에 스팀분무가 불가능한 경우, 칼집 내기 후 반죽에 분무를 충분히 한 후 $\frac{180℃}{160℃}$, 팽창 후 $\frac{190℃}{160℃}$, 28~30분

껍질을 제거하지 않고 제분한 전립분(통밀가루)을 20% 정도 넣어 만든

통밀빵
(Whole Wheat Bread)

시험 시간

3:30

다음 요구사항대로 통밀빵을 제조하여 제출하시오.

1. 배합표의 각 재료를 계량하여 재료별로 진열하시오(10분).
   - 재료계량(재료당 1분) → [감독위원 계량 확인] → 작품제조 및 정리정돈(전체시험시간−재료계량시간)
   - 재료계량시간 내에 계량을 완료하지 못하여 시간이 초과된 경우 및 계량을 잘못한 경우는 추가의 시간 부여 없이 작품제조 및 정리정돈 시간을 활용하여 요구사항의 무게대로 계량
   - 달걀의 계량은 감독위원이 지정하는 개수로 계량

2. 반죽은 스트레이트법으로 제조하시오.
3. 반죽온도는 25℃를 표준으로 하시오.
4. 표준분할무게는 200g으로 하시오.
5. 제품의 형태는 밀대(봉)형(22~23cm)으로 제조하고, 표면에 물을 발라 오트밀을 보기 좋게 적당히 묻히시오.
6. 8개를 성형하여 제출하고 남은 반죽은 감독위원의 지시에 따라 별도로 제출하시오.

※ 토핑용 재료는 계량시간에서 제외한다.

18 통밀빵

합격포인트

1. 밀알의 껍질함량에 결정적인 영향을 받아 통밀가루의 단백질 함량과 질이 결정되고 이에 따라 반죽의 수분흡수율이 달라진다. 이런 통밀가루만이 갖고 있는 특성에 따라서 반죽의 되기가 달라지므로 물량을 조절하여 투입한다. 일반적으로 여름엔 630g, 겨울엔 650g이 좋다.
2. 통밀가루의 단백질 함량은 제분수율을 낮춘 흰 밀가루보다 높으나, 단백질의 질이 떨어진다. 그래서 반죽이 탄력성이 떨어지므로 반죽온도를 낮게(25℃) 유지하여 이를 보완한다.
3. 글루텐을 만드는 단백질이 부족한 밀알의 껍질 부위가 많은 통밀가루 첨가량이 늘어날수록 반죽 만드는 믹싱시간을 짧게 가져간다.
4. 글루텐을 만드는 단백질의 양이 적고 질이 떨어지는 통밀가루의 양에 따라 발효시간을 흰 밀가루로 만드는 빵보다 짧게 가져간다.
5. 반죽정형 시 반죽에 탄력성을 부여하면서 표피가 터지지 않도록 힘의 세기를 조절한다.

배합표

반죽			토핑물		
비율(%)	재료명	무게(g)	비율(%)	재료명	무게(g)
80	강력분	800	-	토핑용 오트밀	200
20	통밀가루	200			
2.5	이스트(생이스트)	25(24)			
1	제빵개량제	10			
63~65	물	630~650			
1.5	소금	15(14)			
3	설탕	30			
7	버터	70			
2	탈지분유	20			
1.5	몰트액	15(14)			
181.5~183.5	계	1,812~1,835			

채점기준표 (능력단위별 수행준거에 따른 체크리스트)

수행 순서	수행 항목	수행 순서	수행 항목	수행 순서	수행 항목
1	재료계량시간	10	둥글리기	19	정리정돈, 청소
2	재료손실, 정확도	11	중간발효	20	개인위생
3	반죽혼합순서	12	정형의 숙련도	21	제품의 부피
4	반죽상태	13	정형의 상태	22	제품의 외부균형
5	반죽온도	14	팬 넣기	23	제품의 껍질
6	1차 발효관리	15	2차 발효관리	24	제품의 내상
7	1차 발효상태	16	2차 발효상태	25	맛과 향
8	분할시간	17	굽기 관리		
9	분할 숙련도, 정확도	18	구운 상태		

재료 및 기기 준비

[실기시험 요구수량 : 8개, 분할수량 : 9개]
수직형 믹서와 볼, 반죽날개(훅), 평철판 4장, 고무주걱, 스크래퍼, 비닐, 오븐, 스테인리스 볼, 저울, 행주, 밀대, 온도계

수행준거에 맞추어 만들어 볼까요!!

1. 가루재료 투입하기

2. 액체재료 투입하기

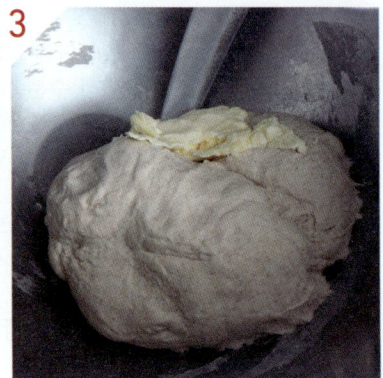
3. 버터 투입하기

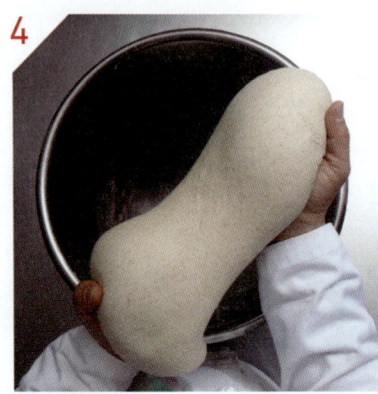
4. 믹싱 완료점

5. 밀기

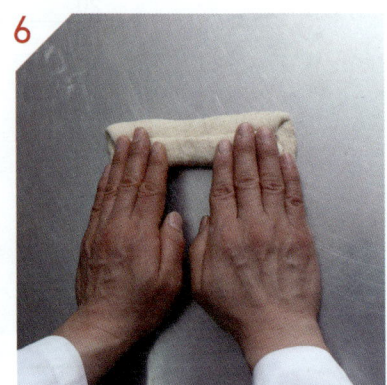
6. 3겹 접기

7. 말기

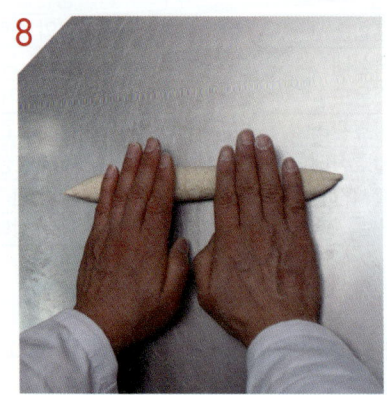
8. 늘이기

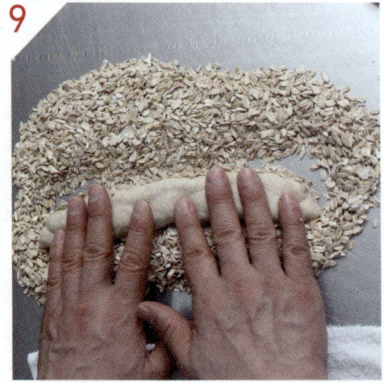
9. 오트밀 묻히기

믹싱 발전단계(80%), 25℃

1. 가루재료를 믹서 볼에 투입한 후 1단으로 고루 혼합한다.
2. 계절에 따라 반죽온도를 맞출 수 있게 온도를 조절한 물에 생이스트와 몰트액을 넣고 섞어 믹서 볼에 붓는다. 처음에는 1단으로 돌리다가 한 덩어리가 되면 2단으로 돌려 클린업 단계까지 믹싱한다.
3. 클린업 단계에서 유지를 넣고 1단으로 돌리다가 유지가 섞이면 2단 혹은 3단으로 돌려 발전 단계까지 믹싱한다.

- 통밀가루는 글루텐을 형성하는 단백질 함량이 적으므로 믹싱시간, 1차 발효시간은 밀가루 빵에 비교하여 약간 줄인다.

1차 발효 27℃, 75~80%, 50분

1. 발효실에 넣을 발효통에 덧가루를 가볍게 뿌려 준비한다.
2. 믹서 볼 옆면에 덧가루를 뿌리고 플라스틱 곡면 스크래퍼를 이용해 반죽을 분리시켜 떼어낸 후 반죽의 외피가 손상되지 않게 잘 손질하여 매끄러운 한 덩어리 반죽으로 만들어 발효통에 담는다.
3. 반죽을 넣은 발효통에 준비된 뚜껑 혹은 비닐을 공기가 통하게 덮어 발효실에 넣고 50분 발효한다.

- 반죽상태, 반죽온도, 발효실의 성능에 따라 발효시간은 달라질 수 있다.
- 1차 발효의 완료점을 확인하는 방법은 다음과 같다.
  - 처음 반죽 부피의 3배 정도로 부풀었다.
  - 반죽의 속 부분을 약간 늘여보았을 때 유연한 섬유질 조직이 존재하는 상태이다.
  - 손가락에 강력분을 묻혀 반죽의 윗면을 찔렀을 때 손가락 자국이 약간 오므라드는 정도이다.

분할 무게 200g, 개수 9개 → 둥글리기 → 중간발효 10분

- 반죽과 발효 과정에서 형성된 글루텐 막의 손상이 최소화될 수 있도록 대강의 반죽 무게를 짐작하여 한두 번의 반죽 가감으로 정확한 무게가 되도록 한다.
- 양손으로 반죽을 살짝 감싸고 양손 날은 작업대에 붙인다. 그런 다음 한 방향 원형으로 굴리면서 표피를 찢어지지 않도록 하면서 표면이 매끄럽고 일정한 모양이 되도록 둥글리기를 한다.
- 작업대 발효 시 덮어놓은 비닐 위에 반죽온도 유지를 위해 계절에 따라 물수건의 온도를 맞추어 올려놓는다.

성형 밀어 펴기 → 3겹 접기 → 말기 → 봉하기 → 늘이기 → 오트밀 묻히기 (※ 53쪽에 자세한 과정 사진이 있습니다.) → 8개 만들기

1. 반죽의 매끄러운 부분이 위를 향하게 놓고 밀대로 반죽의 가스를 완전히 제거하며 밀어 편다.
2. 매끄러운 부분을 바닥으로 놓고 긴 쪽으로 3겹 접기를 한다.
3. 한손 엄지와 검지를 이용해 반죽을 접으면서 다른 손의 엄지 아래 손바닥을 이용해 접은 반죽을 따라가며 눌러 붙이는 방법으로 3번 정도 말아 이음매를 단단히 봉한 후 22~23cm 정도의 둥근 막대모양으로 늘인다.
4. 작업대 위에 물을 충분히 묻힌 행주를 놓고 그 위에 성형한 반죽을 굴린다.
5. 물을 묻힌 반죽을 오트밀 위에 놓고 굴려 양옆부분과 윗부분에 오트밀을 충분히 묻힌다.

패닝 1팬에 4개씩 → 2차 발효 35℃, 85%, 40~45분

- 평철판에 4~5개씩 이음매가 아래로 향하도록 놓는다.
- 반죽과 반죽 사이는 일정한 간격을 유지하여 열전달을 쉽게 해야 착색이 균일하게 된다.
- 정해진 발효시간을 기준으로 발효상태를 살펴보며 2차 발효를 한다.
- 2차 발효가 완료되면 팬을 앞뒤로 흔들었을 때 반죽이 살짝 흔들린다.
- 2차 발효가 지나치면 모양이 흐트러지므로 주의한다.

굽기 윗불 200℃, 밑불 150℃, 20~22분

- 발효의 상태와 오븐의 열전달 방식 등에 따라 온도와 시간이 달라지므로 실제로는 경험을 기초로 다양한 굽기 조건이 가능하다.
- 큰 빵인 통밀빵은 제시된 시간을 맞추면서 제품의 윗면과 옆면이 황금갈색으로 충분히 색깔이 나야한다.
- 오븐의 위치에 따라 온도차이가 생기므로, 15분 정도 경과 후 팬의 위치를 바꾸어 전체 제품의 색깔이 균일하게 유지되고 내부가 충분히 익도록 한다.

4. 빵류제품 스트레이트 반죽

빵류제품 스트레이트 반죽이란 반죽을 한 번에 완성하는 능력이다.

스트레이트법(Straight Dough Method)이란

모든 재료를 믹서 볼에 한번에 넣고 배합을 하는 방법으로 직접법이라고도 한다. 이 제법은 미생물(Microflora Consisted of SCOBY)의 생화학적 작용으로 반죽을 장시간 숙성시키는 정통적인 제빵법을 대체하기 위하여 발효력이 좋은 공장제 효모(Saccharomyces cerevisiae), 믹서를 이용한 기계적(물리적)인 작용과 이스트 푸드를 이용한 화학적인 작용 등을 함께 사용하여 반죽을 단시간에 숙성시키는 현대적인 제빵법이다.

❶ 스트레이트법 반죽하기

1. 스트레이트 반죽 시 작업지시서에 따라 사용수의 온도를 조절할 수 있다.
2. 스트레이트 반죽 시 제품특성에 따라 반죽기의 속도를 조절할 수 있다.
3. 스트레이트 반죽 완료 시 제품특성에 따라 반죽 정도의 적절성을 점검할 수 있다.

 실무내용 스트레이트법 반죽하기

① 유지를 제외한 모든 재료를 밀가루에 넣고 혼합하여 수화시켜 글루텐을 발전시킨다.
② 글루텐이 형성되는 클린업 단계에서 유지를 넣는다.
③ 소금 등의 발효억제 물질을 포함한 모든 재료를 믹싱 시점부터 사용하기 때문에 발효 촉진의 의미로 27℃를 반죽온도로 맞춘다.
④ 제품의 특성을 표현할 수 있는 적절한 단계까지 글루텐을 발전시킨다.

❷ 비상스트레이트법 반죽하기

1. 비상스트레이트 반죽 시 작업지시서에 따라 사용수의 온도를 조절할 수 있다.
2. 비상스트레이트 반죽 시 제품특성에 따라 반죽기의 속도를 조절할 수 있다.
3. 비상스트레이트 반죽 완료 시 제품특성에 따라 반죽 정도의 적절성을 점검할 수 있다.

 실무내용 비상스트레이드법 반죽하기

1. 비상반죽법(Emergency Dough Method)이란
   갑작스런 주문에 빠르게 대처할 때 표준 스트레이트법 또는 표준 스펀지법을 변형시킨 방법으로 공정 중 발효(가스 발생력과 가스 보유력)를 촉진시켜 전체 공정시간을 단축하는 방법이다.

2. 표준 반죽법을 비상 반죽법으로 변경 시 필수조치와 선택조치

필수조치	선택조치
• 반죽시간 : 20~30% 증가 • 설탕 사용량 : 1% 감소 • 1차 발효시간 　-비상 스트레이트법은 15~30분 　-비상 스펀지법은 30분 이상 • 반죽온도 : 30℃ • 생이스트 : 2배 사용 • 물 사용량 : 1% 증가	• 이스트 푸드 사용량 증가 • 젖산이나 초산(식초) 0.5~1% 첨가 • 탈지분유 감소 • 소금을 1.75%로 강화

① 반죽시간을 20~30% 증가시키면 기계적인 반죽의 발전으로 글루텐의 신장성을 향상시켜 가스 보유력을 증가시킨다.
② 이스트 사용량을 2배로 늘리면 이산화탄소 발생량을 향상시켜 가스 발생력을 증가시킨다.
③ 반죽온도를 30℃로 높이면 이스트의 가스 발생력을 증가시킨다.
④ 생산시간을 단축하기 위해 가스 발생력과 가스 보유력을 증가시켜 1차 발효시간을 15~30분간 시킨다.
⑤ 발효시간이 단축되어 이스트가 설탕을 가수분해하지 못한 잔류당이 많아지므로 껍질색을 맞추기 위해 설탕 사용량을 1% 줄인다.
⑥ 물의 양을 1% 정도 증가시키면 반죽의 기계에 대한 적성이 향상되고, 이스트의 활성이 높아진다.
⑦ 반죽의 pH를 낮추어 이스트의 가스 발생력과 글루텐의 가스 보유력을 높이고자 식초(젖산) 첨가, 탈지분유 감소, 이스트 푸드 사용량 증가 등의 선택조치를 취한다. 그리고 삼투압으로 이스트의 가스 발생력을 저해시키고 글루텐의 경화로 가스 보유력을 떨어뜨리는 소금을 1.75%로 감소시킨다.

5. 냉동빵 가공

냉동빵 가공이란 빵 반죽 또는 반가공품을 급속냉동하여 품질을 일정 기간 유지하고 필요한 시기에 해동·생산하는 능력이다.

냉동반죽법(Frozen Dough Method)의 특징
① 1차 발효 또는 성형을 끝낸 반죽을 -40℃로 급속 냉동시켜 -25~-18℃에 냉동 저장하여 이스트의 활동을 억제시켜둔 후 필요할 때마다 꺼내어 쓸 수 있도록 반죽하는 방법이다.
② 냉장고(5~10℃)에서 15~16시간을 해동시킨 후 온도 30~33℃, 상대습도 80%의 2차 발효실에 넣는데 반드시 완만 해동, 냉장 해동을 준수한다.
③ 냉동 저장기간이 길수록 품질 저하가 일어나므로 선입선출을 준수한다.
④ 냉동할 반죽의 분할량이 크면 냉해를 입을 수 있어 좋지 않다.

⑤ 바게트, 식빵 같은 저율배합 제품은 냉동 시 노화의 진행이 빠르기 때문에 냉동처리에 더욱 주의해야 한다.
⑥ 고율배합 제품은 비교적 완만한 냉동에도 잘 견디기 때문에 크로와상, 단과자 등의 제품 제조에 많이 이용된다.

❶ 냉동반죽하기

1. 냉동반죽 시 작업지시서에 따라 반죽의 사용수 온도를 조절할 수 있다.
2. 냉동반죽 시 작업지시서에 따라 후염법, 후이스트법 등으로 반죽할 수 있다.
3. 냉동반죽 완료 시 제품특성에 따라 둥글리기 또는 성형할 수 있다.

실무내용 　냉동반죽하기

① 밀가루 : 단백질 함량이 많은 밀가루를 선택한다.
② 물 : 물이 많아지면 이스트가 파괴되므로 가능한 한 수분량을 줄인다.
③ 생이스트 : 냉동 중 이스트가 죽어 가스 발생력이 떨어지므로 생이스트의 사용량을 2배 정도 늘린다.
④ 소금, 이스트 푸드 : 반죽의 안정성을 도모하기 위해 약간 늘린다.
⑤ 설탕, 유지, 계란 : 물의 사용량은 줄이는 대신에 설탕, 유지, 계란은 늘린다.
⑥ 노화방지제(SSL) : 제품의 신선함을 오랫동안 유지시켜 주므로 약간 첨가한다.
⑦ 산화제(비타민 C, 브롬산칼륨) : 반죽의 글루텐을 단단하게 하므로 냉해에 의해 반죽이 퍼지는 연화작용(軟化作用)을 막을 수 있어서 많이 사용한다. 주로 비타민 C가 60~120ppm 정도 사용된다.
⑧ 환원제(L-시스테인) : 반죽의 혼합시간을 단축시키며 반죽을 더 유연하게 만든다.
⑨ 유화제 : 냉동반죽의 가스 보유력을 높이는 역할을 한다.
⑩ 반죽(노타임 반죽법이나 혹은 비상 스트레이트법을 사용함)
　㉠ 반죽온도는 반죽의 글루텐 생성과 발전능력, 급속냉동 시 냉해의 피해 등을 고려하여 20℃로 정한다.
　㉡ 수분 : 63% → 58%(다른 제빵법보다 반죽은 조금 되게 한다)
　㉢ 노타임 반죽법과 비상 스트레이트법을 사용하는 이유는 기계적, 화학적 숙성으로 수분이 생성되는 1차 발효시간을 줄이고자 함이다.

❷ 냉동보관하기

1. 분할 또는 성형 완료 시 작업시시서에 따라 반죽의 냉동조건을 조절할 수 있다.
2. 냉동 완료 시 제품 종류별 작업지시서에 따라 포장단위에 맞도록 포장할 수 있다.
3. 생산일, 유통기한에 따라 선입선출 기준으로 보관할 수 있다.
4. 냉동반죽 배송 및 운반 시 보관온도를 기준으로 운반·관리할 수 있다.

 **냉동보관하기**

① 1차 발효 : 발효시간은 0~15분 정도로 짧게 한다. 왜냐하면 발효 시 생성되는 물이 반죽 냉동 시 얼면서 부피가 팽창하여 이스트와 글루텐을 손상시키기 때문이다.
② 분할 : 냉동할 반죽의 분할량이 크면 냉해를 입을 수 있어 좋지 않다.
③ 정형 : 원하는 모양으로 만든다.
④ 냉동저장 : -40℃로 급속 냉동하여 -25~-18℃에서 보관한다.
⑤ 해동(Thawing) : 냉장고(5~10℃)에서 15~16시간 완만하게 해동시키거나 도 컨디셔너(Dough conditioner)나, 리타드(Retard)에서 해동시켜 해동시간을 작업흐름에 맞추어 조절이 가능하다. 차선책으로 급하게 해동시킬 경우 실온해동을 하기도 한다.
⑥ 2차 발효 : 다른 제법과 달리 온도가 낮은 30~33℃, 습도도 낮은 80%로 설정한다.

❸ 해동·생산하기

1. 해동 시 작업지시서에 따라 상온 또는 냉장에서 해동할 수 있다.
2. 냉동빵 생산 시 작업지시서에 따라 냉동 반죽을 제품화할 수 있다.
3. 냉동빵 생산완료 시 작업지시서에 따라 품질관리를 할 수 있다.

 **해동·생산하기**

① -40℃로 급속 냉동을 시키는 이유는 수분이 얼면서 팽창하여 이스트를 사멸시키거나 글루텐을 파괴하는 것을 막기 위함이다.
② 냉동 시 일부 이스트가 죽어 환원성 물질(글루타치온)이 나와 반죽이 퍼지는 것을 막기 위해 반죽을 되게 한다.
③ 냉해를 막기 위하여 수분을 줄이고 설탕, 유지, 계란을 많이 넣는다.
④ 냉동반죽법은 바게트와 같은 저율배합보다 단과자 빵 같은 고율배합에 적합한 제법이다.
⑤ 해동은 냉장온도에서 완만 해동을 시킨다. 그 이유는 반죽 전체의 균일한 발효상태를 유도하기 위함이다.

❹ 냉동빵 가공의 장·단점

장점	단점
• 소비시장의 변화에 따른 생산 및 공급의 조절이 용이해져 계획생산이 가능해진다. • 생산시간을 효율적으로 조절이 가능하므로 생산성이 향상되고 재고 관리가 편해진다. • 손님이 많은 시간대에 반죽을 갓 구워 신선한 제품으로 제공할 수 있다. • 다양한 제품을 소량씩 생산할 수 있으므로 손님들에게 다양한 선택의 기회를 제공할 수 있다. • 누구나 쉽게 빵을 만들 수 있으므로 인건비 절감의 효과가 높다. • 공장의 시설 및 장비의 투자비는 높아지나 가맹점의 시설 및 장비의 투자비는 낮아진다.	• 반죽이 끈적거린다. • 반죽이 퍼지기 쉽다. • 가스 보유력이 떨어진다. • 이스트가 죽어 가스 발생력이 떨어진다. • 많은 양의 산화제를 사용해야 한다.

6. 빵류제품 위생안전관리

빵류제품 위생안전관리란 완제품의 위생적이고 안전한 제조를 위해서 개인, 환경, 기기, 식품의 위생안전관리를 수행하는 능력이다.

❶ 개인 위생안전관리하기

1. 식품위생법에 준한 작업복, 복장, 개인건강, 개인위생 등을 관리할 수 있다.
2. 식품위생법에 준한 개인위생으로 발생하는 교차오염 등을 관리할 수 있다.
3. 식중독의 발생 요인과 증상 및 대처방법에 따라 개인위생에 대하여 점검 관리할 수 있다.

 실무내용 개인 위생안전관리하기

1. **개인 위생안전관리 지침서**
    ① 건강관리
        ㉠ 제빵 종사자의 건강진단은 1년에 1회 실시하고 보건증을 보관한다.
        ㉡ 보건증 미발급자는 취업시키지 않도록 한다.
    ② 복장관리
        ㉠ 머리
            - 제빵을 하는 모든 제빵사 및 종사자는 위생모를 쓴다.
            - 머리는 단정하고, 청결히 하며 긴 머리는 묶는다.
            - 남자 제빵사는 면도를 깨끗이 한다.
        ㉡ 얼굴
            - 얼굴에 상처나 종기가 있는 제과사 및 종사자는 포장에서 배제한다.
        ㉢ 위생복
            - 위생복은 세탁과 다림질을 깨끗이 한다.
            - 단추가 떨어졌거나 바느질이 터진 곳이 없는지 확인한다.
        ㉣ 액세서리
            - 작업장에서는 안전 및 위생 요건상 반지 착용을 금한다. 반지는 오물이나 나쁜 요소의 질병과 오염원으로부터 박테리아를 번식시킬 수 있으며, 또한 설비에 걸리거나 열이 전도되므로 안전상 위험할 수 있음을 제빵사 및 종사자에게 인식시킨다.
        ㉤ 화장
            - 눈화장, 립스틱은 진하게 하지 않는다.
            - 향이 강한 화장품은 사용하지 않는다.
        ㉥ 신발
            - 작업장 내에서 맨발에 슬리퍼만 신는 것을 금한다.
            - 화장실 전용 신발을 비치 사용한다.

2. 개인위생으로 발생하는 교차오염 관리

① 머리를 긁는 행위, 손가락으로 머리카락을 넘기는 행위, 코를 닦거나 만지는 행위, 귀를 문지르는 행위, 여드름이나 감싸지 않은 염증 부위를 만지는 행위, 더러운 유니폼을 입는 행위, 손에 기침을 하거나 재채기를 하는 행위, 식당에 침을 뱉는 행위 등은 식품오염 가능 행동이므로 하지 않는다.
② 깨끗한 모자 또는 머리 덮개와 매일 깨끗한 의복을 착용한다.
③ 식품준비 구역을 벗어날 때는 앞치마를 벗는다.
④ 손과 팔의 장신구를 제거한다.
⑤ 적절하고 깨끗하며 앞부분이 막힌 신발을 신는다.

3. 감염병 발생 시 대책

① 식중독과 마찬가지로 의사는 진단 즉시 행정기관(관할 시·군 보건소장)에 신고한다.
② 행정기관에서는 역학조사와 함께 환자와 보균자를 격리하고, 접촉자에 대한 진단과 검변을 실시한다.
③ 환자나 보균자의 배설물, 오염물의 소독 등 방역조치를 취한다.
④ 추정 원인식품을 수거하여 검사기관에 보낸다.

4. 감염병의 예방대책

① 경구감염병의 예방대책 중 숙주(보균자)에 대한 예방대책
  ㉠ 건강유지와 저항력의 향상에 노력하여 숙주의 감수성을 낮춘다.
  ㉡ 의식전환 운동, 계몽활동, 위생교육 등을 정기적으로 실시한다.
  ㉢ 백신이 개발된 감염병은 반드시 예방접종을 실시한다.
  ㉣ 예방접종은 경구감염병의 종류에 따라 3회 실시하기도 한다.
  ㉤ 환자가 발생하면 접촉자의 대변을 검사하고 보균자를 관리한다.

② 경구감염병의 예방대책 중 병원체(병인)에 대한 예방대책
  ㉠ 식품을 냉동 보관한다.
  ㉡ 보균자의 식품취급을 금한다.
  ㉢ 감염원이나 오염물을 소독한다.
  ㉣ 환자 및 보균자의 발견과 격리시킨다.
  ㉤ 오염이 의심되는 추정 원인식품은 수거하여 검사기관에 보낸다.

③ 경구감염병의 예방대책 중 환경에 대한 예방대책
  ㉠ 음료수를 위생적으로 보관한다.
  ㉡ 식품취급자의 개인위생을 관리한다.
  ㉢ 일반 및 유흥음식점에서 일하는 사람들은 1년에 한 번씩 건강검진을 받는다.

5. 인수공통감염병의 예방대책

  ㉠ 우유의 멸균처리를 철저히 한다.
  ㉡ 병에 걸린(이환) 동물의 고기는 폐기처분한다.

6. 기생충의 감염 예방
① 조리 기구를 잘 소독하고 개인 위생안전관리를 철저히 한다.
② 야채는 0.2~0.3% 농도의 중성세제에 세척하거나 흐르는 물에 세척하면 90% 이상의 충란이 제거된다. 그리고 어패류와 육류는 생식을 삼가고 익혀서 먹도록 한다.

7. 식중독의 감염 발생 시 대책과 예방
① 식중독이 의심되면 환자의 상태를 메모하고 즉시 진단을 받는다.
② 관할 보건소에 신고한다.
③ 추정 원인 식품을 수거하여 검사기관에 보낸다.
④ 감염형 세균성 식중독인 살모넬라균 식중독, 장염 비브리오균 식중독, 병원성 대장균 식중독 등은 내열성이 낮아 충분히 가열하는 것으로도 어느 정도 예방이 가능하다.
⑤ 독소형 세균성 식중독인 포도상구균 식중독, 보툴리누스균 식중독, 웰치균 식중독 등은 독소와 포자가 내열성이 높아 충분히 가열해도 파괴되지 않는다. 그러므로 식중독을 일으키는 원인을 제거해야 예방이 가능하다.

❷ 환경 위생안전관리하기

1. 작업환경 위생안전관리 시 지침서에 따라 작업장주변 정리 정돈 및 소독 등을 관리 점검할 수 있다.
2. 작업환경 위생안전관리지침서에 따라 제품을 제조하는 작업장의 미생물 오염원인, 안전위해요소 등을 제거할 수 있다.
3. 작업환경 위생안전관리지침서에 따라 방충을 할 수 있다.
4. 작업환경 위생안전관리지침서에 따라 작업장 주변 환경을 점검 관리할 수 있다.

작업자는 조명, 채광, 먼지, 온도, 습도 및 작업공간의 크기에 따라 작업능률에 영향을 받는다.

1. 제과 공정상의 조도기준

작업내용	표준조도(lux)	한계조도(lux)
장식(수작업), 마무리 작업	500	300~700
계량, 반죽, 조리, 정형	200	150~300
굽기, 포장, 장식(기계작업)	100	70~150

2. 생산공장시설(주방시설)의 효율적인 위생안전관리 수립을 위한 조건
① 베이커리는 판매공간과 제조공간으로 크게 나누어져 있으며 베이커리 업무공간의 면적 배분비율은 판매공간과 제조공간을 같게 설정하여 관리하는 것이 좋다.

② 그런데 제조공간의 소요면적은 주방설비의 설치면적과 기술자의 작업동선을 위한 공간면적으로 이루어진다.
③ 그러므로 제빵사의 제조공간용 바닥면적은 그 장소를 이용하는 작업자의 수와 동선에 따라 달라질 수 있으므로 업무공간의 면적 배분비율은 탄력적으로 생각한다.
④ 제조공정의 모든 업무가 효과적으로 진행되기 위한 작업동선은 공장(주방)의 위치와 규모, 그리고 작업의 형태 등을 고려한다.
⑤ 주방 내의 여유 공간을 될 수 있으면 많게 한다. 그러면 위생안전관리를 위한 섹션을 나누어 주방에 적용하기가 쉽다.
⑥ 종업원의 출입구와 손님용 출입구는 별도로 하여 재료의 반입을 종업원 출입구로 한다.
⑦ 빵류제품 제조공정의 특성상 온도와 습도의 영향을 많이 받으므로 온도와 습도를 일정하게 유지할 수 있도록 한다.
⑧ 주방의 환기는 위생안전관리에 커다란 영향을 미치므로 소형의 환기장치를 여러 개 설치하여 주방의 공기오염 정도에 따라 가동률을 조정한다. 특히 가스를 사용하는 장소에는 반드시 환기닥트를 설치 운영한다.

3. 방충, 방서 안전관리규정

① 안전관리규정

창고, 공장 내의 제조시설 주위의 직접적인 환경 같은 지역의 방충방서는 곤충, 쥐 등과 같이 각 동물들에 따라 위해도를 측정할 수 있어야 하며, 덫의 설치장소, 설치 개수 등은 동물학 또는 행동학의 지식에 능통한 사람에 의해 이루어져야 한다. 특수 업체를 지정하는 것도 내부 설치와 평가에 좋은 대안이 된다. 그 결과는 품질부서 또는 제조부서의 책임자에 의해 평가한다.

② 방충, 방서의 3단계

㉠ 작업장 침입 방지를 위해 침입할 가능성이 있는 해충을 조사하고 발생할 수 있는 주요한 해충인 모기, 깔따구, 집파리, 나방 등이 침입하지 못하도록 조치를 취한다.
㉡ 작업장 침입 후 포충 혹은 서식방지는 작업제조 시설의 외곽지역에 조명을 통하여 해충을 유인하고 건물 외곽은 해충 서식을 어렵게 관리한다. 제조건물 인접의 조경은 나무와 잔디보다는 자갈을 깔고 쓰레기장, 오폐수 처리장, 하수구는 주기적으로 소독(주 1회, 월 1회)을 실시한다.
㉢ 작업장 침입 방지와 침입 후 포충, 서식방지를 '포충 지수' 모니터링을 통해 지속적으로 관리한다. 만약에 '포충 지수'가 급격히 증가하거나 기준을 초과할 경우에는
 – 출입문 소독을 실시한다.
 – 하수구, 화장실 소독을 실시한다.
 – 작업장 내 서식 가능한 벽면, 틈새 청소, 소독 및 메움 등 보완을 실시한다.

4. 미생물의 감염을 감소시키기 위한 작업장 주변 환경 관리

① 주방의 벽면은 타일 재질로 매끄럽고 청소하기 편리하게 만든다.
② 바닥은 미끄럽지 않고 배수가 잘 되어야 하며 공장 배수관은 최소 내경이 10cm 정도가 좋다.

③ 소독액으로 벽, 바닥, 천장을 주기적으로 세척한다.
④ 일조량을 고려하여 창의 면적은 바닥면적을 기준으로 30% 정도가 되도록 만든다.
⑤ 위생동물의 침입을 막기 위해 방충, 방서용 금속망을 30메시(mesh)로 설치한다.
⑥ 깨끗하고 뚜껑이 있는 재료통을 사용한다.
⑦ 적절한 환기시설 및 조명시설이 된 저장실에 재료를 보관한다.
⑧ 빵상자, 수송차량, 매장 진열대는 항상 온도가 높지 않도록 관리한다.

❸ 기기 위생안전관리하기

1. 기기위생안전관리지침서에 따라 기자재관리를 할 수 있다.
2. 기기위생안전관리지침서에 따라 소도구관리를 할 수 있다.
3. 기기위생안전관리지침서에 따라 설비관리를 할 수 있다.

   실무내용   **기기 위생안전관리하기**

① 가스기기는 조립부분 모두 분리 세제로 깨끗이 씻고, 화구 막혔을 경우 철사로 구멍 뚫고, 가스 새어 나오지 않도록 가스코크, 공기조절기 등을 점검한다.
② 제빵기기는 전원 꺼진 것 확인하고 청소 및 손질한다.
③ 믹서기계 바깥부분 청소 시 모터에 물 들어가지 않도록 한다.
④ 기기의 칼날 교체는 3개월 정도에 실시한다.
⑤ 진열용 과자 플레이트(plate)는 3년에 1회 정도 교환한다.
⑥ 스테인리스 용기, 기구는 중성세제 이용 세척, 열탕소독, 약품소독(화학소독)을 사용전후에 한다.
⑦ 냉장, 냉동고는 주 1회 세정, 소독, 정기적 서리 제거를 한다.
⑧ 소기구류(칼, 도마, 행주)는 중성세제, 약알칼리세제를 사용하거나 세척 후 바람이 잘 통하고 햇볕 잘 드는 곳에 1일 1회 이상 소독한다.
⑨ 제빵소도구, 빵 보존용기, 칼은 중성세제를 이용하여 세척하고 자외선 소독을 1일 1회 이상 실시한다.

❹ 식품 안전관리하기

1. 식품 특성에 따라 위생안전관리 계획을 수립할 수 있다.
2. 식품 특성에 따라 구분하여 위생안전관리를 할 수 있다.
3. 식품 특성에 따라 위생안전관리 상태를 확인할 수 있다.

실무내용 식품 안전관리하기

제빵공정 진행 시 공정흐름도를 작성하여 제빵공정별 생물학적, 화학적, 물리적 위해요소를 파악하고 예방할 수 있는 중요관리지점(CCP)을 도출하여 안전하게 관리한다.

1. 가열 전 일반제조 공정

가열공정에서 생물학적 위해요소(식중독균 등)가 제어되므로, 해당 공정은 일반적인 위생관리 수준으로 관리를 해도 무방한 공정이다.

① 재료의 입고 및 보관 단계

원재료 및 부재료 운송차량이 들어오면 운송차량의 온도(온도 기록관리) 및 원부재료의 외관상태 등을 확인하고, 정상제품만 해당창고에 입고 및 보관한다. 만약에 부적합한 재료로 판명된 경우 식별 표시 후 반품 또는 폐기한다.

여기서 정상제품이란 제품의 보관 온도가 이탈되지 않고, 포장이 파손되어 있지 않으며 표시사항이 정상적으로 표시되어 있는 제품과 선도가 유지되어 있는 제품 등이다.

② 계량 단계

1차 가공품 중 분말원료(식품첨가물 포함)와 액상원료는 제품별 배합률에 맞도록 각각 계량하여 용기에 담고 뚜껑을 덮어 냉장 또는 실온에 보관한다.

계량공정은 제빵사가 직접 실시하는 작업으로 제빵사의 부주의로 교차오염, 사용도구에 의한 이물 등의 혼입우려가 있으므로 철저히 관리한다.

③ 1차 배합

밀가루에 소금, 설탕, 탈지분유, 계란, 유제품 등을 넣고 30℃ 물에 미리 녹여놓은 이스트를 부어 믹서에 넣고 반죽하고 반죽 중에 유지를 첨가한다.

배합작업은 주로 믹서를 이용하여 작업이 이루어지며 믹서 노후 및 파손으로 인해 금속이물의 파편이 제품에 혼입될 수 있으므로 믹서는 매일 노후 상태나 파손된 부위가 없는지 확인하고 관리한다.

④ 1차 발효

1차 배합이 완료된 반죽을 발효통에 담아 발효실에서 발효시킨다. 발효실은 온도 27℃, 습도 75~85%를 유지하도록 하며, 처음 반죽의 3~3.5배 정도 부풀 때까지 발효한다.

발효실의 경우 높은 습도와 적정한 온도로 인하여 미생물의 증식이 쉬우므로 발효실 내부에 대하여 매일 세척, 소독을 실시하여 청결상태를 유지하도록 관리한다.

⑤ 2차 배합

발효가 완료된 반죽을 다시 믹서에 넣고 배합한다.

배합작업은 주로 믹서를 이용하므로 이 역시 믹서의 노후 상태나 파손된 부위가 없는지 확인하고 관리한다.

⑥ 플로어 타임

2차 배합이 완료된 반죽을 발효통에 담고 반죽을 20분간 실온에 방치한다.

플로어 타임 과정에서 주변 환경으로부터 이물 등이 혼입되지 않도록 덮개 등을 덮어 둔다.

⑦ 분할→둥글리기→중간 발효→성형→패닝

플로어 타임이 완료된 반죽을 디바이더에 넣고 일정한 크기와 일정한 중량으로 분할하고 분할된 반죽은 라운더와 오버헤드 프루퍼, 몰더를 이용하여 성형한 후 패닝한다.

정형공정 역시 디바이더, 라운더, 오버헤드 프루퍼, 몰더 등의 노후 및 파손으로 인해 금속 파편이 제품에 혼입될 수 있으므로 정형공정 기기들을 매일 노후 상태나 파손된 부위가 없는지 확인하고 관리한다.

⑧ 2차 발효

정형된 반죽을 2차 발효실에서 40~50분정도 발효한다. 이 때 2차 발효실은 온도는 30~45℃, 습도는 75~95%가 유지되도록 한다.

2차 발효실의 경우 높은 습도와 적정한 온도로 인하여 미생물의 증식이 쉬우므로 발효실 내부에 대하여 매일 세척, 소독을 실시하여 청결 상태를 유지하도록 관리한다.

⑨ 충전물 주입 및 토핑

단팥빵과 크림빵 등 내부에 충전물이 들어가는 제품은 성형된 반죽에 내용물 주입기를 이용하여 팥소나 크림을 주입하고 성형기를 이용하여 성형한다. 충전물 주입 및 성형 작업은 주로 주입기 등을 이용하여 작업이 이루어지기 때문에 이 역시 노후로 인한 이물질 혼입의 우려가 있으므로 파손된 부위가 없는지 확인하고 관리한다.

2. 가열 후 청결제조 공정

가열 후에는 CCP1 단계가 종료되었기 때문에 일반적인 위생관리로는 부족하고 반드시 청결구역에서 보다 더 청결하게 관리가 되어야 하는 공정으로 내포장 공정까지가 청결제조 공정이다.

일반 제조공정 작업장과 청결 제조공정 작업장은 분리된 구획을 원칙으로 하며, 부득이한 경우 교차오염의 방지를 위해 공정간 시간차를 두고 각 공정 사이 세척 및 소독을 실시하는 등의 조치를 취한다.

① 가열(굽기)공정

성형된 반죽을 오븐에 넣고 약 13분간 가열(굽기)공정을 실시한다. 이 때 오픈 온도는 상단부 200℃ ±10℃, 하단부 170℃±10℃가 유지한다.

가열(굽기)공정은 빵류에서 발생할 수 있는 식중독균을 관리하기 위한 중요관리지점(CCP1)으로 가열(굽기)공정은 가열(굽기)온도와 가열(굽기)시간을 통해 관리한다.

② 냉각

가열된 제품은 실온에서 천천히 냉각한다.

냉각공정은 가열(굽기)공정 이후의 과정으로 가장 청결한 상태로 관리하여야 하는 공정이다. 따라서 개인위생을 준수하지 않은 상태로 작업에 임할 경우 제빵사로 인해 식중독균 등에 오염될 수 있으므로 제빵사는 반드시 개인위생을 준수하고 수시로 손세척과 소독을 실시한다. 또한 제빵사는 마스크를 착용하고 필요 시 1회용 장갑 등을 착용하고 작업한다.

③ 내포장

냉각된 제품은 낱개로 적절한 포장지를 이용하여 밀봉 포장한다.

내포장공정은 가열(굽기)공정 이후의 과정으로 가장 청결한 상태로 관리되어야 하는 공정이다.

그리고 청결공정의 마지막 공정으로 제빵사는 개인위생에 각별히 유의한다.

3. 내포장 후 일반제조 공정

내포장 후 일반제조공정이란 포장된 상태로 제품을 취급하는 공정이기 때문에 일반적인 위생관리 수준으로 관리하는 공정을 말한다. 해당 공정 중 금속검출공정은 원재료와 부재료에서 유래될 수 있거나 제조공정 중에 혼입될 수 있는 금속이물을 관리하기 위한 중요관리지점(CCP2)에 해당한다.

① 금속검출

내포장 후 금속검출기를 통과하면서 Fe(철)과 SUS(스테인레스 스틸) 등을 검출한다.

② 외포장

금속검출기를 통과한 제품을 컨베이어를 통해 외포장실로 이송하여 외포장 상자(박스)에 포장한다.

③ 보관 및 출고

외포장이 완료된 완제품을 파렛트에 5단 이하로 적재하여 건조하고 차가운 창고에 보관한다.

제과 핵심 요약

품번	품목	반죽법	준비	과정	포인트
1	젤리 롤 케이크 p.24	공립법	• 박력분, 베이킹파우더 체에 치기 • 면포 물 묻혀 꽉 짜서 준비 • 종이 짤주머니 만들기	달걀 풀고 설탕, 소금, 물엿 넣고 믹싱→더운 믹싱→손가락에서 반죽이 떨어지지 않을 정도로 휘핑→체 친 박력분, 베이킹파우더 넣고 가볍게 섞기→우유 섞기→평철판에 60% 패닝→반죽 일부에 캐러멜 색소 혼합→종이 짤주머니에 넣어 모양내기→上175, 下 155, 20분 굽기→한 김 나가면 면포에 뒤집고 종이에 물 묻혀 뜯어내기→잼 바르기→칼집내기→말기	• 비중 0.45 • 너무 오래 구워 말기 시 터지지 않게 하기
2	버터 스펀지 케이크 p.28	공립법	• 박력분 체에 치기 • 버터 녹이기 • 더운 믹싱법 사용	달걀 풀고 설탕, 소금 넣고 매달릴 정도로 휘핑→바닐라 향 혼합→체 친 박력분 가볍게 혼합→녹인 버터에 반죽 일부 넣고 섞은 후 반죽에 투입→가볍게 혼합, 비중 0.5~60% 패닝→上180, 下160, 20분 굽기	• 비중 높이지 않기 • 달걀거품 내고 1단으로 마무리하기
3	초코 롤 케이크 p.32	공립법	• 박력분, 코코아파우더, 베이킹소다 체에 치기 • 물과 우유의 온도를 조절하기 • 면포 물 묻혀 꽉 짜서 준비 또는 작업대에 분무함	달걀 풀어준 후 설탕을 넣고 섞기→43℃로 중탕하기→믹서로 100% 거품상태 만들기→체로 친 박력분, 코코아파우더, 베이킹소다 가볍게 혼합→온도를 조절한 물과 우유 섞기→비중0.4~0.45→패닝→上200, 下150, 10분 굽기→충전물 만들기→완전히 식힌 후 면포에 뒤집어 종이에 물을 묻혀 떼어내기→충전물 바르기→칼집내기→말기	• 비중을 잘 조절하기 • 너무 오래 구워 말기 시 터지지 않게 하기
4	흑미쌀 롤 케이크 p.36	공립법	• 흑미쌀가루, 박력쌀가루, 베이킹파우더 체에 치기	달걀 풀고 설탕, 소금 넣고 섞은 후 43℃로 중탕→믹서로 휘핑 하기→나무 젓가락에서 반죽이 떨어지지 않을 정도로 휘핑→체 친 박력쌀가루, 흑미쌀가루, 베이킹파우더 넣고 가볍게 섞기→우유 섞기→평철판에 패닝하기→上185, 下160 15분 굽기→생크림 휘핑 하기→면포에 식힌 롤 얹기→생크림 바르기→말기	• 달걀 반죽 100% 휘핑하기 • 찬 우유 데워 사용하기
5	버터 스펀지 케이크 p.40	별립법	• 박력분, 베이킹파우더 체에 치기 • 버터 녹이기 • 달걀 분리	노른자에 설탕A와 소금 넣고 휘핑 후 바닐라 향 혼합→흰자에 설탕B 넣고 중간피크→노른자 휘핑한 것에 머랭 1/3 섞기→체 친 박력분, 베이킹파우더를 넣고 가볍게 섞기→60℃로 녹인 버터 넣고 골고루 섞기→남은 머랭 넣고 섞기, 비중 0.5~60% 패닝→上180, 下160, 27분 굽기	기포 죽이지 않기
6	소프트 롤 케이크 p.44	별립법	• 달걀 분리 • 박력분, 베이킹파우더 체에 치기 • 면포 물 묻혀 짜놓기	노른자 풀고 설탕A, 물엿, 소금 넣고 휘핑→물 넣고 휘핑→흰자에 설탕B 넣고 중간피크 머랭 제조→노른자에 1/3 머랭 넣고 가볍게 섞기→체 친 박력분, 베이킹파우더 넣고 가볍게 섞기→비중 0.5→평철판에 패닝→반죽 일부에 캐러멜 색소 섞고 무늬내기→上180, 下160, 20분 굽기→바닥에 면포 깔고 한 김 나간 제품 뒤집어 놓고 물 묻혀 종이 제거→잼 바르고 칼자국 내주고→밀대 이용해서 둥글게 말기	머랭 만들기를 할 때 볼을 깨끗이 닦기
7	치즈 케이크 p.48	별립법	• 크림치즈를 실온 상태로 만들기 • 버터는 포마드 상태로 만들기 • 계란, 우유의 온도를 조절하기	풀어 준 노른자에 설탕(A)를 넣고 휘핑하기→럼주를 넣어 섞기→체로 친 중력분 넣어 섞기→계절에 따라 온도를 조절한 우유를 넣어 섞기→실온 상태로 만든 크림치즈, 레몬주스, 포마드 상태로 만든 버터를 함께 섞은 것을 넣어 균일하게 섞기→70% 정도 상태로 머랭을 만들어 3번에 나누어 가볍게 섞기→80% 패닝→上160, 下160, 60분(색이 나면 오븐 문을 열어 더 이상 착색과 윗면에 갈라짐이 생기지 않도록 조치한다)	크림치즈, 버터, 우유, 계란 등의 온도를 적절하게 조절하여 사용한다.
8	과일 케이크 p.52	별립법	• 박력분, 베이킹파우더 체에 치기 • 달걀은 분리하고 설탕은 나누기 • 과일을 전처리와 밀가루 섞기	마가린 유연하게, 설탕 45%, 소금 넣고 크림화→노른자 나누어 넣으며 크림화→바닐라 향, 전처리한 과일들 넣고 섞기→우유 혼합→흰자, 설탕 55%, 90% 머랭→머랭 1/3 넣고 섞기→체 친 박력분, 베이킹파우더 넣고 섞기→나머지 머랭 넣고 섞기→80% 패닝→上170, 下160, 45분	충전물이 가라앉지 않게 하면서 흰자의 거품이 죽지 않게 분산시키기

품번	품목	반죽법	준비	과정	포인트
9	파운드 케이크 p.56	크림법	• 박력분, 탈지분유, 베이킹파우더 체에 치기	버터를 부드럽게→소금, 유화제, 설탕 투입→달걀 조금씩 넣으면서 크림화→바닐라 향→체 친 박력분, 탈지분유, 베이킹파우더, 손으로 힘차게 많이 섞기 반죽 비중 0.8~70% 패닝, 오목한 평탄작업→上200, 下180, 15분→껍질 생성→톱질하듯 조심스럽게 칼질→上150, 下170, 55분	가루재료 투입 후 반죽을 섞을 때 열심히 많이 섞는다.
10	마데라 컵 케이크 p.60	크림법	• 박력분, 베이킹파우더 체에 치기 • 건포도 전처리 후 20g의 강력분에 버무리기	버터 부드럽게→설탕, 소금 넣고 크림화→달걀 4번에 넣으며 부드러운 크림화→물에 씻은 건포도와 호두 덧가루 묻힘→건포도, 호두 넣고 믹싱→기포는 쉽게 꺼지지 않으므로 잘 젓기→체 친 박력분, 베이킹파우더 투입→포도주 넣고 섞기→짤주머니로 80% 패닝→上175, 下170, 25분 굽기→거의 익으면 퐁당 바르기→잠시 후 오븐에서 꺼내기	체 친 가루재료를 넣고 기포가 빠지지 않게 가볍게 섞기
11	초코 머핀 p.64	크림법	• 박력분, 탈지분유, 베이킹파우더, 베이킹소다, 코코아파우더 체에 치기	버터 부드럽게→설탕, 소금 넣고 크림화→달걀 나누어 넣으며 부드러운 크림화→체 친 박력분, 탈지분유, 베이킹파우더, 베이킹소다, 코코아파우더 투입→가루를 60% 정도 섞은 후 물을 넣고 섞기→초코칩 넣고 균일하게 섞기→짤주머니로 80% 패닝→上175, 下170, 25분 굽기	작업장의 온도가 낮아 크림화가 잘 안 되면 더운물 밑에 받치기
12	시퐁 케이크 p.68	시퐁법	• 달걀 분리 • 박력분, 베이킹파우더 체에 치기	노른자와 식용유, 물 균일하게 섞기→체 친 박력분, 베이킹파우더, 설탕A와 소금을 넣고 덩어리 없이 믹싱→흰자에 설탕B 투입, 90% 머랭→반죽에 머랭 1/3씩 나누어 넣고 섞기, 비중 0.45→패닝 전 틀에 물 뿌리고 뒤집어 놓기→60% 패닝, 팬 쳐서 기포빼기→上175, 下150, 30분 굽기→오븐에서 꺼내서 뒤집어 냉각	머랭 만들 볼을 깨끗히 닦기
13	브라우니 p.76	공립법 변형	• 호두 볶기 • 다크 초콜릿과 버터를 함께 중탕하여 녹이기 • 박력분, 코코아파우더, 바닐라향 체에 치기	달걀 풀어 준 후 설탕, 소금을 넣고 가능한 한 거품이 일어나지 않도록 하며 균일하게 섞기→함께 중탕하여 녹인 다크 초콜릿과 버터를 넣고 섞기→체 친 박력분, 코코아파우더, 바닐라 향 넣고 가볍게 혼합→볶은 호두 반을 넣고 섞기→제시된 팬에 패닝하고 나머지 호두 뿌리기→上170, 下160, 40~45분 굽기	• 호두가 타지 않도록 볶는다. • 껍질이 지나치게 착색되지 않도록 주의한다.
14	다쿠와즈 p.80	머랭 만들기	• 아몬드 분말, 분당, 박력분 등을 2번 이상 체에 치기 • 수작업으로 제조하기	흰자 60% 휘핑 후 설탕 투입→100% 머랭→체 친 아몬드 분말, 분당, 박력분에 머랭 1/3 넣고 섞기→나머지 머랭 넣고 거품 죽지 않게 위, 아래로 혼합→짤주머니에 반죽을 넣고 틀에 짜기→스크래퍼로 윗면 살짝만 긁어주기→틀 빼기→분당 2번 뿌리기→上180, 下140, 15분	종이 패닝했을 경우 뒷면에 물을 분무하여 떼어 내기
15	마드레느 p.84	1단계법	• 박력분, 베이킹파우더 체에 치기 • 레몬껍질 아주 작게 자르기 • 버터 30℃로 중탕하기	체 친 박력분, 베이킹파우더→설탕 균일한 혼합→달걀 넣고 가볍게 혼합→소금, 레몬껍질 넣고 가볍게 혼합→30℃로 중탕한 버터 넣고 혼합→30분 휴지→짤주머니로 80% 패닝→上180, 下160, 12~15분 굽기	재료들을 혼합할 때 지나치게 휘핑하면 제품 표면에 큰 기포 생성
16	쇼트 브레드 쿠키 p.88	크림법	• 노른자, 달걀 혼합하기 • 박력분 체에 치기	마가린 유연하게→설탕, 물엿, 소금 넣고 크림상태→노른자, 달걀 나누어 넣으며 약간 부족할 정도로 크림화 후 바닐라 향 섞기→체 친 박력분 넣고 자르듯이 섞기→비닐로 한덩어리로 납작하게 만들어 30분 냉장휴지→적량량 떼어서 5mm로 밀어 펴기→틀로 찍어 평철판에 패닝→노른자칠 2번하고 마르지 않은 상태에서 포크로 모양내기→上190, 下130, 10분 굽기	• 냉장휴지 시간이 부족할 경우 박력분으로 되기를 맞춤 • 너무 크림화하지 않기
17	버터 쿠키 p.92	크림법	• 박력분 체에 치기	버터 유연하게→설탕, 소금 투입→달걀 조금씩 넣으며 크림화 후 바닐라 향 혼합→체 친 박력분 넣고 칼로 자르듯 반죽→짤주머니에 넣어 평철판에 장미와 S모양 짜기→上200, 下120, 12분 굽기→밑색이 빨리 나면 밑판을 대고 굽기	• 크림화가 적게 되면 반죽되서 짜기 힘듦 • 글루텐 생기면 짜기 힘듦
18	슈 p.96	익반죽의 블렌딩	• 중력분 체에 치기	물, 버터, 소금 넣고 끓이기→불에서 내려 체에 친 중력분 섞고 다시 불에 올려 호화→불에서 내려 달걀 1~2개씩 넣으며 되기 조절→반죽은 광택이 나고, 부드럽게 떨어지며 모양이 남아있는 정도→짤주머니로 지름 3cm 원형으로 사이 충분히 띄우고 패닝→손에 물 묻혀 뾰족한 꼭지 누르기→분무 혹은 침자→上200, 下150, 20분 말리듯 굽기→밑면 구멍 뚫고 크림 충전	• 달걀을 너무 많이 넣으면 반죽이 질어지므로 주의 • 굽기 중간에 오븐 문을 열면 안 됨

품번	품 목	반죽법	준 비	과 정	포 인 트
19	타르트 p.102	크림법	• 박력분 체에 치기	버터 유연하게→설탕, 소금 넣고 크림상태→달걀 나누어 넣으며 약간 부족할 정도로 크림화→체 친 박력분 넣고 자르듯이 섞기→비닐로 한 덩어리로 납작하게 만들어 30분 냉장휴지→적당량 떼어서 3mm로 밀어펴기→타르트 팬에 패닝→크림법으로 제조한 아몬드크림을 원형 모양깍지를 끼운 짤주머니에 담아 60~70%짜기→上190, 下180, 25~30분 굽기	타르트 반죽과 아몬드 크림을 만들 때 지나치게 크림화시키지 않기
20	호두 파이 p.106	블랜딩법	• 쇼트닝 냉장고에 넣어 단단하게 • 중력분 체로 치기 • 호두 볶기 • 물, 설탕, 물엿으로 시럽 만들기	체 친 중력분에 쇼트닝 넣고 스크래퍼로 자르기→우물모양 소금, 설탕, 노른자, 생크림을 용해한 찬물 붓고 반죽→반죽을 비닐에 싸서 30분 냉장휴지→물, 설탕, 물엿을 끓여 70℃로 식힌 후→ 풀어준 계란에 넣어 섞기→계량 외 물에 푼 계피가루를 넣어 균일하게 섞어 충전물 완성→반죽을 알맞게 잘라 바닥 두께 3mm로 밀어펴기→파이팬에 깔고→잘라내기→가장자리 모양 만들기→호두 35g씩 뿌리기→충전물 붓기→上185, 下190, 25분	완제품의 충전물에 거품 자국이 지나치게 생기지 않도록 주의한다.

제빵 핵심 요약

품번	제품	믹싱단계	1차 발효	중간 발효	2차 발효	오븐온도	오븐시간	주의사항
1	식빵(비상스트레이트법) p.136	120%	25분	10분	30~35분	170/190	30~35분	2차 발효점 틀높이와 같을 때, 비상법은 반죽온도는 30℃
2	우유 식빵 p.140	100%	45분	10분	30~35분	170/180	30~35분	2차 발효점 틀높이와 같거나 0.5cm 아래
3	풀만 식빵 p.144	100%	45분	10분	23~26분	190/190	30~35분	2차 발효점 틀높이 아래 1.5cm, 산형×2개로 제작
4	밤 식빵 p.148	100%	45분	10분	27~31분	170/170	35분	2차 발효점 틀높이 아래 1.5cm, 원루프 타입
5	버터 톱 식빵 p.152	100%	45분	10분	30~35분	170/180	30~35분	2차 발효점 틀높이 아래 1cm, 칼집을 내야 하기 때문에, 원루프 타입
6	옥수수 식빵 p.156	90%	50분	10분	33~38분	170/180	30~35분	2차 발효점 틀높이 0.5cm, 잘 끈적거림, 믹싱 시 수시로 확인
7	쌀 식빵 p.160	90%	50분	10분	40~45분	170/180	35분	2차 발효점은 팬 높이보다 1cm 아래
8	단팥빵(비상스트레이트법) p.172	120%	25분	10분	30분	190/150	15~17분	링형과 원형이 있음 / 달걀물칠(12개씩 패닝)
9	단과자빵(스위트 롤) p.176	100%	50분	0분	30분	190/140	15~17분	야자잎(4cm), 트리플잎(6cm) 2개 존재
10	단과자빵(트위스트형) p.180	100%	45분	10분	30~35분	190/140	15~17분	정형종류 : 팔자형, 달팽이형(12개 패닝)
11	단과자빵(크림빵) p.184	100%	45분	10분	30~35분	190/145	15~17분	정형종류 : 충전형, 비충전형, 가로 6~7cm, 세로 12~14cm로 밀어 편다(12개 패닝).
12	단과자빵(소보로빵) p.188	100%	45분	5분	30~35분	185/150	15~17분	1차 발효 시 토핑 제조 완료(12개 패닝)
13	모카빵 p.192	100%	45분	10분	30분	180/160	25~30분	원루프방식(17cm), 0.5cm 두께로 토핑을 밀어 편 뒤 빵을 감싼다.
14	버터 롤 p.196	100%	45분	10분	30~35분	190/140	15~17분	이음매를 아래로 가게 패닝한다.
15	빵도넛 p.200	90%	40분	15분	20~25분	185	2~3분	기름에 튀기는 빵, 8자형과 꽈배기형은 45g씩 분할
16	소시지빵 p.204	100%	45분	10분	30~35분	220/160	15~18분	낙엽 모양은 8등분하여 만들고 꽃잎 모양은 7등분하여 만든다.
17	베이글 p.212	80%	45분	10분	20분	210/190	18~20분	정형 시 링의 이음매를 확실히 이어 붙인다. 반죽은 팔팔 끓는 물에 데치고 데칠 때 반죽이 늘어지지 않도록 주의한다.
18	그리시니 p.216	80%	30분	10분	10~20분	200/150	15~20분	3회 정도 밀어 펴기를 반복한다. 균일한 두께가 되도록 밀어 편다.
19	호밀빵 p.220	80%	40분	10분	27~30분	220/200 → 185/150	28~30분	스팀의 분무 방식에 따라 굽기온도가 달라진다.
20	통밀빵 p.224	80%	50분	10분	40~45분	200/150	20~22분	물을 묻힌 반죽을 오트밀 위에 놓고 굴려 양옆부분과 윗부분에 오트밀을 충분히 묻힌다.

실기시험 주의사항

❶ 입실시간에 늦지 않기

입실시간에 늦지 말아야 한다는 것은 누구나 알 것이다. 정해진 시간보다 더 빨리 출발하고 여유 있게 기다리며 시험에 대한 체크를 하는 것이 편안히 시험에 응시하는 방법이다.

❷ 수험표 지참하기

반드시 수험표를 출력해서 지참하고 시험장에 입실한다. 그러나 만약에 출력한 수험표를 분실했거나 지참하지 못했을 경우에는 당황하지 말고 진행감독관에게 말하고 신분증만 제시해도 된다. 진행감독관이 수험생 이름을 부르면 신분증과 수험표를 같이 제시하여 등번호를 부여받게 되는데 부여받은 등번호를 인지한 후 등에 부착한다. 그리고 번호가 표기된 작업대, 믹서, 오븐, 발효기 재료 등 등번호가 제시된 것들을 사용하면 된다.

❸ 주의사항 집중해서 듣기

시험장에 입실하면 시험과제를 발표하고, 주의사항을 알려주는 데 집중해야 한다. 때때로 재료의 중량을 변경하는 경우가 있는데 이때는 배합표에 중량을 수정하여 적어 두어야 한다. 별것 아닌 듯 하지만 수정하기 전 배합표의 중량으로 계량하여 감점이 되면, 그 시점부터 시험은 꼬이게 된다. 작업대 아래쪽에 시험과제를 제조하는 데 알맞은 작업도구가 마련되어 있고, 확인하도록 감독관이 요구하니 당황하지 말고 감독관의 지시에 따라 철저히 확인하면 된다.

❹ 준비물 꼼꼼히 체크하기

시험은 준비물부터가 자신감을 부여한다. 그러니 반드시 산업인력공단에서 제시한 준비물들을 꼼꼼히 체크하여 빠짐없이 준비해야 시험을 대비하는 마음에 부담이 없다. 빠른 계량을 위해 일회용 그릇과 그릇이 6개 정도 들어가는 쟁반을 준비한다. 시간 안에 계량을 하기 위해 하나씩 가지고 오가는 것은 두서없는 계량을 하는 지름길이다. 다소 많은 양의 재료들을 담아 놓고 계량을 시작하자. 그리고 남은 것에 대해서는 걱정을 접어둬라.

역시 감독관이 주의사항으로 알려주겠지만, 남은 재료를 반납하는 시간은 별도로 주어진다. 그렇기 때문에 계량하는 품목을 집중하여 주어진 계량시간에 맞춘 후 준비되어 있는 의자에 앉아 감독관의 지시를 기다리면 된다. 계량 시 용기 소거 등 저울 사용요령까지 정확히 감독관이 안내하니 유념하도록 한다. 실 예로 응시자 중에는 계량 품목 자체를 빼고 계량이 끝났다고 생각하는 사람들도 있다. 그런 큰 실수를 하지 않기 위해서는 마음을 편안히 하고 침착하게 시험에 임하는 자세가 필요하다. 계량이 끝나면 계량이 정확한지 확인하는 시간이 있고, 감독관들이 확인을 한다. 혹여 실수로 잘못 계량이 되어 있을 경우 감독관이 확인하는 시간 이후 다시 계량하도록 일러준다. 완전히 계량이 끝나면 더 이상의 재료는 지급하지 않으니 실수 없도록 조심하여 작업을 해야 한다. 시험과제를 시작하는 것 역시 모두 같이 하게 되고, 작업장에 시작과 끝 시간을 표기하고 감독관이 시간에 맞게 알림 신호를 준다.

❺ 수험생 본인의 재량 활용하기

오븐 온도와 오븐을 켜는 타이밍은 수험생 본인의 재량이므로 발효시간을 적절히 확인하여 활용하고, 자신의 등번호와 일치하는 믹싱기를 사용하며 평소 사용하던 믹싱기와 사용법이 다른 믹싱기라면 감독관에게 물어 사용할 수 있다. 발효기는 이미 세팅이 되어 있는 상태이므로 반죽을 하여 등번호가 배당된 발효기에 준비되어 있는 번호표를 부착하여 발효기에 넣는다. 패닝이나 분할량을 감독관이 제시하며 나머지 반죽은 제출하므로 정확한 중량을 분할하고 나머지 반죽은 제출한다. 발효기와 오븐기에 반죽을 넣고 꺼내는 타이밍 역시 수험생 본인의 재량이기 때문에 시간과 반죽의 상태를 계속 확인하여 발효와 굽기를 조절한다.

❻ 감독관의 지시에 귀 기울이기

시험과제를 작업하는 동안 반죽온도 등 배합표에 명시되어 있는 요구사항들을 감독관이 수시로 체크하기 때문에 시험 중간 중간 감독관의 지시에도 귀를 기울여야 하며, 다른 수험생과 다른 형태로 시험과제를 작업하면 감독관이 구두로 질문을 하기도 하는데, 본인이 행하는 방식에 믿음을 갖고 정확히 답하는 것이 좋다. 수험생이 알고 행하는 것인지 수험생의 생각을 듣고자 묻게 되는 경우가 많기 때문이다. 시험이 진행되면서 과제물을 빨리 제출하고 퇴실하는 수험생들이 있을 것이다. 위축되지 말고 자신의 흐름에 집중해서 실수 없이 최선의 과제물을 제출할 수 있도록 한다.

❼ 주변 정리 잘하기

주어진 시간 안에 과제물과 그날 받은 실기 시험지를 같이 제출해야 한다. 마지막 주변 정리는 시간에 들어가지 않으니 종료 시간이 다가오면 과제물부터 제출하고 마지막 주변을 정리해야 한다. 혹시 재료들을 흘렸거나 주변 바닥이 흐트러져 있는지 잘 살펴보고 작업대 아래쪽 정리도 놓치지 않고 깔끔하게 마무리 짓고 퇴실하도록 한다.

제과기능사 실기시험 채점기준

		항 목	점수
1	재료계량	• 재료계량시간 : 제한시간을 지키는지 확인한다. (2점) • 계량 정확도 : 각 재료의 계량 정확성 능력을 확인한다. (2점) • 재료손실 : 작업대, 재료대 등에 재료를 흘렸는지 확인한다. (1점)	5
2	반죽	• 혼합순서 : 각 재료의 혼합순서에 대해 평가한다. (5점) • 반죽온도 : 각 제품별 반죽완성 온도가 적당한지 평가한다. (4점) • 반죽상태(비중) : 각 제품의 반죽상태(비중)가 적절한지 평가한다. (4점)	13
3	정형	• 일정한 모양, 균일성, 두께, 시간 및 숙련성에 대해 평가한다. (7점)	7
4	패닝	• 팬준비 : 이형제를 바르거나, 종이를 까는 과정이 적절히 이루어지는지 평가한다. (3점) • 패닝량 : 각 제품별 팬의 부피에 적합한 패닝량을 넣는지 평가한다. (6점)	9
5	굽기	• 굽기관리 : 각 제품의 특성에 맞는 오븐온도 시간조절 능력에 대해 평가한다. (4점) • 굽기상태 : 각 제품에 알맞은 색이 고르게 나며, 잘 익도록 관리하는 능력을 평가한다. (8점)	12
6	정리정돈	• 사용한 작업대, 기구 및 주변에 대한 청소 및 정리정돈 상태에 대해 평가한다. (4점)	4
7	개인위생	• 위생복, 모자, 두발, 손톱, 액세서리 착용 유무에 대해 평가한다. (5점)	5
8	제품평가	• 부피 : 분할무게와 비교해 부피가 알맞고 균일한가? (9점) • 균형감 : 찌그러짐이 없고 균형이 잘 잡혀있는가? (9점) • 껍질 : 부드럽고 색깔이 고르며 반점이나 줄무늬가 있지 않는가? (9점) • 속결 : 기공과 조직이 고르고 부드러우며 밝은 색이 나는가? (9점) • 맛과 향 : 부드럽고 은은한 맛, 끈적거리지 않으며 생재료 맛이 나지는 않는가? (9점)	45

제빵기능사 실기시험 채점기준

		항 목	점수
1	재료계량	• 재료계량시간 : 제한시간을 지키는지 확인한다. (2점) • 계량 정확도 : 각 재료의 계량 정확성 능력을 확인한다. (2점) • 재료손실 : 작업대, 재료대 등에 재료를 흘렸는지 확인한다. (1점)	5
2	반죽	• 혼합순서 : 각 재료의 혼합순서에 대해 평가한다. (1점) • 반죽온도 : 각 제품별 반죽완성 온도가 적당한지 평가한다. (4점) • 반죽상태 : 각 제품의 글루텐 상태가 적절한지 평가한다. (4점)	9
3	1차 발효	• 1차 발효실 관리 : 각 제품 특성에 맞는 온도, 습도를 조절할 수 있는지에 대해 평가한다. (2점) • 1차 발효 상태 : 각 제품 특성에 맞는 발효 시간, 발효 완료점을 판단하는 능력이 있는지에 대해 평가한다. (4점)	6
	모카빵 : 비스킷 제조		
4	성형	• 분할시간 : 제한시간 내에 분할할 수 있는지 평가한다. (2점) • 분할 숙련도 및 정확도 : 대강의 무게를 짐작해 한두 번의 가감으로 마무리하는 분할능력이 있는지 평가한다. (2점) • 둥글리기 : 반죽 표면이 매끄럽고 둥글게 둥글리기 할 수 있는지 평가한다. (2점) • 중간발효 : 적정시간을 지키고, 표면이 마르지 않게 조치하는가에 대해 평가한다. (1점) • 정형 숙련도 : 빠른 시간에 능숙하게 작업할 수 있는가에 대해 평가한다. (3점) • 정형 상태 : 모양이 균일하고 일정하며 표면이 매끄럽게 대칭이 되는지 평가한다. (4점) • 패닝 : 반죽의 이음매 처리가 잘 되었는지, 팬에 일정한 간격을 두고 정렬하였는지 평가한다. (2점)	16
	스위트롤 : 밀어 펴기, 충전물 뿌리기, 말기 및 분할 단팥빵 : 팥 앙금 충전하기		
5	2차 발효	• 2차 발효실 관리 : 각 제품 특성에 맞는 온도, 습도를 조절할 수 있는지에 대해 평가한다. (1점) • 2차 발효 상태 : 각 제품 특성에 맞는 발효 시간, 발효 완료점을 판단하는 능력이 있는지에 대해 평가한다. (4점)	5
6	굽기(튀김)	• 굽기(튀김)관리 : 각 제품의 특성에 맞는 오븐(튀김)온도 시간 조절능력에 대해 평가한다. (1점) • 굽기(튀김)상태 : 각 제품에 알맞은 색이 고르게 나며 잘 익도록 관리하는 능력을 평가한다. (4점)	5
7	정리정돈	• 사용한 작업대, 기구 및 주변에 대한 청소 및 정리정돈 상태에 대해 평가한다. (4점)	4
8	개인위생	• 위생복, 모자, 두발, 손톱, 액세서리 착용 유무에 대해 평가한다. (5점)	5
9	제품평가	• 부피 : 분할무게와 비교해 부피가 알맞고 균일한가? (9점) • 균형감 : 찌그러짐이 없고 균형이 잘 잡혀있는가? (9점) • 껍질 : 부드럽고 색깔이 고르며 반점이나 줄무늬가 있지 않는가? (9점) • 속결 : 기공과 조직이 고르고 부드러우며 밝은 색이 나는가? (9점) • 맛과 향 : 부드럽고 은은한 맛, 끈적거리지 않으며 생재료 맛이 나지는 않는가? (9점)	45

MEMO

MEMO

완전합격
제과·제빵기능사 실기

발 행 일	2026년 1월 10일 개정6판 1쇄 인쇄
	2026년 1월 20일 개정6판 1쇄 발행
저 자	이노운·위재상·김창석·신윤섭 공저
발 행 처	크라운출판사 http://www.crownbook.co.kr
발 행 인	李尙原
신고번호	제 300-2007-143호
주 소	서울시 종로구 율곡로13길 21
공 급 처	(02) 765-4787, 1566-5937
전 화	(02) 745-0311~3
팩 스	(02) 743-2688, (02) 741-3231
홈페이지	www.crownbook.co.kr
I S B N	978-89-406-5053-0 / 13590

저자협의
인지생략

특별판매정가 26,000원

이 도서의 판권은 크라운출판사에 있으며, 수록된 내용은
무단으로 복제, 변형하여 사용할 수 없습니다.
　　　　Copyright CROWN, ⓒ 2026 Printed in Korea

이 도서의 문의를 편집부(02-6430-7007)로 연락주시면
친절하게 응답해 드립니다.